MW00813143

BELOVED *of* MY SOUL

Kabbalah Publishing is a registered DBA of Kabbalah Centre International, Inc.

For further information:

The Kabbalah Centre
155 E. 48th St., New York, NY 10017
1062 S. Robertson Blvd., Los Angeles, CA 90035

1.800.Kabbalah www.kabbalah.com

First Edition
February 2010
Printed in USA
ISBN13: 978-1-57189-645-2

Design: HL Design (Hyun Min Lee) www.hldesignco.com
        Sarah Talmi

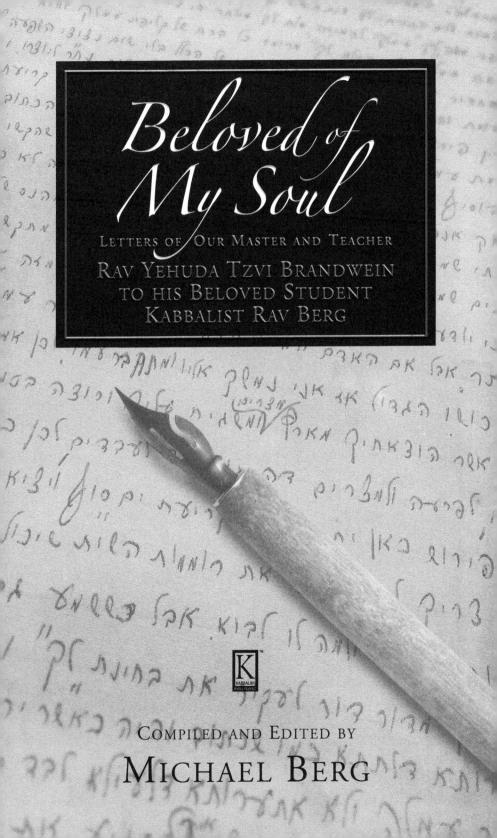

Beloved of My Soul

Letters of Our Master and Teacher

Rav Yehuda Tzvi Brandwein

to his Beloved Student

Kabbalist Rav Berg

Kabbalah Publishing

Compiled and Edited by

Michael Berg

Table of Contents

Table of Contents

FOREWORD

More than 25 years ago, I was looking through filing cabinets in the Queens, NY, office of my father, the Rav, when I came across a folder crammed with yellowing papers handwritten in Hebrew. As I began reading, I realized that I had discovered something very important.

My father, the Rav, grew up in New York, where he went to religious school from the age of three and eventually received his rabbinical ordination from the most prestigious *Yeshiva* in the city. He then went to work growing a very successful business. He was influential in political circles and was generally a very prominent person.

In 1962, his life changed forever. He traveled to Israel for his mother's burial and met the man who would transform his life—and our world—forever. This teacher, Rav Yehuda Tzvi Brandwein, was a great kabbalist who had been the closest student of the greatest kabbalist of our generation, Rav Yehuda Ashlag. After my father began studying Kabbalah with Rav Brandwein, he quickly came to the conclusion that he wanted to dedicate his life to the study of Kabbalah and, more importantly, to disseminating its wisdom to anyone who wished to study it.

Rav Brandwein lived in Israel, and my father traveled there frequently to study with him. When in America, my father would continue his studies with Rav Brandwein by phone and by mail. What I found that day in Queens is Rav Brandwein's written correspondence to my father, a portion of which you hold in your hand at this very moment.

After discovering these letters, I asked my father if we could publish them one day. He was hesitant at first, but then later gave me specific instructions about preparing them for print. I worked on the letters for approximately three years until they were ready to be published. When the letters were finally published in Hebrew and I saw the tremendous joy that this moment brought to my father, I was as happy as I have ever been in my life.

These letters contain great wisdom and many teachings that I draw from all the time. But perhaps most importantly, they contain great love. At the beginning of every letter from Rav Brandwein, he expresses his love for his student, my father, the Rav. For me, it is this love that is the hallmark of their relationship—and, in truth, the hallmark of any truly profound connection, whether between husband and wife or between teacher and student.

Rav Shimon bar Yochai explained in the *Zohar*, "*Anan bechavivuta talyan*," (We are dependent on love), and the reason that his generation was able to reveal the great Light and secrets of the *Zohar* in the world was because of the tremendous love that existed among "the friends"—Rav Shimon bar Yochai and his students.

The same can be said about my father and his teacher. Their relationship, too, was based on great wisdom being passed from teacher to student. But I believe the reason they were able to plant the seeds for a transformation of our world, and the reason that my father, the Rav, was to become a channel for disseminating this wisdom to the entire world was due to the great love that existed between them. Rav Brandwein refers to my father, the Rav, with the beautiful words "*Yedid Nafshi*" (Beloved of my Soul), which provides a fitting title for this book.

It is my hope that the publication of these letters not only reveals great wisdom in the world, but even more importantly, unleashes a tremendous amount of true love in your life and in our world.

As you are reading these letters, I suggest that you manage your expectations. Do not expect to receive the full depth of the insights here in one, two, or even three readings. I have read and taught from them many, many times, and each time I have discovered new wisdom and Light. These letters are a great treasure that can best be accessed over time and with an ongoing investment of energy on your part.

May we all continue to grow from this wisdom and Light,

Michael Berg

Summary of Letter One

- Information about the *Yeshivah* (spiritual academy).

- Explanation of the idea of "*Torah* for its own sake."

- Explanation of the *Rashi* commentary about Korach taking himself to one side.

- Explanation of the questions of Korach: "Must a *Talit* (prayer shawl) that is completely blue have a *Tzitzit* (fringes) or is it exempt from this requirement?" and "Does a house full of books need a *Mezuzah* or not?" why we always must follow two paths: one of knowledge, the other of faith.

- Discussion of Moses' answer: One with utmost faith must leave a place for knowledge, and a man of wisdom has to go with faith as well, and only by following the two paths together is it possible to be saved from falling.

- These two paths are like water and fire. Man is like a vessel that establishes peace between them, like a vessel which contains water over fire and makes it warm.

Summary of Letter Two

- A brief explanation about the supporters of the *Torah*.

Summary of Letter Three

- Discussion as to why the miracle [of *Chanukah*] was set to be associated with the oil.

- The answer is that oil alludes to *Chochmah* (Wisdom), which is "the candle of the Creator is the soul of man." The children of Israel sacrificed themselves for the sanctification of the Creator, saying, "Without the Torah and fulfilling the precepts, what do we need life for?" Hence, we specifically commemorate the oil, which alludes to "the candle of the Creator is the soul of man."

- Discussion of how the above explanation relates to what is written in "The Gate of Meditations"—that the numerical value of *ner* (candle) is equivalent to the numerical value of the three *Yichudim* (Unifications [of names]).

Summary of Letter Four

- Examination of the verse: "Why do you cry out to me?" What else could the children of Israel do in their distress?

- There is nature in spirituality.

- Discussion of the concept that "the Creator is your shadow," quoting the *Baal Shem Tov*, who said that just as man does, so does the Creator.

- Prayer is one of the spiritual ways of nature.

- Explanation of how one must, to attract a miracle, perform an act of self-sacrifice and thus act against the nature of man. As a result, the Creator performs a miracle against the nature of the world. This is why, in order for the miracle to occur at the Red Sea, the Israelites had to self-sacrifice.

Summary of Letter Five

- Continuation of the explanation from Letter Four about the Splitting of the Red Sea and the spiritual level that the Israelites merited at that time.

- Explanation of the two kinds of cleaving: 1) a master with his slaves, and 2) man with his thought.

- The Israelites, at the Splitting of the Red Sea, reached the second level of cleaving to the Creator, due to their willingness for self-sacrifice.

- A brief guide to the study of the Holy *Torah*.

Summary *of* Letter Six

- Answers to the questions of our Teacher and Master, Rav Shraga Feivel, may he live a long and good life, about the Four Phases that are in the Desire.

- Each Phase is a world by itself, and whoever is in one world does not know what there is in the other world.

- Answers to the questions of our Teacher and Master, Rav Shraga Feivel, regarding the concept that "the 'Light of Wisdom' existed always during that Expansion."

- Explanation that the "Light of Wisdom" in the First Phase does not flow into *Malchut* (Kingdom).

- Explanation of the awakening of *Malchut* (Kingdom) by the Light of Wisdom.

- One should always ask for wisdom from the Creator.

- About the property in city of *Tzefat* (Safed).

Summary of Letter Seven

- Explanation of the concept: "there is no disappearance in spirituality."
- Explanation of Light and the Vessel.
- Explanation of the Four Phases.
- One should not establish hard and fast rules for the first three Phases.

Summary of Letter Eight

- A detailed interpretation of the words of the *Ari*, Rav Isaac Luria, who said that whoever is completely cautious in avoiding anything that has to do with *chametz* during *Pesach* (Passover) is guaranteed not to sin all year.

- Why one should be completely cautious in avoiding anything that has to do with *chametz* during *Pesach*, but *should* eat [and not avoid eating].

- The importance of performing a precept with joy, as explained in the words of the *Ari*.

Summary of Letter Nine

- Explanation of the difference between Simple Unity in the *Ein Sof* (Endless) and the unity after the *Tzimtzum* (Contraction), which will be revealed in the future.

- Why a Difference of Form is considered something new.

- Explanation of the Four Phases of the Desire to Receive.

- Why the Fourth Phase is not like the Second Phase, although it has awakened to make its Form to be similar to that of its Creator.

- Explanation of the difference between the reality in the Endless, in which everything is included, and the reality after the *Tzimtzum* (Contraction), in which things expand or appear one after the other, like the stages in constructing a building.

Summary *of* Letter Ten

- Rav Brandwein prays for Rav Shraga Feivel [at holy sites] over the graves of the righteous.
- Continuation from Letter Eight about joy, which is one of the most sublime things in the world.

Summary of Letter Eleven

- Discussion of the Four Questions, Four Cups, and Four Sons.

- An explanation that between *golah* (exile) and *ge'ulah* (redemption) there is [in Hebrew] a letter added, *Alef*, which alludes to *Aluf*, the Master of the universe.

- An explanation of why "fractions do not apply to spirituality."

- Explanation of why the eve of *Pesach* is called "the eve of the *Seder*."

- Explaining the disagreement (in the *Talmud*) between Rav and Samuel about the Haggadah[1]—whether we should start with "We were slaves" or "In the beginning, our forefathers were idol worshippers."

- A story from Rav of Perovitch about a disagreement between two people over a rooster.

---

1   The book read at the Passover *Seder*

Summary of Letter Twelve

- Explanation and continuation of Letter Eleven.

- Why we say, "This is the bread of poverty which our fathers ate in the land of *Mitzraim* (Egypt)," when, after all, they ate it [the unleavened bread] in the desert. The answer is that they ate the unleavened bread in the land of Egypt as a token of their faith.

- A discussion of the difference between the righteous and the wicked, which is that the righteous person believes in his salvation, while the wicked one does not.

- Explanation that we call the eve of *Pesach* "the night of the *Seder*" to show our faith that we will free ourselves from this Exile.

- Explanation of the concept of Simple Unity.

Summary of Letter Thirteen

- Explanation of the verse: "You shall be holy: for I, the Creator am holy" with the words of *Midrash* (homiletic discourse): "My Holiness is above your holiness."

- Explanation that since we are part of the Creator, we have inside us the power to overcome the Evil Inclination.

- Why it is not good to withdraw oneself from the world as philosophers do.

- A story of Rav Elimelech of Lizhensk, who told one of his students that study without pleasure, is not what the Creator wants.

- An explanation of the right way to treat the Desire to Receive for Oneself Alone.

- Why one must not fall prey to emotion.

Summary of Letter Fourteen

- Explanation of why Rav Brandwein added words to Letter Twelve.

- An explanation of how to share the words of wisdom in the letters.

Summary of Letter Fifteen

- The meaning of the words of Rav Ashlag, in his "Introduction to Ten Luminous Emanations," that the righteous can receive the Hidden Light in this world.

- One should seek wisdom from Him Who has wisdom.

Summary of Letter Sixteen

- Discussion of how the introduction to "Ten Luminous Emanations" is deeper than deep.

- Explanation of the story of Rav Elimelech of Lizhensk from Letter Twelve.

- Explanation of how man deceives himself by thinking that he is already performing [the words of the *Torah*] "for its own sake."

- Advice that the introduction to "Ten Luminous Emanations" should be studied after the body of the book.

- Advice that the most important part of the study of "Ten Luminous Emanations" starts with Part Eight.

- Rav Brandwein prays for Rav Shraga Feivel at the holy sites.

Summary of Letter Seventeen

- Explanation of the verse "and Korach...took" as Korach taking himself to one side. In the *Torah*, there are two paths that contradict each other: the path of faith and the path of knowledge. Korach wanted to follow only one of them.

- Explanation of the answer of Moses, our Master, about these two paths: that one has to hold on to simple faith, yet if the Creator wishes to reveal knowledge to us, we are ready for that as well.

Summary of Letter Eighteen

- Explanation of the saying: "Pinchas is Elijah." and why the earlier derives from the latter.

- Why Elijah is called the Angel of the Covenant, and why the prayer of the *mohel* (circumciser) says, "Here, what is yours is before you," after all the precept of circumcision was given to Abraham.

- Resolution of the apparent contradiction in the words of our sages, who write in one place that Elijah must come to the circumcision, while in another, they write that if we do not prepare a chair for him and invite him by uttering words, he does not come.

- Discussion of how in the circumcision, we give a part [of the Light] to the *Sitra Achara* (Other Side), but Elijah does not stand for this correction and acts to take this Light from the *klipot* (negative entities).

- Explanation why whoever participates in the circumcision ceremony is granted atonement for their sins.

- Answer to the question of Rav Shraga Feivel about the Light of [the *Sefirah* of] *Binah* (Intelligence) becoming coarse.

Summary of Letter Nineteen

- Explanation of the importance of studying the *Torah*, which is nutrition for the soul.

Summary of Letter Twenty

- Discussion about receiving contributions from non-Israelites in private or in public.

- The need to print all the volumes of the "Ten Luminous Emanations."

- The importance of the meal in the feast for the death anniversary of the *Ari*.

Summary of Letter Twenty-One

- Discussion about the "taste" of the *Torah* based on the verses that we sing at *Shabbat* meals: "Taste and see that the Creator is good" and "The palate that eats shall taste…"

- Discussion of the meaning of the song: "May He reveal to us the taste (*ta'amei*)," and how the Hebrew word means also "purpose" or "reason," and the mistake of misunderstanding the *Ari*.

- Interpretation of the subject of "May there be a desire before you that you dwell (*tishrei*)…" and the connection to the month of *Tishrei*.

Summary of Letter Twenty-Two

- About the day of *Tu B'Av* (15th day of the month of *Av*).

- Why the *Mishnah* [oral codex of the *Torah*] says that "the daughters of Israel would dance in the vineyard," and the question why is it a day of joy.

- The explanation is that on the day of *Tu B'Av*, the "Lights of forgiveness and pardon" shine and iniquities are transformed into actions of merit.

- A fable about a person who was a trustee to a certain landlord.

- An explanation of the concept of "borrowed vessels" by means of a story of Rav Elimelech of Lizhensk.

- An explanation of why one must feel he is whole.

Summary of Letter Twenty-Three

- Answer to the question of Rav Shraga Feivel about Letter 18 of why the Other Side is not given a portion in the circumcision.

- The yearning of Rav Brandwein for the coming of Rav Shraga Feivel.

- Rav Brandwein's agreement that Rav Shraga Feivel could teach Kabbalah.

- Discussion of how and why we have no business with the moon and heavenly bodies, nor with "magical Kabbalah," but rather with prayer and *Torah* alone, and in this (that is, prayer and *Torah*), our power is tremendous.

Summary of Letter Twenty-Four

- Continuation from Letter Twenty-Two about *Tu B'Av*, a day when, as the *Mishnah* in *Ta'anit* 26b says, "the daughters of Israel used to dance, etc." On these days (*Tu B'Av* and *Yom Kippur*), the marriage ceremony between the Creator and the *Shechinah* was concluded.

- Discussion of the secret of the daughters in the *Mishnah*: the three types of *Teshuvah* (repentance).

- Discussion of how iniquities are turned into merits.

- Explanation of the saying: "May there be desire before You that You dwell (*tishrei*)."

Summary of Letter Twenty-Five

- The importance of prayer for the sake of *zulat* (others).
- Explanation of the saying: "He who prays for his friend and needs the same thing is answered first."

Summary of Letter Twenty-Six

- Introduction to the question of the *Beit Yosef* (Rav Yosef Karo) about why we light eight candles for *Chanukah*.

- Explanation of the dispute between the House (that is, School) of Shammai and the House (School) of Hillel about lighting the candles.

- Discussion of how Hillel and Shammai each answered, according to his own method, the convert who wished to know the whole *Torah* while standing on one leg (that is, in a short time).

- The answer to the question of the *Beit Yosef* about lighting eight, not seven, candles: We want the number of candles we light on the fourth day of *Chanukah* to demonstrate that we follow the method of the House of Hillel, not that of the House of Shammai.

Summary of Letter Twenty-Seven

- Mention of a matchmaking proposal offered to Rav Brandwein.

- Reference to each *Sefirah* being composed of all Ten *Sefirot*.

- Explanation of Moses' behavior: At first, his heart and soul went out to the children of Israel because of their distress, but when the Creator wanted to send him to save them, he refused.

- The answer is that Moses wanted the redemption to be eternal. However, since the children of Israel had not reached the level of unity, which is "love your friend as yourself," eternal redemption was impossible.

- Explanation of why, according to the above point, the *Torah* was given to the children of Israel only after the Exodus from *Mitzraim* (Egypt).

Summary of Letter Twenty-Eight

- Discussion of the importance of studying the words of Rav Brandwein in depth.

Summary of Letter Twenty-Nine

- Explanation about why we have merited being landlords of our land in this generation.

- Discussion about our "secret weapon."

- Discussion about the question that the Holy *Zohar* asks:: Why the Binding of Isaac is referred to as the testing of Abraham and not the testing of Isaac. It was because Isaac had already agreed to be bound, so it was Abraham whom the Creator was testing.

- We have merited what all the other generations did not because the young men of Israel went forth united to "sacrifice"—to give their lives for the sake of the sanctity of Israel.

- This also helps us understand how Elijah atones for the children of Israel because he sacrificed his life.

Summary of Letter Thirty

- Explanation of why one must not worry about physical matters, but rather about *Torah* matters.

Summary of Letter Thirty-One

- Explanation of the verse: "Remember what Amalek did to you," in which "to you" shows the power of the *klipah* (lit. shell, negative force) of Amalek, which injected the Desire to Receive for Oneself Alone into the general public.

- According to this, it can be understood why Jethro came to Moses only after the war with Amalek—to learn from him how to subdue the *klipah* of Amalek.

Summary of Letter Thirty-Two

- Discussion of the Rav of Rozhin's difficult question of how King Saul could tell Samuel the prophet that he had followed the word of the Creator to kill all of Amalek when he did not kill Agag, king of Amalek.

- The explanation is that Saul foresaw *Purim* in a prophecy, and how it would occur through Haman, a descendant of Agag.

- Discussion: If this were the case, why was Saul punished? The explanation is that he could have changed the prophecy through prayer, as did King Hezekiah in the Book of Isaiah.

Summary of Letter Thirty-Three

- Explanation of why *Yom Kippur* is called *Yom Kippurim*. It is because it is like (lit. *ki) Purim,* and the reason is that both days draw Light, thus wiping out evil.

- Discussion of the difference between the two holidays: All of the Light of *Purim* is drawn and revealed on that day, but the Light drawn on *Yom HaKippurim* is revealed completely only on *Sukkot*.

Summary of Letter Thirty-Four

- Rav Brandwein's explanation to Rav Shraga Feivel about the purpose and foundation of the *Yeshivah* of *Kol Yehuda* after Rav Feivel becomes the president of the *Yeshivah*.

- The *Yeshivah* was founded in 1922 by a handful of people, with Rav Ashlag at the head of it and with the agreement of the spiritual leaders of the generation.

- Its purpose is to educate young people to reflect upon themselves, according to what is said in the *Zohar*, Song of Songs, etc.

- Explanation that a few books have already been published, but now the *Yeshivah* must publish more books so as to raise the banner of *Torah* and form holy groups to uphold the study of the Kabbalah as a unifying force against separation among people.

Summary of Letter Thirty-Five

- Exploration of the question: How come "The reward of a precept is not (given) in this world," after all, it is written: "On the very same day, you shall give him his wages."

- The explanation is through the fact that since the *Torah* was given via Moses, who was a messenger, than the prohibition of delaying payment of wages is not relevant.

- Why "I am" and "you shall have no other" mean that we receive rewards in this world as well as in the next.

- Explanation of the verse: "The Creator, the Light of your fathers will add upon you" because it is difficult to understand why Moses blessed the Israelites after they had already received the blessing of the Creator.

- The explanation is that the blessings of the Creator exist only when there is unity. Hence, Moses gave the Israelites a blessing for the time when they, Heaven forbid, will not be united.

Summary of Letter Thirty-Six

- Explanation of the importance of studying the introduction to the book of the *Zohar*, paragraphs 199 to 202, in depth.

- Discussion of the verse: "If you will listen." It alludes to the verse: "what follows humility is the awe of the Creator." According to the *Zohar*, we should learn from people whom everyone is "stepping on."

- An explanation of the apparent contradiction between two Tractates of the *Mishnah*: Tractate *Nedarim*, where it is written that the Creator causes His *Shechinah* to dwell upon the humble, and Tractate *Shabbat* where it is written "upon a man of stature."

- The explanation, according to the *Zohar*, is that whoever is small—meaning, humble—is great—meaning, has stature.

Summary of Letter Thirty-Seven

- Explanation of what is written in the *Mishnah*: "The *Megilah* (Scroll of Esther) is read on the 11th, 12th, 13th, 14th, and 15th, no less and no more." The 30 days of the month are divided into Three Columns, from which the moon receives Light.

- The moon wanes so as not to let the Externals (negative forces) feed from it.

- According to this, the words of the *Mishnah*, "no less and no more," refer to the fact that the revelation of *Malchut* (Kingdom) is possible only when it is composed of the Ten *Sefirot* of the Right Column plus *Keter* (Crown) of the Central Column, and only until the 15th day of the month, because after that the Externals start to feed.

Letters

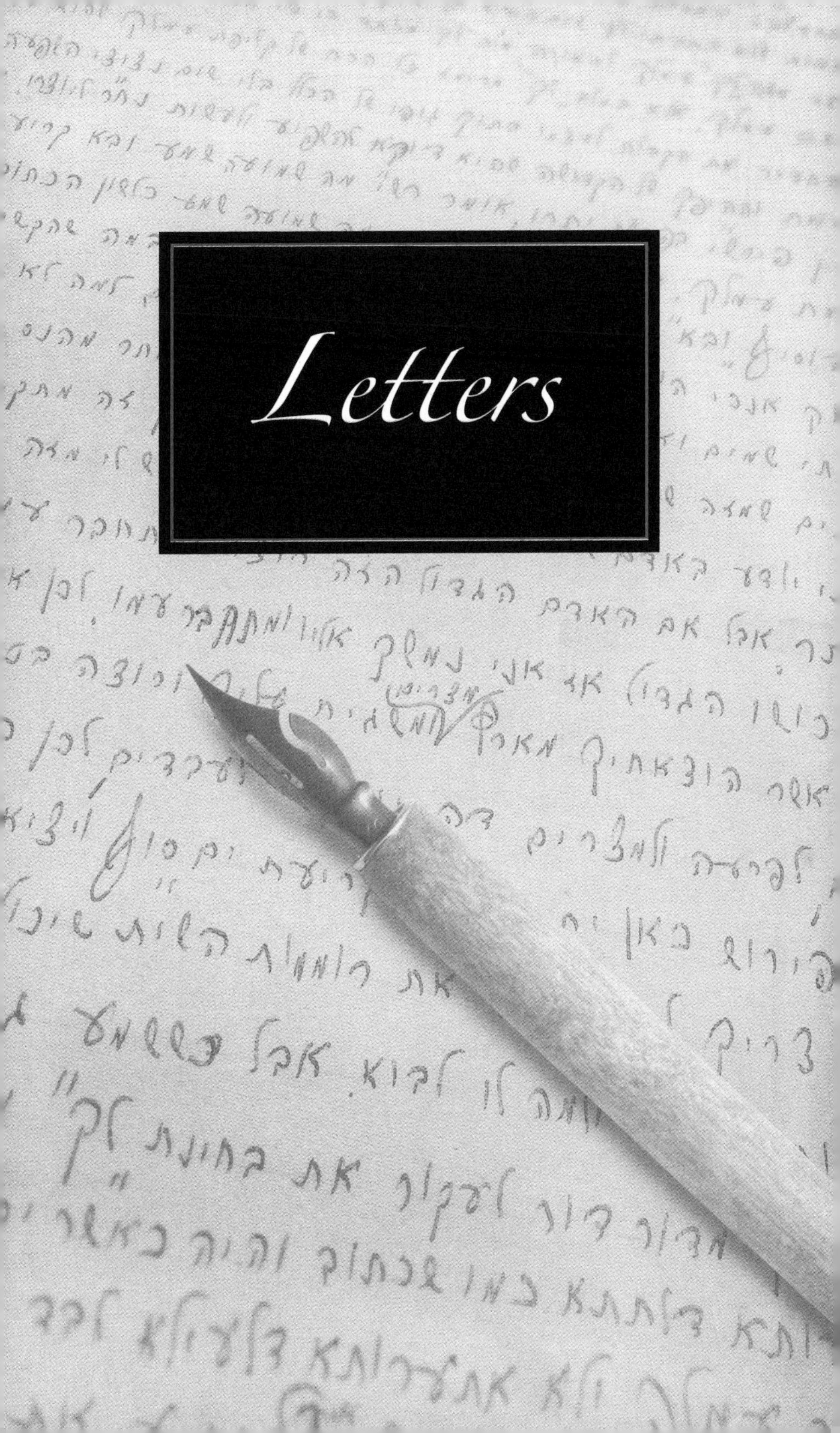

Letter One

With help from the Creator
Tel Aviv, Friday, eve of *Shabbat*, portion[1] of Korach[2],
2nd day of the month of *Tamuz*, 5724
June 12, 1964

Many greetings, fullness of joy and all best wishes, to the honorable beloved among men, Master of wisdom and Master of many deeds, our Teacher, Rav Shraga Feivel, may you merit a long and good life, Amen.

After greeting you with great love…
I have returned today from the Holy City, Jerusalem, may it be rebuilt and reestablished speedily in our days, Amen, after having been there all week.

I have nothing in particular to write regarding the *Yeshivah* (spiritual academy) except for the fact that they study and pray throughout the whole week. I was giving them a class every day for about two hours. I worked hard, but it was well worth the effort. We must pay attention to the money that they receive, so that even though it might be [used now for studying *Torah*] **not** for its own sake, eventually it will serve the purpose [stated in the *Talmud, Sanhedrin*, 105b]: "from doing not **for** its own sake, one will come to do for its own sake[3]."

And when does this apply? When the student sees and feels the Hidden Light of life in our Holy *Torah*, as the verse says: "For whoever finds Me, finds life" (Proverbs 8:35). Then his study

---

1   The Five Books of Moses are divided to 54 weekly portions
2   The fifth portion in the Book of *Bamidbar* (Numbers), named after a leader of the Levites.
3   For its own sake – without personal agenda, unconditionally

מכתב א

ב״ה
יום שישי, ערב שבת קודש פרשת קרח,
ב׳ לחודש תמוז תשכ״ד, תל-אביב

רב ברכות ושובע שמחות וכל טוב סלה כבוד חביב אדם הרב הגאון רב פעלים מורינו הרב שרגא פייביל שליט״א.

אחר דרישת שלומו הטוב באהבה רבה, חזרתי היום מעיר הקודש ירושלים תבנה ותכונן במהרה בימינו אמן, אחרי שהייתי שמה משך כל השבוע.

בענין הישיבה אין לי משהו במיוחד לכתוב, רק שלומדים ומתפללים משך כל השבוע. אמרתי לפניהם שיעור כל יום בערך שעתיים, עמלתי קשה אבל כדאי. וצריכים מאד להשגיח ולשים לב שהכסף שהם מקבלים אם שזהו לא לשמה ישתמש ויביא אל המטרה ש״מתוך שלא לשמה בא לשמה״.

ומתי זה מתכוון, כשהלומד רואה ומרגיש את האור החיים הגנוז בתורתנו הקדושה בבחינת ״כי מוצאי מצא חיים״ אז תורתו נעשית לו לסם חיים , ואז אני בטוח שלא יפרוש ממנה כי מי רוצה לפרוש מן החיים.

of the *Torah* will become unto him an elixir of life, and then I am certain that he will not withdraw from it, for who would want to withdraw from life?

Being in the week of the portion of Korach, I thought that I should expound a little upon the subject: "And Korach took..." (Numbers 16:1). *Rashi*[4], of blessed memory, commented: "He took himself to one side...etc," or as *Onkelos*[5] translated: "He separated himself."

The meaning of "one side" can be understood by explaining the two questions that Korach asked Moses: "Must a *Talit* (prayer shawl) that is completely *techelet* (biblical shade of blue) have a *Tzitzit*[6] or is it exempt from this requirement?" and "Does a house full of books need a *Mezuzah*[7] or not?" What did Korach intend by asking those two questions, and what is concealed within those two questions?

The issue is that the entire idea of doing the spiritual work for the Creator—as well as the entire *Torah* itself—is contained in these questions, for there are two ways of doing the spiritual work for the Creator. The first is the path of *emunah* (trust, certainty): "as the ox is to the yoke and as the donkey is to the burden" (*Talmud, Avoda Zara,* 5b), as it is said in the verse: "God, You bring salvation to man and beast" (Psalms 36:7), [referring to those] people who are devoid of all knowledge and who put themselves as beasts—not knowing, not grasping or seeing, literally like a beast.

---

4   Rabbi Shlomo Yitzhaki, best-known commentator on the *Torah*, 11th century AD
5   Great Kabbalist who translated the *Torah* from Hebrew to Aramaic, 2nd century AD
6   Fringes at the four corners of the prayer shawl
7   Parchment that contains biblical text, fixed on the doorpost for spiritual protection

והיות שהננו עומדים בשבוע של פרשת קרח אמרתי לפרש קצת את הענין: "ויקח קרח" פירש רש"י ז"ל, "לקח את עצמו לצד אחד וכו', וזהו שתרגם אונקלוס ואתפלג".

הפירוש של צד אחד נבין על פי מה שנסביר את ב' השאלות ששאל קרח את משה רבינו: "טלית שכולה תכלת חייבת בציצית או פטורה", וכן "בית שכולו ספרים צריך מזוזה או לא". מה כיוון קרח בב' שאלות אלו, ומה גנוז בשאלות הללו.

הענין, כי כל עבודת ה' וכל התורה כלולה בשאלות אלו, כי בעבודת השם יתברך יש ב' דרכים, א' דרך האמונה "כשור לעול וכחמור למשא" כמו שאמרו על הפסוק "אדם ובהמה תושיע ה'", אלו בני אדם שהם ערומים בדעת ומשימים עצמם כבהמה, לא לדעת ולא להשיג ולא לראות, כבהמה ממש פשוטה כמשמעה.

This is called "a *Talit* that is completely *techelet*." *Techelet* is derived from the Hebrew words *tichla* (purpose, end result) and *chilayon* (extinction, elimination), as it is written (Psalms 119:96): "I have seen an end for every purpose." This refers to people who forgo all possible knowledge and comprehension, and take upon themselves, to wrap themselves with a garment that is a *Talit* of trust "in order not to know"—just like a beast.

The word *Tzitzit* is derived from the word *metzitz*, meaning "seeing" or "looking," as in "he looks [*metzitz*] through the lattice" (Song of Songs 2:9). This refers to those who leave a place in their heart, so that if there would be a revelation of good will from the Creator, then they would perceive, know, and understand, as it says: "Know the Creator, the Lord of your father" (I Chronicles 28:9), and according to the secret of the verse: "Your eyes shall see your teachers" (Isaiah 30:20). As it is written regarding Moses: "And he sees the vision of the Creator" (Numbers, 12:8) and in many other places.

This was Moses' answer: It is true that as far as we are concerned, we accept upon ourselves the simple trust "as the ox is to the yoke, and as the donkey is to the burden." Yet if it is the Creator's will for us to work for Him like humans—to understand and to perceive—we should not say no. Rather, after we accept being like beasts, we should also leave a place and an allusion (opening) to the *Tzitzit*, namely, to know and understand, if only we could recognize and know that this is the will of the Creator, Who is kindly welcoming us into His Holy *Torah*. And this is the meaning of "a *Talit* that is completely *techelet* requires a *Tzitzit*."

וזה נקרא טלית שכולה תכלת כי תכלת מלשון תכלה וכליון כמו שכתוב "לכל תכלה ראיתי קץ", היינו שמכלים את ההשגה ואת הידיעה לגמרי ומקבלים עליו ומתעטפים בלבוש שהוא טלית של אמונה "לא לדעת" כבהמה.

וציצית הן מלשון "מציץ מן החרכים" מלשון ראיה והסתכלות, היינו שמשאירים עוד בלב מקום שאם תהיה איזה גילוי רצון מצד השם יתברך כן להשיג ולדעת ולהבין בבחינת, "דע את ה' אלקי אביך", ובסוד "והיו עיניך רואות את מוריך" וכמו שכתוב אצל משה רבינו "ותמונת ה' יביט" וכדומה.

זאת היתה תשובת משה רבינו עליו השלום, נכון שמצדנו אנו מקבלים עלינו את האמונה הפשוטה "כשור לעול וכחמור למשא", אבל בעת רצון מצד הקדוש ברוך הוא שנעבוד אותו כבני אדם להבין ולהשיג, אנו לא נאמר שלא, אלא אחרי כל הקבלה לשים עצמו כבהמה נשאיר מקום ורמז גם לציצית, היינו לדעת ולהבין אם רק נכיר ונדע שזה רצונו של השם יתברך המסביר לנו פנים בתורתו הקדושה וזה נקרא טלית שכולה של תכלת חייבת בציצית.

The same esoteric meaning applies to the *Sukkah*[8], which is termed "the shade of trust" (*Zohar, Emor*, 264) because it alludes to trust. Nevertheless, a thickly covered *Sukkah* is unfit for use because space should be left[9] through which stars can be seen, since the light of the stars alludes to the Lights of the Creator (Writings of the Ari, Gate of Meditations II, page 306), which shine upon us into the *Sukkah*, which is the trust.

Similarly, he [Korach] also asked about "a house full of books," alluding to a person who has attained wisdom and has knowledge and full realization of the Creator's existence, and can see and understand everything that is in the *Torah*. This man still needs a *Mezuzah*, which signifies trust, because it is this trust that protects us always from all negative and external spirits that mean us harm. This is in accordance with the secret of the word *Mezuzot*, [which consists of] the same letters as *zaz mavet* (remove death) because death cannot enter a house fitted with a *Mezuzah*.

Moses said to Korach that even "a house full of books"—a person with full awareness—still does not always remain in the same state. If, Heaven forbid, he finds himself confronting concealment of face,[10] even then he should not regress. One must never believe in oneself [completely] and say that he has already attained everlasting knowledge and [therefore] does not need [to have] trust. Thus, even "a house full of books" needs a *Mezuzah*—trust—for protection from all kinds of situations.

---

8 Temporary booth with a roof made of branches, used during the seven days of the holiday of *Sukkot*

9 Between the branches that form its "roof"

10 Confusion, not knowing why we experience chaos

ובסוד זה היא גם כן סוכה שנקראת צלא דמהימנותא,
היינו שרומזת לאמונה, ועם כל זה סוכה מעובה פסולה,
כי צריכים להשאיר מקום שכוכבים נראים על ידה,
ואור הכוכבים רומז על אורות השם יתברך המאירים
לנו לתוך הסוכה שהיא האמונה.

וכן שאל "בית שמלא ספרים", כלומר מי שזכה לחכמה
ויש לו ידיעה והכרה מלאה במציאותו יתברך ורואה
ומבין בתורה הכול, צריך למזוזה הרומזת לאמונה
כי האמונה היא השומרת עלינו תמיד מכל המזיקים
והחצונים הרוצים להזיק לנו בסוד "מזוזות" אותיות
"זז מות", שהמות אין לו שום כניסה בבית שקבוע בו
מזוזה.

משה רבינו אמר לו כן שגם בית המלא ספרים ויש לו כל
ההכרה המלאה, עם כל זה אין האדם נמצא תמיד במצב
אחד ואם חס ושלום תבוא איזה מין הסתר פנים אז גם כן לא
נסוג לאחור. ואף פעם אסור להאמין בעצמו ולומר שזכה
כבר לידיעה נצחית ולא צריך לאמונה, ואפילו בית שמלא
ספרים צריך מזוזה ואמונה לשמירה לכל מיני מצבים.

These two pathways [trust and knowledge] are called fire and water. It is written that the *Torah* is likened to fire, as [in]: "Is not my word like a fire" (Jeremiah 23:29)? The *Torah* is also likened to water [as] in the secret of the verse: "Ho, everyone that thirsts, go to the water" (Isaiah 55:1). Yet water and fire are two complete opposites, and one destroys the other. Water extinguishes fire, and fire dries up water.

In the physical world, what does one who has cold water do when he is thirsty but cannot drink the water because it is [too] cold, yet he has a fire but cannot put the water directly on the fire because it would extinguish the flames? He puts the water inside a vessel and places the vessel with the water upon the fire, and in that manner, the vigor of the fire goes into the water. Now he drinks the hot water that is composed of fire and water. The vessel has made peace between the fire and the water, and he can now enjoy both of them [fire and water] together.

This is the secret of what our sages have said: "He who sees a cooking pot in his dream can expect peace" (*Talmud, Berachot,* 56b). The same applies in spirituality to those two paths that have been mentioned. The two paths contradict each other; they have been likened to fire and water and are called two sides: Right and Left, namely trust and knowledge. But knowledge contradicts trust and vice versa. He who follows the path of the *Torah*, Moses' teachings, becomes like the vessel that makes peace and unites the opposites and the different sides, according to the verse: "The Creator did not find a vessel that can contain blessings for Israel other than Peace" (*Talmud, Uktsim,* Chapter 3).

שתי דרכים אלה הם נקראים אש ומים, ולכן כתוב שהתורה נמשלה לאש "הלא כה דברי כאש", וכן נמשלה למים בסוד "כל צמא לכו למים". והנה מים ואש הם שני הפכים ממש שאחד מכלה את השני, כי המים מכבים את האש והאש מיבש את המים.

ובגשמיות מה עושה אדם שיש מים והם קרירים והוא צמא ואי אפשר לשתות המים מחמת שהם צוננים, ויש לו אש ואי אפשר לשים המים על האש שהם יכבו את האש. - הוא שם המים בתוך כלי ומשים הכלי עם המים על האש וככה נכנס כח האש בהמים והוא שותה מים חמים שנכללים מאש ומים ביחד, נמצא שהכלי עשה שלום בין האש והמים ונהנה משניהם יחד.

שזהו סוד שאמרו ז"ל הרואה קדרה בחלום יצפה לשלום, כן הוא ברוחניות ובשתי הדרכים הנזכרים שהם סותרים זה את זה ונמשלו לאש ומים ונקראים שני צדדים ימין ושמאל שהם אמונה וידיעה שידיעה סותרת אמונה וכן להיפך.

The one who makes peace is the vessel referred to above, and this person becomes like a vessel in the hands of the Creator, for both sides and ends are unified in Him. This is how he becomes a Chariot for the Central Column, which is the essence of Moses (*Zohar, Yitro*, 22), the attribute of *Tiferet*, as in the verse: "A crown of *Tiferet* (Splendor) you have given him[11] [to Moses]."

This is how a person comes to enjoy both ends (paths): trust and knowledge. He comes to this realization of having no doubt about whether he exists or is alive, even though he does not see the Light of life with his physical eyes. And this is how he achieves full acknowledgment of God's existence, according to the verse: "Know the Creator, the Lord of your father, and serve Him" (I Chronicles 28:9) with full and clear knowledge.

This, however, was not the case with Korach, who wanted only one side—either trust or knowledge. That is why he failed and was punished[12].

Review thoroughly what I have said because I do not have the time to go into further details at the moment.

Please inform me if you have already procured a license to collect funds for the *Yeshivah*. The chairman of the *Knesset*[13], Mr. Kaddish Luz, has made an appointment for me in his office for Sunday[14].

Wishing all the best,

Yehuda Tzvi

---

11 From *Shabbat* morning prayer
12 Korach and his congregation were swallowed up by the earth
13 The Israeli Parliament
14 About the *Talmud* printing project

ההולך בדרך התורה תורת משה רבינו הוא נעשה ככלי
הזה העושה שלום ומאחד את הקצוות והצדדים בסוד,
״לא מצא הקדוש ברוך הוא כלי מחזיק ברכה לישראל
אלא השלום״, שהעושה שלום הוא הכלי והאדם נעשה
ככלי בידי הקדוש ברוך הוא שמתאחדים בו ב׳ הקצוות
והצדדים הנזכרים והוא מרכבה לעמוד האמצעי שהוא
סוד משה מדת התפארת בסוד ״כליל תפארת נתת לו״.

ונהנה מב׳ הקצוות הן מאמונה והן מידיעה ובא לידי
הכרה כזו כמו שאינו מסופק על עצמו אם הוא נמצא או
אם הוא חי הגם שאינו רואה את אור החיים שלו בעיניו
הגשמיים, כך זוכה להכרה מלאה במציאותו יתברך בסוד
״דע את ה׳ אלקי אביך ועבדהו״ בידיעה ברורה ומלאה.

מה שאין כן קרח לא רצה אלא צד אחד, או אמונה או
ידיעה ולכן נכשל ונענש.

דו״ק בדברים כי אין לי זמן להאריך יותר כעת.

נא להודיע לי אם כבר השגת רשיון עבור הישיבה לקבץ
כספים. יו״ר הכנסת מר קדיש לוז קבע אצלי פגישה ביום
א׳ במשרד שלו.

המאחל לכל טוב
יהודה צבי

ה׳ יביט ובצועה, זאת היתה תשובת משה רבינו ע״ה. נכון שאמרנו אנו
מקבלים עלינו את האמונה הפשוטה כשור לעול וכחמור למשא, אבל בעת
רצון מצד הקב״ה שנעבוד אותו כבני אדם להבין ולהשיג, אנו לא נאמר
לא, אלא אחרי כל הקבלה לשים עצמו כבהמה נשאיר מקום ורמז גם
לציצית. היינו לדעת ולהבין אם רק נכיר ונדע שזה רצונו של השי״ת. המסדיר
לנו הדינים בתורתו הק׳ וזה נקרא טלית שכולה של תכלת חוטה דציצית, ובסוד
זה היא ג״כ סוכה שנקראת צלא דמהימנותא היינו שרומזת לאמונה, וע״כ
סוכה מעובה פסולה, כי צריכים להשאיר מקום שכוכבים נראים ע״י, ואור
הכוכבים רומז על אורות השי״ת המאירים לנו לתוך הסוכה שהיא האמונה.
ולכן שאל בית שמלא ספרים כלומר מי שזכה לחכמה ויש לו ידיעה והכרה מלאה
במצוות ית׳ ורואה ומבין בתורה הכל, צריך למזוזה הרומזת לאמונה,
כי האמונה היא השומרת עלינו תמיד מכל המזיקים והחצונים הרוצים להזיק לנו
בסוד מזוזות אותיות זז מות, שהמות אין לו שום כניסה בבית שקבוע בו מזוזה
משה רבינו אמר לו שגם בית המלא ספרים ויש לו כל ההכרה המלאה עם כל זה
אין אדם נמצא תמיד במצב אחד ואם ח״ו תבוא איזה מין הסתר פנים ח״ו אז ג״כ
לא נסוג לאחור ואף פעם אסור להאמין בעצמו ולומר שזכה כבר לידיעה
נצחית ולא צריך לאמונה, ואפילו בית שמלא ספרים צריך מזוזה ואמונה
לשמירה לכל מיני מזיקים.
שני דברים אלה הם נקראים אש ומים ולכן כתוב שהתורה נמשלה לאש
הלא כה דברי כאש, וכן נמשלה למים בסוד כל צמא לכו למים, והנה מים ואש
הם שני הפכים מפני שאחד מכלה את השני כי המים מכבים את האש
והאש מייבש את המים, ובדגמאות מה עושה אדם שיש מים והם קרירים
והוא צמא ואי אפשר לשתות המים מחמת שהם צוננים, ויש לו אש ואי אפשר
לשים המים על האש שהם יכבו את האש הוא שם המים בתוך כלי ומשים
הכלי עם המים על האש וככה נכנס כח האש בהמים והוא שותה מים
חמים שנכללים מאש ומים ביחד נמצא שהכלי עשה שלום בין האש
והמים ונהנה משניהם יחד סוד שאמרו ז״ל הראה קדרה בחלום יצפה

א

ב"ה יום וע"ק פרשת קרח ב' לחודש תמוז תשכ"ב. תל-אביב

רב ברכות ועוד שמחות ובש"ט לכבוד הא' הרה"ג רב הפעלים מוהר"ר יצ"ה שליט"א

אחדשה"ט באה"ר, חזרתי היום מאה"ק ירושלים תובב"א אחרי שהייתי שמה משך כל הקיץ

בעניין הישיבה אין לי משהו במכתבי לכתוב רק שלומדים ומתפללים משך כל הקיץ

אמרתי להניחם שיעור כל יום בדרך שמתיים עמלתי קשה אבל כדאי ונהנים מאד

להשגות ולגיעם לב שהכסף שהם מקבלים אם שמהו לא לשמה יתמש ויבוא אל המטרה שמתוך

שלא לשמה בא לשמה, ואני זה מתכוון כשהלומד רואה ומרגיש את האור הגנוז בתורת

הקדושה בבחי' כי מוצא מצא חיים אז תורתו נעשית לו לסם חיים ואז אני בטוח שלא יפרוש

ממנה כי מי רוצה לפרוש מן החיים.

והיות שאנו עומדים בשבוע של פרשת קרח אמרתי לפרש קצת את הענין ויקח קרח

פירש"י ז"ל לקח את עצמו לצד אחד וכו' וזהו שתרגום אונקלוס ואתפלג, הפירוש של צד אחד

נבין עפ"י מה שמסביר את ב' השאלות ששאל קרח את משה רבינו: טלית שכולה תכלת חייבת

בציצית או פטורה, וכן בית שכולו ספרים צריך מזוזה או לא. מה כוון קרח בב' שאלות

אלו, ומה גנוז בשאלות הללו. הענין כי כל עבודת ה' וכל התורה כלולה בשאלות אלו, כי

בעבודת השי"ת יש ב' דרכים א' דרך האמונה כשור לעול וכחמור למשא כמ"ש

על הפסוק אדם ובהמה תושיע ה' אלו בני אדם שהם ערומים בדעת ומשימים

עצמם כבהמה, לא לדעת ולא להשיג ולא לראות. כבהמה ממש הפשוטה כמשמעה

וזה נקרא טלית שכולה תכלת כי תכלת היא מלשון תכלה וכליון כמ"ש לכל תכלה

ראיתי קץ, היינו שמכלים את ההשגה ואת הידיעה לגמרי ומקבלים עליו ומתעטפים

בלבוש שהוא טלית של אמונה לא לדעת כבהמה. וציצית הן מלשון מציץ

מן החרכים מלשון ראי' והסתכלות, היינו שמשאירים עוד דלת מקום שאם תהי'

איזה גילוי רצון מצד השי"ת כן להשיג ולדעת ולהבין בבחי' דע את ה' אלקי

אביך, ובסוף והיו עיניך רואות את מוריך וכמ"ש אצל משה רבינו ותמונת

ב

לשלום, כן הוא ברוחניות ובאמת הדברים הנ״ל שהם סותרים זה את זה
ונמשלו לאש ומים ונקראים שני דברים ומהן נשאל שהם אמונה וידיעה
שידיעה סותרת אמונה וכן להיפך והחילוק בדרך התורה תורת משה
רבינו הוא נעשה כבלי הזה הפרושה שלום ומאחד את הקצוות והדברים
בסוד לא מצא הקב״ה כלי מחזיק ברכה לישראל אלא השלום שהשווה שלום
הוא הכלי והאדם נעשה כבלי בידי הקב״ה שמאחדים בו ב׳ הקצוות והדברים
הנ״ל והוא מרכבה לעמוד האמצעי שהוא סוד משה מדת התפארת. בסוד
כלול תפארת נתת לו ונהנה מב׳ הקצוות הן מאמונה והן מידיעה ובא לידי
הכרה כזו כמו שאינו מסופק על עצמו אם הוא נמצא או אם הוא חי הגם
שאינו רואה את אור החמה של העינים הגשמיים רק זוכה להכרה מלאה
במציאותו ית׳ בסוד דע את ה׳ אלקי אביך ועבדו בידיעה ברורה ומלאה
משא״כ קרח לא רצה אלא צד אחד או אמונה או ידיעה ולכן נכשל ונענש
דו״ק בדברים. כי אין לי זמן להאריך יותר כעת.
נא להודיע לי אם כבר השגת חשבון עבור השובר לקבל בספרים
ו״ה הכנסת מר קרויזלוז קבע אצלי פגישה ביום א במשרד שלי
המאחל כל טוב
יהודא [illegible]

Letter Two

With help from the Creator
Tel Aviv, third candle of *Chanukah*,
27th day of the month of *Kislev*, 5725
December 2, 1964

Light is the *Torah*, and joy and all the best to the honorable beloved among men who is bound to my heart, our honorable Teacher, Rav Shraga Feivel. May God protect and guard you. May the Light of the Creator be with you and give you life, Amen.

I am making preparations to send to you all 21 volumes of the book of the *Zohar* and also the second volume of "Ten Luminous Emanations"[1]. By virtue of being one of the supporters of the Torah, who are called "the makers of the *Torah*" (Zohar, Prologue, 124), may you attain favor and good understanding, as the verse says: "The awe of the Creator is the beginning of wisdom; and good understandings for all those who act upon them; His glory endures forever" (Psalms 111:10).

Blessing you with heart and soul, and giving you best regards in the name of my household,

Yehuda Tzvi

P.S. Concerning the mayor of *Tzefat* (Safed), he is now in America and has sent someone to me to get your address. I gave your home address to his messenger. I do not know

---

1   Rav Ashlag's 16 books, containing a detailed explanation of the *Ari*'s description of Creation

מכתב ב

ב״ה

נר ג׳ דחנוכה תשכ״ה

תל-אביב

אורה זו תורה ושמחה וכל טוב לכבוד חביב אדם הקשור במוסרות לבי כבוד מורינו הרב שרגא פייביל השם ישמרהו וינטרהו אור ה׳ עליך יחי׳.

אני מתכונן לשלוח לך כל כ״א הכרכים מספר הזהר וגם כרך שני מתלמוד עשר הספירות, ובזכות זה שאתה אחד מתמכי אורייתא הנקראים עושי התורה (זהר בהקדמה תחלת דף ח) תזכה לחן ושכל טוב כמו שנאמר ראשית חכמה יראת ה׳ שכל טוב לכל עושיהם תהלתו עומדת לעד.

המברך בלב ונפש ודורש בשלומך ומוסר דרישת שלום בשם כל בני ביתי.

יהודא צבי

בענין ראש העיר של צפת הוא נמצא כעת באמעריקא ושלח לקחת ממני את הכתובת שלך ונתתי להשליח

what he wants from you, yet it is worthwhile meeting him. If he has not yet called you, then you can reach him through Mr. Stolarski. You can tell Stolarski that you know he is looking for you.

הכתובת מן הבית. מה שהוא רוצה ממך אין אני יודע
אבל בכלל כדאי להתראות עמו, ואם עדיין לא התקשר
עמך אתה יכול להתקשר עמו על ידי מר סטולרסקי,
ולומר לסטולרסקי שאתה יודע שהוא מחפש אותך.

בענין ראש העיר של צפת הוא מצא
בעירת באמדרוקא ושלח לקחת ממנו את המנקבת
שלך ונתתי להשלות הכתבת מן הבית, מה שהוא
רוצה ממך אין אני יודע אבל בכלל כדאי להתראות
עמו ואם עדיין לא התקשר עמך אתה יכול
להתקשר עמו ע״י מר סטולרסקי, ולומר לסטולרסקי
שאתה יודע שהוא מחפש אותך

ב"ה נר ג' דחנוכה תשכ"ה

תל-אביב.

אורה זו תורה ושמחה וכ"ט לכבוד ח"א הנקשר
במוסרות לבו כמוהר"ר שרגא פייבל הי"ו
עב"ג זוג' מנשים באהל תברך וכו' מרת רבקה תחי'
אור ה' עליך יחי'

אני מתכונן לשלוח לך כל כ"א הספרים מספר הזהר
וגם כרך שני מתלמוד עשר הספירות, ובזכות
זה שאתה אחד מבני אנ"ש הנקראים עושי
התורה (זהר בהקדמה תחלת דף ח') תזכה לחן ושכל טוב
כמו"ש ראשית חכמה יראת ה' שכל טוב לכל עושיהם, תהלתו עומדת לעד

המברך בלב ונפש ודורש בשלום
ומוסר ד"ש בשם כל בני ביתו יהודא צבי

בענין ראש העיר של צפת הוא נמצא
כעת באמריקא ושלח לקחת ממנו את המכתב
שלך ונתתי להשיג המכתב מן הבית, מה שהוא
רוצה ממך אין אני יודע אבל בכלל כדאי להתראות
עמו ואם עדיין לא התקשר עמך אתה יכול
להתקשר עמו ע"י מר סטולרסקי, ולומר לסטולרסקי
שאתה יודע שהוא מחפש אותך

Letter Three

With help from the Creator
Tel Aviv, fourth candle of *Chanukah*,
28th day of the month of *Kislev*, 5725
December 3, 1964

Light and joy and all the best to the honorable and beloved among men, Rav Feivel, may you merit a long and good life, Amen.

After having greeted you with great love…
I received your telephone call yesterday. Today I sent you the second volume of "Ten Luminous Emanations" that has just come from the binder.

It being the Holiday of Lights, I am writing to you briefly about a practical issue concerning the wisdom of these days. There is a question that everyone asks: Why was the miracle established in connection with the oil and not with the victory in the war in which the mighty were delivered into the hands of the weak and the many into the hands of the few and so on? Yet we commemorate, with the lighting of the *Chanukah* candles, the miracle of the oil only.

The answer is that the oil signifies the level of *Chochmah* (Wisdom), as the verse says: "The candle of the Creator is the soul of man" (Proverbs 20:27) that keeps him alive. Moreover, the Light of *Chochmah* (Wisdom) is called *Chayah* (life-sustaining), according to the words: "And wisdom gives life to those who master it" (Ecclesiastes 7:12). Also the word *chacham* (wise) is numerically equivalent to *chayim* (life).

מכתב ג

ב״ה

יום כ״ח כסליו ד׳ דחנוכה תשכ״ה תל-אביב

אורה ושמחה וכל טוב סלה לכבוד חביב אדם הרב רבי פייוויל שליט״א.

אחר דרישת שלומו הטוב באהבה רבה קבלתי אתמול הטליפון ממך. ושלחתי לך היום כרך שני מתלמוד עשר ספירות שיצא כעת מן הכורך.

ולהיות שאנו כהיום בחג האורים אכתוב לך משהו בקיצור מענינא דיומא, יש קושיא שכולם מתלבטים בה, למה קבעו הנס על השמן, ולא על הנצחון במלחמה שנמסרו גבורים ביד חלשים ורבים ביד מעטים וכדומה והזכר שאנו עושים בהדלקת נר חנוכה הוא רק על נס של השמן.

התשובה היא כי שמן רומז לחכמה כמו שנאמר נר ה׳ נשמת אדם המחיה אותו, ואור החכמה נקרא חיה בסוד הכתוב והחכמה תחיה את בעליה, וכן חכם בגימטריא חיים.

There is also a hint about the [discussion about the] vessels of the Tabernacle. After Betzalel[1] arranged everything, Moses then came and anointed them [the vessels] with the anointing oil and it is then they became holy vessels, while beforehand they were not. This is proof that oil alludes to the Divine Spirit that is drawn [down to us] with the anointing oil, and hence it is called the "holy anointing oil."

Therefore, when the evil kingdom of Greece was set against us to cause us to forget the observance of the precepts of our Holy *Torah*, which is our life. They told us to write on the ox's horn: "We have no part in the Lord of Israel." Then the *Hasmoneans*[2] were filled with jealousy for the sake of the Creator and penetrated the Greeks' camp, smiting them right to left. This awakening from Below—that the Israelites risking their lives for the Holiness of the Creator, saying, "Without the *Torah* and the fulfillment of His precepts, what do we need life for?"—made a great impression in the Heavens. That is why they experienced this great miracle, and they prevailed over and vanquished their enemies.

This is why we commemorate the oil specifically—because it alludes to [the concept that] "the candle (flame) of the Creator is the soul of man."

This will also help you understand what was discussed in *Sha'ar HaKavanot* ("The Gate of Meditation")[3] about *Chanukah*. In the numerical value of the word *ner* (candle, flame) are insinuated in three Unifications[4] (*Yichudim*), which

---

1 The architect of the Tabernacle in the desert
2 Small group of Israelites who created the *Chanukah* miracle, 167 BC
3 One of the books of the great 16th century kabbalist, the *Ari*, Rav Isaac Luria
4 Meditation, by which we bind different spiritual entities in order for them to be manifested as one entity

ויש גם רמז על זה מהכלים של המשכן, שאחר שבצלאל סידר הכל בא משה רבינו אחר כך ומשח אותם בשמן המשחה ואז נעשו לכלי קודש. וקודם זה לא. הרי ראיה שהשמן רומז לרוח הקודש שנמשך עם שמן המשחה ולכן נקרא שמן משחת קודש.

ולכן כשעמדה מלכות יון הרשעה עלינו להשכיחנו מקיום מצות תורתנו הקדושה אשר היא חיינו ואמרו לנו לכתוב על קרן השור שאין לנו חלק באלקי ישראל, נתמלאו החשמונאים עם קנאת ה׳ צבאות ונכנסו בין מחנה היונים והרביצו על ימין ועל שמאל, ההתערותא הזו דלתתא עשתה רושם גדול בשמים, איך בני ישראל מוסרים נפשם על קדושת השם יתברך, אשר אמרו בלי התורה וקיום מצוותיו למה לנו חיים, ונעשה להם הנס הגדול שהתגברו על השונאים ונצחו אותם,

ולכן אנו עושים הזכר על שמן דוקא הרומז על נר ה׳ נשמת אדם.

ובזה תבין גם כן במה שנאמר בשער הכוונות של חנוכה כי בגימטריא של ״נר״ מרומז ג׳ יחודים שהם בגימטריא נר, והם: יחוד הוי״ה-אהיה, הוי״ה-אלקים, הוי״ה-אדני. שהם ששה שמות שיש בהם כ״ה אותיות.

numerically [together] are equivalent to *ner*. Those are the Unification of [the different names of the Creator] YKVK-AKYK, YKVK-ELKIM, and YKVK-ADNY. Those six names [together] contain 25 letters.

This is the meaning of the word *Chanukah—Chanu-Kah* (literally, *Chanu* = they encamped, *Kah* = 25)—that the nation of Israel was encamped upon the great Light of the three above-mentioned Unifications. We awaken those Lights so that they shine upon us in these days as they did in those days. This is why we recite the blessing, "to light the candle (*ner*)"[5], because with the precept of lighting and setting, we can merit to enjoy the Lights of those above-mentioned Unifications.

Yehuda Tzvi

P.S. I urge you to eat well because the body is prone to habits and we can accustom ourselves to hardly eat, yet this is not good. If we do not eat bread, then we should eat meat or vegetables and other things. I have to stop here because people are waiting for me. I bless you with health and abundance and success and all the best.

The undersigned

---

5   The numerical value of *ner* is the same as the numerical value of the three
    Unifications together = 250

שזה פירוש חנו-כ״ה, שחנה על עם ישראל האור הגדול של ג׳ היחודים הנזכרים, ואנחנו מעוררים את האורות האלו שיאירו לנו בימים ההם ובזמן הזה ולכן אנו מברכים להדליק ״נר״ שעל ידי המצוה של ההדלקה וההנחה נזכה ליהנות מאורות היחודים הנ״ל.

יהודה צבי

אבקש שתאכל נכון שהגוף הוא בעל הרגל ויכולים להרגיל את עצמו לא לאכול כמעט אבל זה לא טוב, אם לא לאכול לחם אוכלים בשר או ירקות או שאר דברים. אני מוכרח לגמור כי מחכים לי ואני מברך אותך בבריאות ובברכה והצלחה וכל טוב סלה.

הנ״ל

על קדושת השי"ת אשר אמרו בלי התורה וקיום מצוותי' לאמה לנו חיים ונעשה להם הנס
הגדול שהתגברו על השונאים ונצחו אותם, ולכן אנו עושים הזכר על שמן דוקא
הרומז על נר ה' נשמת אדם, ובזה תבין מ"ש בשער הכוונות של חנוכה
כי בגימטריא של נר"י מרומז ג' יחודים שהם בגימ' נר והמיחוד הוי"ה-אהו"ה,
הוי"ה-אלקים, הוי"ה אדנ"י. שהם ששה שמות שיש בהם כ"ה אותיות שזה
פירוש חנו-כ"ה שחנה על עם ישראל האור הגדול של ג' יחודים הנזכרים
ואנחנו מעוררים את האורות האלו שיאירו לנו בימים ההם ובזמן הזה
ולכן אנו מברכים להדליק נר"ח שע"י המצוה של ההדלקה וההנחה
נזכה ליהנות מאורות הג' יחודים הנ"ל

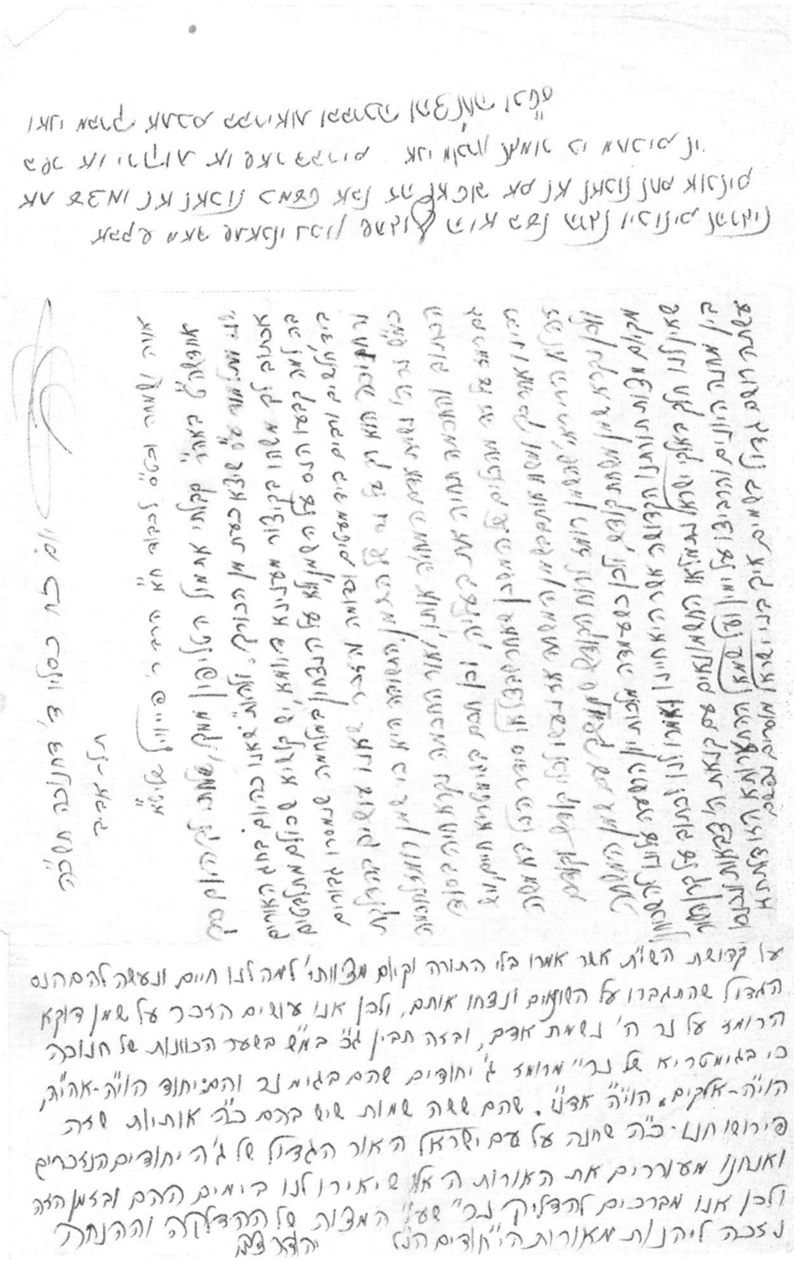

Letter Four

With help from the Creator
Tel Aviv, 11th day of the month of *Shevat*, 5725
January 14, 1965

To the honorable beloved of my soul and beloved, our Teacher, Rav Shraga Feivel, may you merit a long and good life, Amen.

Following the greeting I have prepared an answer in response to your letter. Here I wish to write words of *Torah* from the weekly portion. It is written: "And the Creator said to Moses, 'Why do you cry out to Me? Speak to the children of Israel that they should go forward'" (Exodus 14:15). Many have wondered at this. First, the words "to Me" seem redundant. Whom else could Moses have cried out and prayed to? Second, the question "Why do you cry out?" is also strange, as what else could the children of Israel do in their trouble but cry out and pray to their Father in Heaven?

It is written in the Holy *Zohar* (Beshalach, 180): "Why do you cry out to Me? It all depends upon *Atika*"[1]. The matter is that the Creator instructed Moses in His ways, as Moses requested: "Teach us now Your ways" (Exodus 33:13). Thus, as there is nature and a way of nature in physicality, so, too, is there a way of nature in spirituality, as it is written: "If you follow (lit. walk according to) My statutes, and keep My precepts, etc… then I will give you rain in due season" (Leviticus 26:3-4). And it is always so, for if we walk the straight path, we draw all goodness, but if, Heaven forbid, we do not walk the good path, we bring about the opposite.

---

1   *Atika* is the level of *Keter* (Crown), the first emanation from Endless

מכתב ד

ב״ה

י״א שבט תשכ״ה תל-אביב

כבוד ידיד נפשי ואהובי מורינו הרב שרגא פייביל שליט״א.

אחרי דרישת השלום ערכתי לך מכתב תשובה על מכתבך, וכאן אני רוצה לכתוב דבר תורה מפרשת השבוע: כתוב ויאמר ה׳ אל משה מה תצעק אלי דבר אל בני ישראל ויסעו, כאן רבו המתמיהים, ראשית, מלת אלי נראה כמיותרת - רק למי היה לו לצעוק ולהתפלל, שנית, השאלה מה תצעק גם כן פליאה, כי מה יעשו אחרת בני ישראל בצרתם אם לא לצעוק ולהתפלל אל אביהם שבשמים.

בזהר הקדוש כתוב מה תצעק אלי בעתיקא תליא מילתא, אלא הענין הוא זה כי השם יתברך הורה למשה רבינו עליו השלום את דרכיו, כמו שביקש הורנו נא את דרכיך, והנה כמו שיש טבע ודרך הטבע בגשמיות כן יש דרך טבע ברוחניות כמו שכתוב אם בחוקותי תלכו ואת מצותי תשמורו וגו׳, ונתתי גשמיכם בעתם, וכן תמיד אם הולכים בדרך הישרה ממשיכים כל טוב, ואם חס ושלום לא הולכים בדרך הטובה גורמים ההיפוך רחמנא ליצלן.

But sometimes, one needs to bring about (lit. to draw down) a miracle, meaning to transcend the laws (lit. the way) of nature. How can we perform miracles that will rearrange the [natural] system differently from the way the Creator structured it? This can happen only through *mesirut nefesh* (self-sacrifice) because the force and desire for his own existence, to rule over and swallow everything, is innate and exists within every human being. So if a person pushes himself to sacrifice his life for the Glory of the Creator, then this force breaks through all the firmaments and tears [aside] all the veils[2]. And there is no power among the Higher and Lower beings that is able to stop him and prevent anything he asks for. His prayer will be answered in full.

Following this, the holy *Baal Shem Tov*[3], of blessed memory, interpreted the verse: "The Creator is your shadow" (Psalms 121:5). Just as the shadow follows and does every movement of a person so too, does the Creator follow [as a shadow] man. If a man is willing to sacrifice himself for the Holiness of the Creator, then the Creator annuls all the ways [laws] of nature that He has set, and turns toward that self-sacrificing man. And even if that man is neither honest nor deserving, according to the normal [*tikkun*] process, and needs to wait for [salvation] *Be'iitta* (in its due time) (Isaiah 60:22), yet through his self-sacrifice, he hastens salvation to himself through the aspect of *Achishenna*[4] (I will hasten it) (Ibid.).

---

2 Veils that separates us from the Light
3 Founder of the *chassidic* movement and a kabbalist, circa 1780 AD
4 The end of the *tikkun* (correction) is guaranteed to come about in its own time. Yet it can be hastened by our acts of self-sacrifice.

אבל לפעמים שצריכים להמשיך נס היינו מחוץ לדרך
הטבע, איך ממשיכים ניסים לשדד את המערכה מכפי
מה שסידר אותה השם יתברך, זוהי רק על ידי מסירת
נפש, היות שבאדם טבוע וקיים הכח והרצון לקיומו
עצמו, ולבלוע הכל ולשלוט על הכל, ובאם הוא מתגבר
עצמו למסור את נפשו למען כבודו יתברך אז כח הזה
בוקע כל האוירים וקורע כל המסכים ואין שום כח לא
בעליונים ולא בתחתונים לעצור בעדו ולמנוע ממנו שום
דבר מבקשתו. ותפלתו מתמלא בכל.

ועם זה פירוש רבינו הבעל שם טוב הקדוש זכותו יגן
עלינו אמן את הפסוק "ה' צלך" שכמו שהצל עושה כל
מה שהאדם עושה כל תנועה ותנועה, כן השם יתברך
עושה עם האדם, ואם האדם מוכן למסור את עצמו על
קדושת ה' אז הקדוש ברוך הוא מבטל את כל סדרי הטבע
שקבע ופונה אל האדם הזה בעל המסירות נפש, אף על פי
שאינו הגון ואינו כדאי לפי הסדר הקבוע וצריך לחכות
אל "בעתה" ועל ידי המסירות נפש הוא מחיש לעצמו
הישועה בבחינה "אחישנה".

The prayer that people pray and cry out to the Creator, especially in times of trouble, Heaven forbid, is part of the spiritual ways of nature in order to hasten salvation and help in time of distress.

But for a miracle [that is] above the laws (lit. the ways) of nature, self-sacrifice is required. This is what the Creator [meant when He] said to Moses, "Why do you cry out to Me?" Now I wish to perform miracles for them that are not according to nature's way, [and] this depends on *Atika*. For there is a level called *Zeir Anpin*[5] (Small Face), which ordinarily accepts the prayers of the Israelites and answers them, and this [level] is called "to Me."

But here it depends "on Me" (see *Rashi*[6]), since a miracle[7] beyond the way of [physical] nature has to be revealed to the children of Israel. Hence [God's command to Moses]: "Speak to the children of Israel, that they should move forward," that they show self-sacrifice Below. And then the Higher Level, which rearranges all the [natural] systems and makes the seas into dry land, will awaken and "He shall turn the wilderness into a pool of water, and dry ground into water springs" (Psalms 107:35) and will hasten salvation for His people, not according to the laws (lit. ways) of nature.

I have revealed a *tefach* (handbreadth), yet a thousand handbreadths are still concealed.

---

5   The Third Phase, a channel of Light to our reality
6   Rav Shlomo Yitzhaki , known as *Rashi*, who is the best-known commentator on the *Torah*, 11th century AD
7   Splitting of the Red Sea

ענין התפילה שמתפללים וזועקים להשם יתברך ובפרט בעת צרה שלא תבוא חס ושלום היא מדרכי הטבע הרוחניים להחיש ישועה ועזר בצרה.

אבל לנס מחוץ לדרך הטבע צריכים מסירות נפש. וזה אמר הקדוש ברוך הוא למשה מה תצעק אלי, כעת הנני רוצה לעשות להם נסים שלא כדרך הטבע בעתיקא תליא מילתא, כי יש מדרגה שנקרא זעיר אנפין, שקבוע לקבל תפילתם של ישראל ולענות להם, וזהו "אלי".

אבל כאן עלי הדבר תלוי, (עיין ברש"י) שצריכים לגלות לבני ישראל נס שלא כדרך הטבע, ולכן דבר אל בני ישראל ויסעו שהם יגלו את מסירת נפשם למטה ועל ידי זה תתעורר המדרגה העליונה המשדדת כל המערכות ומשימה ימים לחרבה, ו"ישם מדבר לאגם מים וארץ ציה למוצאי מים", ומחיש לעמו ישועות שלא כדרך טבע.

גיליתי טפח, ואלף טפחים עוד מכוסים.

I wish to see you having two tables[8]—of *Torah* and of greatness.

I hope to continue discussing this matter with you, for there are things that are not yet allowed to be written down. I will tell them to you when we will be together soon. Please let me know if you understand what I have written.

Wishing you all the best,

Yehuda Tzvi Brandwein

---

8   Tables represent success. The sages said that not everyone merits financial and spiritual success. Rav Brandwein blesses his student, Rav Berg, to experience both kinds of success at the same time.

אני רוצה לראות אצלך שני שלחנות תורה וגדולה.

והנני מקווה עוד להמשיך עמך בענין זה כי יש דברים שעוד לא התירו להעלותם בכתב, ואם ירצה השם אמסור אותם לך בעת שנהיה יחד בקרוב, ונא להודיע לי אם הנך מבין את מה שכתבתי.

המאחל לך כל טוב,

יהודה צבי ברנדוויין

[illegible]

אבל לגר מחה לדרך הטבע דרכים מסורות נפש וזה אמר הקב"ה
למשה מה תצעק אלי. כעת הנני רוצה לעשות להם נסים שלא
כדרך הטבע בבחי' רא גליא מלתא כי יש מדרגה שנקרא זעיר אנפין)
שקבוצי [illegible] תפילות של ישראל ולדעות להם וזהו "אלי". אבל כאן עלה הדבר
המשפיע [illegible] לגלות לבני ישראל נס שלא כדרך הטבע ולכן דבר אל
בני ישראל ויסעו שהם יגלו את מסירת נפשם למטה ועי"ז תתעורר
המדרגה העליונה המשדדת כל המערכות ומשימה ימים לחרבה
ושים מדבר לאגם מים וארץ ציה למוצאי מים ומחיש לעמו ישועות שלא בדרך
הטבע. גילוי זה ואלפי ספרים עוד מבוססים, אני רוצה לראות אצלך שגם [illegible]
וגדולה.
והננו מקוה עוד להמשיך עמך בענין זה כי יש דברים
שעוד לא התירו להעלותם בכתב ואי"ה אמסור אותם לך

Letter Five

With help from the Creator
Tel Aviv, Sunday, 28th day of the month of *Shevat*, 5725
January 31, 1965

Abundance of blessing and success to the honorable beloved
of my soul, beloved among men, our Teacher, Rav Shraga
Feivel, may you merit a long and good life, Amen.

After greeting you with great love…
Last night after the Holy *Shabbat*, I called the mayor of
Tzefat (Safed), may it be rebuilt and reestablished. He replied
to me that he received your letter and has already brought
up the matter with the members of the city council and it is
in progress. He will be in Tel Aviv this week and will pay me
a visit, and then he will give me the details concerning the
request. He hopes that it will end well.

I also received the letter concerning the commentaries on the
words of the Torah related to the portion of *Beshalach*[1]. The
issue is as you have perceived it, and there is no connection
between the portion of *Noach*[2] and this portion. The situation
in the days of the Flood is very different from the situation
at the Splitting of the Red Sea and the Revelation at Mount
Sinai[3], as it is written: "A handmaid[4] saw at the sea what the
prophet Ezekiel[5] did not see" (*Zohar, Beshalach*, 434).

---

1   The fourth portion in the Book of *Bamidbar* (Numbers)
2   The second portion in the Book of *Beresheet* (Genesis)
3   1330 BC
4   Simple person
5   A prophet, circa 580 BC, who had a vision of Creation, the future Resurrection,
    and Armageddon

מכתב ה

ב"ה

יום א כ"ח שבט תשכ"ה תל-אביב

שפע ברכה והצלחה לכבוד ידיד נפשי חביב אדם מורינו הרב שרגא פייביל שליט"א.

אחר דרישת שלומו הטוב באהבה רבה, צלצלתי אמש במוצאי שבת קודש לראש העיר צפת תבנה ותכונן וענה לי שקיבל מכתבך וכבר הציע הדבר לפני חברי מועצת העיריה והענין הוא בטיפול והוא יהיה השבוע בתל-אביב ויבקר אצלי ויודיע לי פרטים על הענין המבוקש, הוא מקוה שהוא יגמר בכי טוב.

קבלתי גם המכתב בענין הדברי תורה מפרשת בשלח הדברים הם כפי מה שאתה תפסת, ואין שום שייכות מפרשת נח לכאן, ורחוק מאד המצב של ימי המבול להמצב של קריעת ים סוף ומעמד הר סיני שכתוב ראתה שפחה על הים מה שלא ראה יחזקאל הנביא.

The children of Israel merited the Concealed Light[6] that will shine upon us at the End of All Corrections. Hence, it is written: "Then Moses will sing" (Exodus 15:1). It does not say "sang," but "will sing." Also, "They were all as one, with one heart" (Exodus 19:2), and even the babies recited the song because the Holy *Shechinah*[7] dwelt upon them and was embraced within them and was singing from within their throats.

And such a cleaving [and unity] is similar to what a man has with his thoughts. Whatever a person thinks, all his organs are prepared to execute without him having to order them. This is due to the connection that the Creator has made between the Light of mind and thought, which is spirituality, and the body parts, which are physical, and both of them are so joined that the flow of thoughts into the parts of the body is not felt.

There is another type of cleaving of a lower level, like a master and his slaves. However faithful and dedicated his slaves may be, the master nevertheless cannot blame them if they did not carry out what he was thinking. They are trustworthy slaves and carry out in full what their master commands, yet what he is thinking they do not know and therefore cannot execute.

At the moment of the Splitting of the Red Sea and the Revelation at Mount Sinai, the children of Israel were cleaving unto the Creator as a man with his thoughts. And upon that, our sages, of blessed memory, said (*Talmud, Shabbat,* 88a): "Who revealed this secret to My children so that they said,

---

6 The Endless Light of Creation that was concealed because of Bread of Shame (*Zohar, Beresheet,* 388-397)
7 The Divine Presence of God

ובני ישראל זכו אז לאור הגנוז שיאיר לנו בגמר כל
התקונים שלכן כתוב אז ישיר שר לא נאמר אלא ישיר,
וכולם היו כאיש אחד בלב אחד ואפילו התנוקות אמרו
שירה כי השכינה הקדושה שרתה עליהם ונתלבשה בהם
ושרה מתוך גרונם.

ודבקות כזו הוא כדוגמת אדם עם מחשבתו, שמה שאדם
חושב, כל אבריו מוכנים ועושים בלי שיגיד להם, מפני
הקשר שהשם יתברך קָשַר בין אור השכל והמחשבה
שהיא רוחניות עם אברי הגוף שהם גשמיים והם דבוקים
יחד כל כך שלא מרגישים את זרימת המחשבה לתוך
אברי הגוף.

ישנה מין דבקות אחרת במדרגה יותר נמוכה כמו אדון
עם עבדיו ואפילו אם העבדים יהיו הכי נאמנים ומסורים
עם כל זה לא יבוא האדון בטענה אליהם למה שלא עשו
מה שהוא **חשב**, הם עבדים נאמנים ועושים מה שהאדון
מצווה להם בשלימות, אבל מה שהוא חושב אינם יודעים
ואי אפשר להם לעשות.

ובמעמד קריעת ים סוף והר סיני היו בני ישראל דבוקים
בהשם יתברך כאדם עם מחשבתו, ועל זה אמרו חכמינו
זכרונם לברכה מי גילה רז זה לבני שאמרו נעשה ונשמע
סוד שהמלאכים משתמשים בו-עושי דברו והדר לשמוע.

'We will do, and we will listen'—a secret that the angels use: 'First they do what He says, and then they listen'"?

One attains such stature by sacrificing himself for the Holiness of His Name. Hence, the Creator said to Moses, "Speak to the children of Israel that they go forward." And the children of Israel accepted upon themselves then and there that it would be better to drown in the sea than to be enslaved by the Egyptians, [which is just] as you have understood the situation. It makes me happy to speak to someone who hears and understands.

It is good that you study by yourself, and when you do not understand, ask for mercy from Him Whom the wisdom belongs to (see *Talmud*, Tractate *Nidah*, 70b).

I hope and expect that you shall not be alone because there are many more with us than with them[8].

Study only because it is a precept of the Creator and with simple trust because the Creator is pleased when His *Torah* is studied and understood. Then you shall see that "no good thing will He withhold from them that walk uprightly (lit. whole, innocent)" (Psalms 84:12).

I sent 10 volumes of the *Zohar* with the *Sulam*[9] commentary to you today, and I shall endeavor to complete it to all 21 volumes.

Yehuda Tzvi

---

8   ...even though it is not apparent (according to the verse in II Chronicles 32:7)
9   *Sulam* (Ladder) is the name Rav Ashlag called his translation of and commentary to the *Zohar*

ולמצב כזה זוכים על ידי מסירת נפש על קדושת שמו יתברך. וזה שאמר השם יתברך למשה: דבר אל בני ישראל ויסעו, ובני ישראל קיבלו עליהם אז שיותר טוב להטבע בים מלהיות תחת השעבוד של המצריים, כפי שאתה הבנת את הדברים שזה משמח אותי כשמדברים לשומע ומבין.

ומה טוב שתלמוד ביחידות ומה שלא תבין תבקש רחמים ממי שהחכמה שלו (עיין במסכת נדה ע, ע״ב).

והנני מצפה ומקוה שלא תהיה יחידי, כי רבים אשר עמנו מאשר עמהם.

ותלמוד רק מתוך מצות השם יתברך ובאמונה פשוטה שהקדוש ברוך הוא יש לו נחת רוח אם לומדים תורתו ומבינים אותה, אז תראה כי לא ימנע הטוב מהולך תמים.

שלחתי לך היום עשרה כרכים מספר הזהר עם פירוש הסולם ואשתדל להשלים לך כל כ״א הכרכים.

יהודה צבי

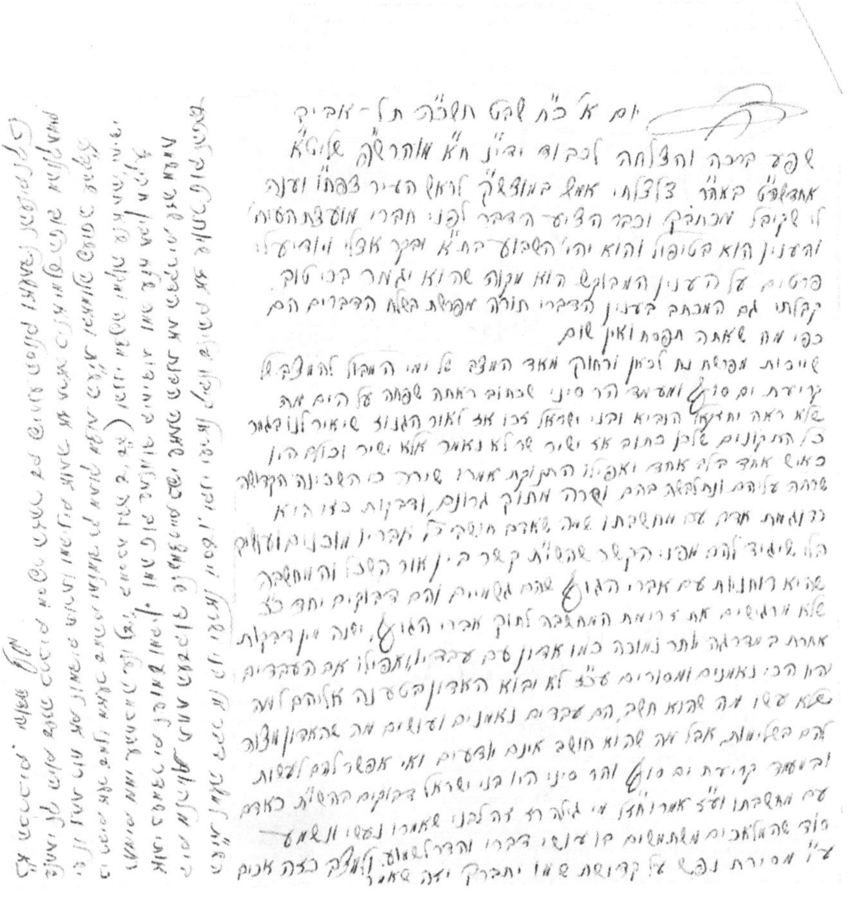

Letter Six

With help from the Creator
End of *Shabbat*, portion of *Zachor*[1],
10th day of the month of *Adar* II, 5725
March 14, 1965

A joyful *Purim* and all the best to the excellent and honorable beloved among men, the precious Rav, who loves the Creator, Israel, and the *Torah*, our Teacher, Rav Shraga Feivel, may you merit a long and good life, Amen.

After greeting you with great love…
I received your letter of 3rd *Adar* II (March 7, 1965) and was very glad to hear about you and especially about your questions concerning the Four Phases of the Desire[2].

To avoid lengthiness, I shall not write the question but only the answer. I hope that you will find that satisfactory, and if not, then ask again. The Four Phases[3] of the Desire are the foundation of the whole wisdom[4]; they are the secret meaning of the Name[5], which consists of four letters—*Yud, Hei, Vav* and *Hei*—and which contain everything.

The letter *Yud* alludes to the First Phase, which is *Chochmah* (Wisdom). The first *Hei* alludes to the Second Phase, which is *Binah* (Intelligence). *Vav* alludes to the Third Phase, which is *Zeir Anpin* (Small Face). The last *Hei* of the Name alludes to the Fourth Phase, which is *Malchut* (Kingdom). Thus, the

---

1   Special Torah reading to remove doubts and uncertainty, read on *Shabbat* preceding the holiday of *Purim*
2   The Vessel is called also: Desire
3   See "Ten Luminous Emanations," Part 1, Chapter 1 (Inner Light, verse 14)
4   The wisdom of Kabbalah is sometimes referred to by Kabbalists as: Wisdom
5   The Tetragrammaton

מכתב ו

ב"ה

מוצאי שבת קודש פרשת זכור תשכ"ה

תל-אביב

פורים שמח וכל טוב סלה למעלת כבוד חביב אדם הרבני
היקר אוהב ה' ואוהב ישראל ואוהב תורה מורינו הרב
שרגא פייביל שליט"א.

אחר דרישת שלומו הטוב באהבה רבה, קבלתי מכתבך
מיום ג אדר ב ושמחתי מאד לשמוע משלומך ובעיקר
בהשאלות בענין ד בחינות שברצון.

ובכדי שלא להאריך לא אכתוב את השאלה רק התשובה
ואני מקוה שיספק אותך ואם לא תבקש עוד פעם, כי ד'
בחינות שברצון הם יסוד כל החכמה והוא סוד שם הוי"ה
הכולל הכל.

כי י' רומזת לבחינה א' אשר היא חכמה, ה' ראשונה
רומזת לבחינה ב' שהיא בינה, ו' רומזת לבחינה ג' שהיא
זעיר אנפין, ה' אחרונה שבשם רומזת לבחינה ד' שהיא
מלכות. הרי לך שד' בחינות אלו הן כוללות השם הוי"ה
וכל עשר הספירות.

Four Phases include the name *Yud*, *Hei*, *Vav* and *Hei*, and all the Ten *Sefirot*[6].

You should know that every Phase is a level in itself, exactly like another world. The analogy is that you can perceive whatever is in the world you are in, but you can perceive nothing of what is in another world. Hence, the word *olam* (world) is derived from the word *ha'alamah* (concealment). These Four Phases also divide into [represent] Four Worlds: *Yud* is *Atzilut* (Emanation) and is the First Phase of the Desire. The first *Hei* is the World of *Briah* (Creation), which is the Second Phase of the Desire. *Vav* is the Third Phase of the Desire and signifies the World of *Yetzirah* (Formation), and the lower [final] *Hei* is the Fourth Phase of the Desire, namely *Malchut* (Kingdom), which alludes to the World of *Asiyah* (Action).

This should explain to you what you have asked about [the concept that] "the Light of *Chochmah* (Wisdom) existed always during that expansion...etc." Where does It exist in the expansion that is called the First Phase but not in the Second Phase, which is called *Binah* (Intelligence) and which desires *Chassadim* (Mercies) and repels *Chochmah* (Wisdom). As every Difference of Form is a completely different World. The First Phase is called the World of *Atzilut* (Emanation), and the Second Phase is *Briah* (Creation). And more so is the Fourth Phase that comes after the Third Phase had emerged with the Light of *Chassadim* (Mercies) and the illumination of *Chochmah* (Wisdom), for which reason it is called *Zeir Anpin* (Small Face); from where did the Light of *Chochmah* (Wisdom) appear there?

---

6   The ten levels of emanation of Light from Endless to our reality are called *Sefirot*. The Third Phase, *Zeir Anpin*, consists of the lower six *Sefirot*.

ואתה צריך לדעת כי כל בחינה היא מדריגה בפני עצמה, וממש כמו עולם אחר. המשל בזה הוא שמה שיש בעולם הזה שאתה נמצא בו הנך יכול להשיג, ומה שיש בעולם אחר אינך משיג כלום שעל זה נקרא עולם מלשון העלמה, וד׳ בחינות אלו מתחלקות גם לד׳ עולמות כי י׳ היא אצילות, והיא בחינה א׳ שברצון וה׳ ראשונה היא עולם הבריאה בחינה ב׳ שברצון, ו׳ היא בחינה ג׳ שברצון, והיא רומזת לעולם היצירה, וה׳ תחתונה שהיא בחינה ד׳ שברצון היינו מלכות היא רומזת לעולם העשיה.

ובזה יתורץ לך מה ששאלת : ״האור דחכמה היה כל הזמן בעת ההתפשטות זו וכו׳״. איפה הוא נמצא בהתפשטות שנקרא בחינה א׳ ולא בבחינה ב׳ שנקרא בינה החפצה בחסדים ודוחה חכמה וכל שינוי צורה הוא עולם אחר לגמרי שבחינה א׳ נקרא עולם אצילות, ובחינה ב׳ בריאה, וכל שכן בחינה ד׳ שהיא אחר שבחינה ג׳ יצאה באור חסדים ובהארת חכמה שעל שם זה נקרא זעיר אנפין, מאין יש שם אור החכמה.

The sequential development of the Four Phases teaches us how this yearning for the Light of *Chochmah* (Wisdom), is made and born. For this [yearning] is possible only when the Light is not present, because only then would the yearning for it [the Light] be possible, and this is the Fourth Phase.

And concerning what you have written: "And because after the Third Phase, there was a Desire to Share, then naturally the Desire to Receive awakened," this is a mistake. What continuation is there? After there is a Desire to Share, which is the root of all corrections [if one is] to become a being of sharing, how can a Desire to Receive be awakened? After all, the Receiving for Oneself Alone is the root of all sins. And how can it be a continuation to the Desire to Share? We know that a precept begets a precept (Tractate *Avot*, 4:2) and not the opposite, Heaven forbid.

But the explanation is that [something happened] after the Third Phase was revealed, which is that the Light of *Chassadim* (Mercies) was illuminated with the Light of *Chochmah* (Wisdom), and this is the secret of the Light of *Chayah* (Life-sustaining), since the Light of *Chassadim* cannot exist without life. This is similar to the example of the handful of carobs that Rav Chanina ben Dossa[7] had from one *Shabbat* eve to the next (*Talmud, Ta'anit*, 10a).

What happened is that space was made for an awakening to crave the Light of *Chochmah* (Wisdom) in its entirety. Because appetite is present only before eating or when something essential is lacking, only then it is possible for true yearning, which is the complete Vessel, to be revealed.

---

7   A *Talmudic* kabbalist (*Tanna*) of the 2nd century AD

וכל ההשתלשלות של ד' הבחינות היא, ללמד אותנו איך נעשה ונולד ההשתוקקות לאור החכמה, שזה אפשר רק בעת שהאור איננו, אז אפשר להשתוקק אחריו וזהו בחינה הד'.

ובזה שכתבת "שמשום שאחר בחינה ג' היה לו רצון להשפיע וממילא התעורר רצון לקבל", זו טעות. איזה המשך יש שאחר שיש רצון להשפיע שהוא שורש כל התיקונים להיות משפיע, שיתעורר אחר כך רצון לקבלה, הלא הקבלה לעצמו היא שורש של כל החטאים ואיזה המשך יש לה עם הרצון להשפיע, הלא מצוה גוררת מצוה ולא ההיפך חס ושלום.

אלא הפירוש הוא: שאחר שנתגלה בחינה ג' שהיא אור החסדים בהארת חכמה שהוא סוד אור החיה כי בלי חיות אי אפשר לאור החסדים להתקיים דוגמאת הקב חרובין של רבי חנינא בן דוסא מערב שבת לערב שבת.

אז נהיה המקום להתעוררות להשתוקק לאור החכמה בשלימות, כי אין תאבון אלא לפני האכילה, או בעת שאין לו איזה דבר שהוא חיוני אז אפשר שתתגלה ההשתוקקות שהיא הכלי הגמורה.

Examine what was said very carefully because it comes from the sublime wisdom. And if you do not understand, then ask with a broken heart of Him Who owns wisdom[8], and then you will merit wisdom.

Concerning the property in *Tzefat* (Safed), may it be rebuilt and reestablished, I have written to you that you should send a power of attorney from a notary to the effect that you empower somebody to sell and to deal with the money on your behalf and in your name, and his hand is like yours.

I received the letter from the people of True Kindness[9]. I went to see the Israel Land Administration in Tel Aviv. They sent me to Haifa and there I was told to address the regional council of *Marom HaGalil* in Meron[10]. I think that this matter should be given to the lawyer, Kalach, in *Tzefat* (Safed) to handle.

We wait for the day of your arrival. I have made room for you in my house until you find suitable lodging.

I hereby finish with a blessing. May the grace of the Creator be upon all your actions, may you succeed in all your endeavors, and may you find grace and kindness in the eyes of the Creator and man.

A happy *Purim*,
Yehuda Tzvi Brandwein

---

8   The Creator
9   A charity foundation in Israel
10 A town in the Upper Galilee near *Tzefat* (Safed) and the final resting place of Rav Shimon bar Yochai

דוק בדברים כי הם עומדים ברומה של עולם החכמה, ואם לא תבין, תבקש למי שהחכמה שלו בלב נשבר ואז תזכה לחכמה.

מענין הרכוש בצפת תבנה ותכונן כתבתי לך שאתה צריך לשלוח יפוי כח מנוטריון שאתה עושה למי שהוא לבא כח לקנות ולתת הכסף בשמך, וידו כידך.

קבלתי המכתב של אנשי חסד של אמת, הייתי אצל מינהל המקרקעין בתל-אביב, ושלח אותי לחיפה, הייתי בחיפה אמרו לי בחיפה שאני צריך לפנות למועצה האיזורית מרום הגליל שבמירון, אני חושב שגם ענין זה כדאי למסור לעורך דין קלך מצפת תבנה ותכונן שיטפל בזה. הננו מחכים ליום בואך, ופיניתי הבית בשבילך עד שתמצא דירה מתאימה.

והנני מסיים בברכה יהי נועם ה׳ בכל מעשה ידיך וכל אשר תעשה תצליח ותמצא חן וחסד בעיני אלקים ואדם.

פורים שמח.
יהודא צבי ברנדוויין

ב"ה מוצש"ק פרשת זכור תשכ"ה תל- אביב.

פורים שמח וכט"ס למע"כ ח"א הרבני היקר אוהב ה' ואוהב ישראל ואוהב תורה וכו' מהרש"פ שליט"א

אחדשה"ט באה"ר קבלתי מכתבך מיום ג' אדר ב' ושמחתי מאד לשמוע משלומך ובעיקר בהשאלות בענין ד' בחי' שברצון, ובכדי שלא להאריך לא אכתוב את השאלה רק התשובה ואני מקוה שיספק אותך, ואם לא תבקש עוד פעם, כי ד' בחי' שברצון הם יסוד כל החכמה וה"ם שם הוי"ה הכולל הכל כי י' רומזת לבחי' א' אשר היא חכמה, ה' ראשונה רומזת לבחי' ב' שהיא בינה, ו' רומזת לבחי"ג שהיא זעיר אנפין, ה' אחרונה שבשם רומזת לבחי"ד שהיא מלכות. הרי לך שד' בחי' אלו הן כוללות השם הוי"ה וכל עשר הספירות, ואתה צריך לדעת כי כל בחינה היא מדריגה בפני עצמה, וממש כמו עולם אחר, המשל בזה הוא שמה שיש בעולם הזה שאתה נמצא בו הנך יכול להשיג, ומה שיש בעולם אחר אינך משיג כלום שעל זה נקרא עולם מלשון העלמה, וד' בחי' אלו מתחלקות גם לד' עולמות כי י' היא אצילות, והיא בחי' א' שברצון וה' ראשונה היא עולם הבריאה בחינה ב' שברצון, ו' היא בחינה ג' שברצון, והיא רומזת לעולם היצירה, וה' תחתונה שהיא בחינה ד' שברצון היינו מלכות היא רומזת לעולם העשיה.

ובזה יתורץ לך מה ששאלת "האור דחכמה היה כל הזמן בעת ההתפשטות זו וכו'" איפה הוא נמצא בהתפשטות שנקרא בחינה א' ולא בבחי' ב' שנקרא בינה החפצה בחסדים ודוחה חכמה וכל שינוי צורה הוא עולם אחר לגמרי שבחי"א נקרא עולם אצילות, ובחינה ב' בריאה, וכל שכן בבחי"ד שהיא אחר שבחינה ג' יצאה באור חסדים ובהארת חכמה שעל שם זה נקרא זעיר אנפין, מאין יש שם אור החכמה, וכל ההשתלשלות של ד' הבחינות היא, ללמד אותנו איך נעשה ונולד ההשתוקקות לאור החכמה שזה אפשר רק בעת שהאור איננו אז אפשר להשתוקק אחריו וזהו בחינה הד'.

ובזה שכתבת " שמשום שאחר בחינה ג' היה לו רצון להשפיע וממילא התעורר רצון לקבל" זה טעות, איזה המשך יש שאחר שיש רצון להשפיע שהוא שורש כל התקונים להיות למשפיע, שיתעורר אחר כך רצון לקבלה הלא הקבלה לעצמו, היא שורש של כל החטאים ואיזה המשך יש לה עם הרצון להשפיע הלא מצוה גוררת מצוה ולא היפך ח"ו, אלא הפירוש הוא: שאחר שנתגלה בחינה ג' שהיא אור החסדים בהארת חכמה שה"ם אור החיה כי בלי חיות אי אפשר לאור החסדים להתקיים דוגמת הקב חרובין של ר' חנינא בן דוסא מערב שבת לערב שבת, אז נהי' המקום להתעוררות להשתוקק לאור החכמה בשלימות, כי אין תאבון אלא לפני האכילה, או בעת שאין לו איזה דבר שהוא חיוני אז אפשר שתתגלה ההשתוקקות שהיא הכלי הגמורה. דוק בדברים כי הם עומדים ברומה של עולם החכמה, ואם לא תבין תבקש למי שהחכמה שלו בלב נשבר ואז תזכה לחכמה.

מענין הרכוש בצפת"ו כתבתי לך שאתה צריך לשלוח יפוי כח מנטריון שאתה עושה למי שהוא לבא כח לקנות ולתת כסף בשמך, וידו כידך,

קבלתי המכתב של אנשי חסד ואמת, הייתי אצל מינהל המקרקעין של בת"א, ושלח אותי לחיפה,

הייתי בחיפה אמרו לי בחיפה שאני צריך לפנות למועצה האיזורית מרום הגליל שבמירון, אני חושב שגם ענין זה כדאי למסור לעו"ד קלך מצפת שיטפל בזה.

הננו מחכים ליום בואך, ופיניתי הבית בשבילך עד שתמצא דירה מתאימה,

והנני מסיים בברכה יהי נועם ה' בכל מעשה ידיך וכל אשר תעשה תצליח ותמצא חן וחסד בעיני אלקים ואדם, פורים שמח.

Letter Seven

With help from the Creator
Shushan Purim[1],
15th day of the month of *Adar* II, 5725
March 19, 1965

Gladness and joy and blessing and success, and all the best to the honorable beloved among men and my beloved, our Teacher, Rav Shraga Feivel, may you merit a long and good life, Amen!

In reply to your letter from the 7th of *Adar* II, I would like to tell you about certain principles that we have learned.

One must always remember that "there is no absence in spirituality" (Ten Luminous Emanations, part 1, chapter 1), and if there is an innovation of form, then it [the new form] is an addition to the previous form. This does not cause any lack [or deficiency] in the first form, however, because there is no absence, compensation, or exchange in spirituality.

Regarding Vessels and Lights: These are two distinct subjects, and each one cannot ever interfere with the boundaries of the other. This is like the soul and the body where the soul is the Light and the body is the Vessel. Desire is the name given to the Vessel and not to the Light—whether it is the Desire to Share, which is a Vessel for sharing, or the Desire to Receive, which is a Vessel for receiving.

It is forbidden to touch the [concept of] Light without fear and to play with [understanding] the Light and to determine that the essence of the expanding Light is a Desire to Share.

---

1   The day after *Purim*

מכתב ז

ב״ה

יום שושן פורים תשכ״ה תל-אביב

ששון ושמחה וברכה והצלחה וכל טוב סלה לכבוד חביב אדם ואהובי מורינו הרב שרגא פייביל שליט״א.

בתשובה למכתבך מיום ז׳ אדר שני הנני להודיעך כמה כללים שלמדנו אותם.

צריכים לזכור תמיד שאין העדר ברוחניות, ואם יש חידוש צורה כל שהוא הרי הוא דבר נוסף על הצורה הקודמת, ואין זה גורם שום חסרון על הענין הראשון כי אין העדר וחילוף ותמורה ברוחניות.

ענין כלים ואורות שהם שני דברים מיוחדים ואין אחד יכול אף פעם להתערב בגבול השני כמו הנשמה והגוף, שהנשמה היא האור והגוף הוא הכלי. ורצון הוא שם של כלי ולא של אור, בין רצון להשפיע שהוא כלי להשפיע, ובין רצון לקבל שהוא כלי לקבלה.

ואסור לנגוע באור בלי שום פחד ולשחק באור ולקבוע כי המהות של האור המתפשט להיות רצון להשפיע. עיין בלוח התשובות תשובה א׳ מהו אור ותראה שמציין חוץ

You should read in the Index of Terminology[2], answer one, concerning what Light is. You will find that it states: "Exclusion of substance; Light is 'benefiting' or 'abundance' or the fulfillment of the Desire of the Vessels, because the matter [substance] of the Vessel is the Desire to Receive."

What are the Four Phases of the Desire to Receive? Read [Index of Terminology] answer number 69. Read well what is written and you shall find that there is no contradiction. You could interpret that the meaning of "departing from the state of being Emanator to becoming an Emanated" [refers to] having to go through the Four Phases. I mean to say that those [Four Phases] are four stations, and at each station, the level moves further from being an Emanator and comes closer to being called an Emanated. In the First Phase, which is the first station, we cannot call this level by the name Emanator anymore, rather [we can call it] the first phase of the Emanated, though not a full Emanated. This process goes on up to the Fourth Phase, where there is Yearning and Desire [for the Light], but without Light. This is where the name "Emanated" is affixed.

This will help you understand that it is forbidden to establish hard rules as far as the first three Phases. You can call them by the name "Emanator" relative to the Fourth Phase, which is the only one that can be called by the name "Emanated," while the first three Phases cannot. At the same time, they can still be called by the name "Emanated" because only the Root[3], which has no Desire to Receive whatsoever, can be called "Emanator" and not "Emanated."

---

2   See Rav Ashlag's "Ten Luminous Emanations," Part 1
3   Level of *Keter* (Crown)

מחומר, אור הוא ״הטבה״ או ״שפע״ או מילוי הרצון
בכלים כי חומר הכלים הוא הרצון לקבל.

ומה הם ד׳ בחינות שברצון לקבל? עיין תשובה ס״ט, עיין
היטב בדברים ותראה שאין שום סתירה, ואתה יכול
לפרש, שהפירוש לצאת מכלל המאציל ולקנות שם נאצל,
צריך לעבור ד׳ בחינות, רצוני לומר, דרך של ד׳ תחנות,
ובכל תחנה מתרחקת המדרגה מן המאציל ומתקרבת
להקרא בשם נאצל, בתחנה א׳ היא התחנה הראשונה,
שכבר אי אפשר לקרוא למדרגה הזו בשם מאציל רק בשם
בחינה א׳ של נאצל, אבל לא נאצל גמור ; עד לבחינה הד׳,
שאז ישנה השתוקקות ורצון בלי אור, ואז נקבע השם של
הנאצל.

ובזה תבין שאסור לקבוע מסמרות בג׳ בחינות הראשונות,
ואתה יכול לקרוא אותם בשם מאציל, בערך בחינה הד׳,
שרק היא נקראת בשם נאצל ולא ג׳ הבחינות הראשונות,
וכן אפשר לקרוא אותם בשם נאצלים, להיות שרק השורש
שאין בו מרצון לקבל כלום, רק אותו אפשר לקרא בשם
מאציל ולא נאצל.

Yet the First Phase already contains a Desire to Receive within it, and hence, [it] can be called an "Emanated" and not an "Emanator," relative to the Emanator. The truth is that the first three Phases have departed from being part of the Emanator, yet have not yet reached the stage of being Emanated, [which happens] only when they reach the Fourth Phase, which alone is permanently called the "Emanated."

Please inform me if your affairs are progressing.

I conclude with a blessing and hope that you shall merit Torah and greatness[4], as not everyone merits that.

The most important matter is that you should make an effort to do what I have told you.

Yehuda Tzvi

---

4   Rav Brandwein blesses his student, Rav Berg, to experience both spiritual and financial success.

אבל בחינה א' שכבר הרצון לקבל כלול בה, כבר אפשר
לקרוא אותה בשם נאצל ולא מאציל. בערך המאציל.
והאמת הוא שג' בחינות הראשונות יצאו מכלל מאציל,
ולא הגיעו לכלל נאצל רק בעת שהגיעו אל הבחינה הד',
שרק היא נקראת בשם נאצל בקביעות.

אבקש שתודיע לי אם העניינים שלך מתקדמים.

והנני מסיים בברכה ובתקוה שתזכה לתורה ולגדולה
שלאו כל אדם זוכה.

העיקר שתשתדל ותקיים כל מה שאמרתי לך.

יהודה צבי

ב"ה

יום שושן פורים תשכ"ה תל-אביב

ששון ושמחה וברכה והצלחה וכט"ס לכבוד ח"א ואהובי מוהרש"פ שליט"א

בתשובה למכתבך מיום ז׳ אדר שני הנני להודיעך כמה כללים שלמדנו אותם

צריכים לזכור תמיד שאין מעדר ברוחניות, ואם יש חידוש צורה כל שהוא הרי הוא שבר נוסף על הצורה הקודמת, ואין זה גורם שום חסרון על הענין הראשון כי אין העדר וחילוף ותמורה ברוחניות. ב. ענין כלים ואורות שהם שני דברים מיוחדים ואין אחד יכול אף פעם להתערב בגבול השני כמו הנשמה והגוף שהנשמה היא האור והגוף הוא הכלי. ורצון הוא שם של כלי ולא של אור בין רצון להשפיע שהוא כלי להשפיע, ובין רצון לקבל שהוא כלי לקבלה. ואסור לנגוע באור בלי שום פחד ולשחק באור ולקבוע כי "המהות של האור המתפשט להיות רצון להשפיע" עיין בלוח התשובות

תשובה א׳ מהו אור ותראה שמציין "אור" הוא "הטבה" או "שפע", או מלוי הרצון חוץ מחומר הכלים כי חומר הכלים הוא הרצון לקבל.

ומה הם ד׳ בחינות שברצון לקבל? עיין תשובה מ"ט, ועיין היטב בדברים ותראה שאין שום סתירה, ואתה יכול לפרש שהפירוש לצאת מכלל המאציל ולקנות שם נאצל, צריך לעבור ד׳ בחינות ר"ל דרך של ד׳ תחנות, ובכל תחנה מתרחקת המדרגה מן המאציל ומתקרבת להקרא בשם נאצל, בתחנה א׳ היא התחנה הראשונה, שכבר אי אפשר לקרוא למדרגה הזו בשם מאציל רק בשם בחי׳ א׳ של נאצל, אבל לא נאצל גמור, עד לבחינה הד׳, שאז ישנה השתוקקות ורצון בלי אור, ואז נקבע השם של הנאצל. ובזה תבין שאסור לקבוע מסמרות בג׳ בחינות הראשונות, ואתה יכול לקרוא אותם בשם מאציל, בערך בחינה הד׳, שרק היא נקראת בשם נאצל ולא ג׳ הבחינות הראשונות, וכן אפשר לקרא אותם בשם נאצלים, להיות שרק השורש שאין בו מרצון לקבל כלום, רק אותו אפשר לקרא בשם מאציל ולא נאצל, אבל בחי" א׳ שכבר הרצון לקבל כלול בה, כבר אפשר לקרוא אותה בשם נאצל ולא ~~ולא~~ מאציל. והאמת הוא שג׳ בחינות הראשונות יצאו מכלל מאציל, ולא הגיעו לכלל נאצל רק בעת שהגיעו אל הבחינה הד׳, שרק היא נקראת בשם נאצל בשלימות.

אחכה שתודיעני את הענינים

שלך מתקדמים

הנני מסיים בברכה ובתקוה שתזכה לתורה וגדולה
שיהיו כל אדם רובה הצדיק שתשתדל ולקיים כל מה שאמרתי לך
יהודה צבי

Letter Eight

With help from the Creator
25th day of the month of *Adar* II, 5725
March 29, 1965

To the honorable and beloved of men, who is attached to the walls of my heart, our Teacher, Rav Shraga Feivel, may you merit a long and good life, Amen.

After greeting you with much love…
After you spoke to me on Sunday, I immediately sent to [the people in] Jerusalem, may it be rebuilt and reestablished soon, so that they would send you the *matzah*[1] and they assured me that all will be well. I am very happy that you will eat an appropriately *Matzah Shmurah*[2].

It is written in the name of the *Ari*, Rav Isaac Luria, of blessed memory, that whoever is completely cautious of any *chametz*[3] is guaranteed not to sin all year. Here we have to be precise concerning what [specifically] was said. It was not said: "He who does not eat any *chametz*," but rather [according to the *Ari*, Rav Isaac Luria]: "He who is completely cautious of any *chametz*."

Not to eat any *chametz* is not within a person's control because "any" is not a measurable quantity, and when one breathes, there may be some *chametz* in the air. He might swallow while breathing, and [thus] some *chametz* goes into him. Therefore, it is written: "He who is completely cautious of

---

1   Unleavened bread
2   Special *matzah*, meditated upon and guarded at every stage, from harvest to baking
3   Bread, grains, and leavened products that one cannot own, eat, possess, or benefit from on *Pesach* (Passover)

מכתב ח

ב"ה

יום כ"ה אדר שני תשכ"ה תל-אביב

כבוד חביב אדם אהובי הנצמד בקירות לבי מורינו הרב שרגא פייביל שליט"א.

אחר דרישת שלומו הטוב באהבה רבה אחר שדיברת עמי ביום ראשון, שלחתי תכף לירושלים תבנה ותכונן במהרה שישלחו לך את המצות, והודיעו לי שהכל בסדר ואני שמח מאד על זה שאתה תאכל מצה שמורה כראוי.

כי כתוב בשם רבינו האריז"ל כל הנזהר ממשהו חמץ מובטח לו שלא יחטא כל השנה, ויש לדייק בדבר כי לא אמר כל מי שלא אוכל משהו חמץ, רק כל "הנזהר" ממשהו חמץ.

כי לא לאכול משהו חמץ אין זה ביד האדם כי "משהו" אין לו שיעור ואם הוא שואף אויר יכול להיות שבאויר יש משהו חמץ, והוא בולעו בנשימתו ונכנס בו משהו חמץ. ולכן כתוב "הנזהר" ממשהו חמץ, שאנו מצווים על הזהירות, ואם אנו נזהרים ושומרים עד כמה שבאפשרות שלנו אז אנו בטוחים שהשם יתברך ישמור אותנו לא רק ממשהו חמץ בפסח כך שלא נחטא כל השנה.

111

any *chametz.*" We are commanded to be cautious, and if we are cautious and careful to keep it [this directive] as best as we can, then we can be certain that the Creator will keep us not only from any *chametz* during *Pesach* (Passover) but from sinning all year long.

Therefore, those who follow the custom of not eating anything during *Pesach* so as to avoid eating any *chametz* are mistaken. [This is] because they not only are not being cautious by not eating anything, since by not eating they consequently have no reason to be cautious, but they are also "denigrating the Holidays" (*Mishnah*, tractate *Avot* 3:13) and thus nullifying the precept that states: "And you shall rejoice in your holiday" (Deuteronomy 16:14). On the contrary, [during *Pesach*] one should eat as much as needed, yet with caution.

Generally speaking, one should take care while fulfilling all the precepts and especially [those precepts pertaining to] charity. The main thing is [to experience the] joy of the precept; it is not enough just to observe it. And you will find in the book "The Gate of the Precepts"[4], page 1, column 2, that he [the *Ari*] goes into detail in relation to this, and asks: "We find that our sages, of blessed memory, have said: 'Whoever fulfills one precept, they [Heaven] will benefit him and prolong his life' (*Talmud, Kidushim,* 39b). They also said: 'He who fulfills such and such a commandment is given so and so.' Yet we find that people observe many precepts, and what our sages have said is not fulfilled, Heaven forbid, concerning the extent of their reward even in this world?

The root upon which everything is based is that while performing a precept, one should not consider it a burden

---

4   One of the books of the great 16th century Kabbalist, the *Ari*, Rav Isaac Luria

ולכן טעות היא שיש לכאלה הנוהגים שלא אוכלים בפסח מאומה כדי שלא לבוא לידי אכילת משהו חמץ, כי לא די זה שאינם נזהרים לא לאכול משהו, כי כשאינם אוכלים אז ממילא אין להם לדייק בזהירות והרי הם בכלל מבזים את המועדות ומבטלים את המצוה של ושמחת בחגך. אלא אדרבה יש לאכול כדי הצורך אבל בזהירות.

ובכלל יש לשים לב בכל המצוות ובפרט בצדקה שהעיקר הוא השמחה של המצוה ולא מספיק המצוה עצמה. ויש בספר שער המצוות דף א טור ב שמאריך בזה ושואל שהרי מצינו בדברי חכמינו זכרונם לברכה שאמרו כל העושה מצוה אחת מטיבין לו ומאריכין ימיו, וכיוצא בזה אמרו כל המקיים מצוה פלונית יש לו כך וכך. והנה אנחנו ראינו כמה וכמה מצוות שעושים בני אדם ואינם מתקיימים דברי רבותינו חס ושלום בענין גודל שכרם אפילו בעולם הזה.

אבל השורש שהכל נשען עליו הוא שבעשיית המצוה אל יחשוב שהיא עליו כמשא וממהר להסירה מעליו. אבל יחשוב בשכלו כאלו בעשותו אותה המצוה ירויח אלף אלפים דינרי זהב ויהיה שמח בעשותו אותה המצוה

and hasten to free himself. He should imagine in his mind that by fulfilling this precept, he shall earn thousands upon thousands of golden coins. He should feel an endless joy in fulfilling the precept with all his heart and soul, as if he is actually going to be given thousands upon thousands of golden coins for doing so. This is the secret of the verse: 'Because you would not serve the Creator your Lord with joyfulness and with gladness of heart…etc' (Deuteronomy 28:47).

The more one feels joy truly and with inner satisfaction, the more he will merit the Supernal Light. And if he should persevere with this effort, then there is no doubt that the Divine Spirit will rest upon him. This is true for all the precepts, even when studying *Torah*. He should do so with great desire and zest and tremendous enthusiasm, as if he were facing the king and serving him. This he would do with a great desire to find favor in the king's eyes and to receive from him a higher rank and standing."

These are his [the *Ari's*] words. You will read this, as the book is available to you. It is worth your while to repeat all that was said till it becomes second nature to you, and then you shall comprehend all that was discussed so far.

I conclude with wishing you a joyful and kosher holiday. I always wait to hear good tidings from you, Amen. Even during *Pesach*, eat well but with caution, and you shall merit health and tranquility throughout the year and for always.

Yehuda Tzvi

בשמחה שאין לה קץ מלב ומנפש ובחשק גדול כאלו ממש בפועל נותנים לו אלף אלפים דינרי זהב אם יעשה אותה מצוה. וזה סוד הפסוק תחת אשר לא עבדת את ה' אלקיך בשמחה ובטוב לבב וגומר.

וכפי גודל שמחתו באמת ובטוב לבב הפנימי כך יזכה לקבל אור עליון, ואם יתמיד בזה אין ספק שישרה עליו רוח הקודש. וענין זה נוהג בקיום כל המצוות כולם, בין בעת שעוסק בתורה שיהיה בחשק גדול נמרץ בהתלהבות עצומה כאלו עומד לפני המלך ומשרת לפניו בחשק גדול למצוא חן בעיניו לקבל ממנו מעלה יתירה וגדולה, עד כאן לשונו.

אתה תעיין בהדברים הלא הספר לפניך וכדאי לחזור על הדברים עד שיהיו כמו טבע שני ותזכה לכל הנ"ל.

הנני חותם בברכת חג כשר ושמח. מצפה לשמוע ממך תמיד בשורות טובות אמן.
גם בחג הפסח תאכל הרבה בזהירות ותזכה לבריאות ולנחת כל השנה ותמיד.

יהודה צבי

הנני חותם בברכת חג כשר ושמח מצפה לשמוע ממך תמיד
בשורות טובות אמן גם בחג הפסח תאכל הרבה
בזהירות ותזכה לבריאות ונחת כל השנה ותמיד
יהודה

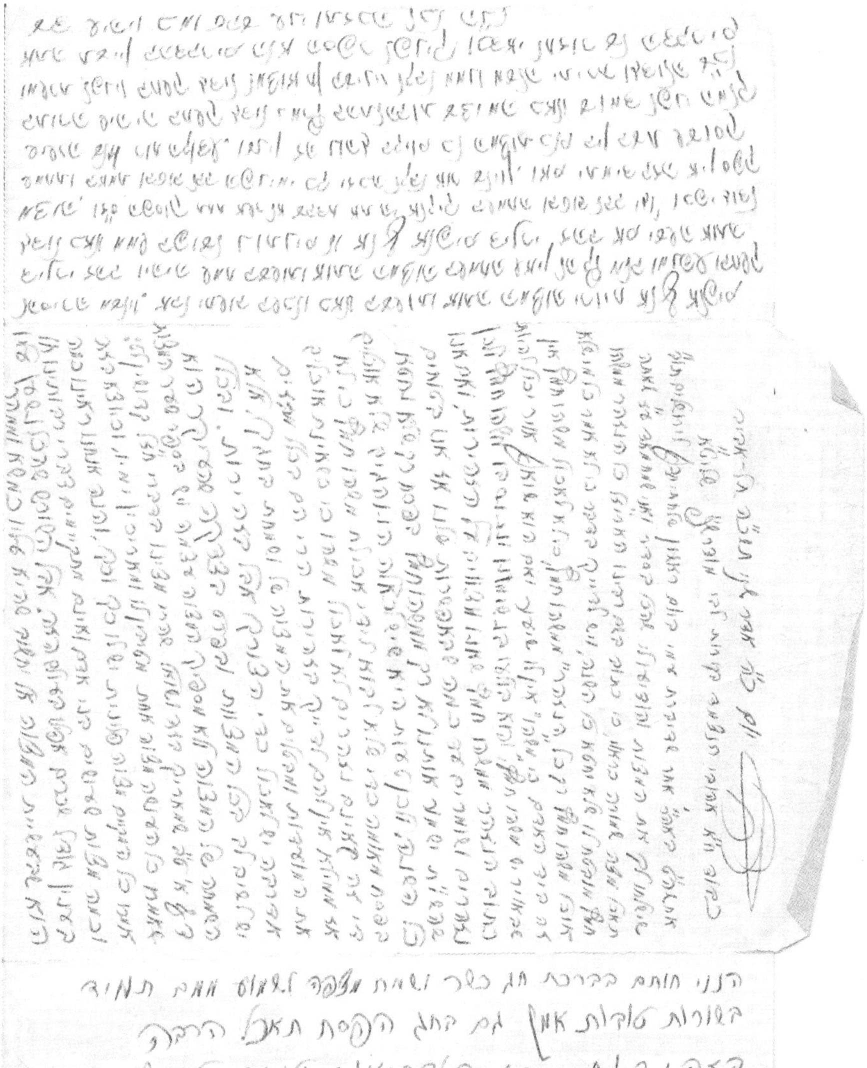

Letter Nine

With help from the Creator
6th day of the month of *Nisan*, 5725
April 8, 1965

To the honorable and beloved of men, my love, our Teacher,
Rav Shraga Feivel, may you merit a long and good life, Amen.

In this letter, I would like to answer your questions about the
"Ten Luminous Emanations"[1].
Remember the following principles, and then you will find
that there are no questions or contradictions.

a. There is a difference between the Simple Unity in
Ein Sof (Endless), in the secret of "He and His
Name are One *(Pirkei d'Rav Eliezer)*" and the unity after
the *Tzimtzum* (Contraction), which will be fully
revealed in the future when the Desire to Receive will
be corrected into the aspect of Receiving for the Sake
of Sharing. The difference between those two [forms
of unity] lies in the phrase: "He and His Name are
One." "He" is the secret of the Light and "His Name"
is the secret of the Desire to Receive. How can these
two be one without any Difference of Form between
them? This is beyond our perception, and we do not
understand it.

In the future—at the end of the Correction [process],
when the Desire to Receive will be solely for the
sake of truthfully giving pleasure to our Maker—we

---

1 Rav Ashlag's 16 books, containing a detailed explanation of the *Ari*'s description
of Creation

מכתב ט

ב״ה

ו׳ ניסן תשכ״ה

כבוד חביב אדם ואהובי מורינו הרב שרגא פייביל שליט״א.

בזה המכתב הנני להשיב לך על השאלות בתלמוד עשר הספירות.
וזכור כללים אלו, אז תראה שאין שום שאלה וסתירה.

א. ההפרש מבין האחדות הפשוטה שבאין סוף ברוך הוא בסוד הוא ושמו אחד, לבין האחדות שאחר הצמצום, ושתתגלה לעתיד בעת שהרצון לקבל יתוקן בבחינת מקבל על מנת להשפיע, ההבחן בין ב אלה הוא: שהמובן הוא ושמו אחד ש״הוא״ הוא סוד האור ״ושמו״ הוא סוד הרצון לקבל, איך שהם אחד ואין ביניהם שינוי צורה. זה הוא למעלה מהשגותינו, ואין אנו מבינים את זה.

ולעתיד בעת גמר התיקון שהרצון לקבל יהיה רק על מנת להשפיע נחת רוח ליוצרו באמת, את זה אנו מבינים ברור שבמציאות כזו ישנה אפשרות

will clearly understand that in this reality there is a possibility to receive everything that is prepared for us without any Difference of Form in our Desire to Receive. We will then have a second nature imprinted upon us that all receiving will be for the sake of sharing.

b. It is a rule that all Difference of Form in any way is considered something new relative to the former aspect. You have to envision the Four Phases of the Desire to Receive in the form of four people, each having the unique desire of "his" particular Phase. For example, [the first] one would have a Desire to Receive that is included in him [simply] because he is a creation. The Creator wants to give to him, and naturally he wants to receive. His livelihood and his abundance are no more or less than what his Creator had intended for him to receive. Yet from the essence of [him being] the created, there is no manifestation of Desire to Receive. The Desire to Receive is ingrained and included within him because he was created, yet there is nothing [no Desire to Receive] on his own. This is how the Creator has created him. This person is called the First Phase.

Next to him stands another person who was also created with a Desire to Receive. Yet something has awakened in this man that prompts within him the Desire to Share as well, and he is called the Second Phase. Next to him stands a third man, who has no Desire to Receive, receiving only a ray of life for his subsistence. All his nature and all his desire is only to share [and he is called the Third Phase]. Next to him stands

לקבל את כל מה שמוכן בשבילנו, ועם כל זה, לא תהיה שינוי צורה במשהו בהרצון לקבלה כי כבר טבוע בנו טבע שני שכל הקבלה הוא על מנת להשפיע.

ב. כלל הוא שכל שינוי צורה במשהו נחשב לדבר חדש אל הבחינה הקודמת ואתה צריך לצייר לך את ד הבחינות שברצון לקבל כמו ד אנשים שכל אחד מהם יש לו רצון מיוחד מאחת הבחינות האלה למשל, אחד יש לו רצון לקבל שכלול בו מחמת שהוא נברא והבורא ברצונו להשפיע אליו וממילא רוצה הוא לקבל, ושפעו וחיותו הם גדולים לא פחות ולא יותר ממה שבוראו רצה שיקבל אבל מעצם הנברא אין שום גילוי של קבלה, רק טבוע וכלול בו רצון לקבל מחמת שהוא נברא ואין לו מעצמו כלום וכך ברא אותו הבורא, ואיש זה נקרא בחינה א.

כן יש עומד על ידו איש שני שגם הוא נברא עם רצון לקבל, אבל אצל האיש הזה התעורר להיות גם כן משפיע זה נקרא בחינה ב, על ידו עומד אדם שלישי שאין בו רצון לקבלה רק מקבל הארה של חיות לקיומו וכל טבעו

a fourth person who has [that is, receives] no more than a ray of life that is enough for his existence. Yet his Desire [to Receive] is strong, and he craves and yearns for the Light of *Chayah* (Life-sustaining) that the first person, who is called the First Phase, had. [This fourth and last person is called the Fourth Phase.]

With this kind of a portrayal, it would not be difficult to understand that the Fourth Phase wanted to adorn itself, seeing that it has the same form as the Second Phase. This is true, yet this does not negate its own characteristic, which is derived from the essence of its emanation, as the phase of the maximum Desire to Receive. This is like someone who has been a miser from birth and has not even an inkling of sharing with others. [But] he has an awakening once and goes beyond his nature and does share. This is called a "momentary correction" and it is [also] called "ascension." [The miser] has elevated from his level, yet at the same time, his own integral characteristics have not been canceled.

To help you distinguish between the reality in the Endless before the *Tzimtzum* (Contraction) where everything was included therein as Simple Light—that is, all at once— and how reality is later viewed [after the Contraction] in a progressive manner—that is, as one [occurrence] follows the other—I shall give you an analogy from the physical world. Imagine a man who wants to build a beautiful house.

At first thought, he sees in his mind an accomplished house with all its rooms and details as it would look upon completion. Then comes the following thought: the plan how to execute all its details exactly as he would explain them

ורצונו הוא רק להשפיע, על ידו עומד אדם אחר רביעי שאין בו רק הארה של חיות לקיומו אבל רצונו הוא חזק ומשתוקק לקבל את אור החיה אשר יש לאדם הראשון הנקרא בחינה א.

עם ציור כזה לא יוקשה אם בחינה ד רצתה לקשט את עצמה הרי היא בצורה שוה כבחינה ב, נכון מאד אבל מחמת זה לא מתבטלת תכונתה עצמה שהיא תמיד מעצם אצילותה בחינה של קבלה בגדלות הרצון, כמו אדם שהוא קמצן מלידתו ואין בו שום ניצוצים של להשפיע לאחרים, והתעורר פעם ויצא מגדרו וכן השפיע, זה נקרא תקון לשעתו ונקרא עליה, שעלה למעלה ממדרגתו אבל לא מתבטל בזה מבחינתו עצמו.

וכדי שתבין איך להבחין בין כל המציאות שבאין סוף ברוך הוא לפני הצמצום שהכל כלול שם באור פשוט בבת אחת ואיך המציאות נבחנת בזה אחר זה, אמשל לך משל מהויות עולם הזה: למשל אדם הרוצה לבנות בית נאה.

הנה במחשבה ראשונה הוא רואה לפניו בית מהודר בכל חדריו ופרטיו וכו' כמו שיהיה בגמר בנינו, ואחר זה הוא מחשבת תכנית ההוצאה לפועל לכל פרטיה, שהא יפרט אותה אל הפועלים כל פרט בעתו וזמנו, מעצים ואבנים

to the workers, each detail in its due stage and time, be it wood or stones or iron, etc. Subsequently, he starts the actual construction of the house until it is finally completed exactly as it appeared to him in his first thought.

You should know that the aspect of Endless is the secret of the first thought mentioned above, where Creation in its final completeness was already visualized by the Creator. This analogy, however, is not altogether perfect, because in Him, the future and the present are the same, and thought is concluded within Him. He does not need a Vessel of action as we do. Therefore, in Him, the reality is already manifested.

The World of *Atzilut* (Emanation) is like the secret of the mental plan [of the house] with all its details: something that will have to be revealed at the actual start of construction. And you should realize something about these two: the first thought, which is *Ein Sof* (Endless), and the plan in mind as it will be executed in due time. In both, there is nothing in which to insinuate the created beings because everything is still potential and nothing is yet manifest.

It is the same with a man who has thought of all the details, be they wood or stones or iron that he will need for the execution of the [building] plan. But [at this stage,] he still has only the pure essence of thought and no physical wood and stones at all. The difference is that with man, the plan in mind is not considered actual [physical] reality. Yet, by the Creator, the thought is unfathomably more of an actual reality than the reality of the actual creatures themselves.

וברזל וכדומה. ואחר זה הוא מתחיל בנין הבית בפועל עד הגמרו כמו שהיה מסודר לפניו במחשבה ראשונה.

ותדע שבחינת אין סוף ברוך הוא הוא סוד מחשבה ראשונה הנזכרת לעיל, שהיתה כבר מצוירת לפניו כל הבריאה בשלמותה הסופית. אלא שאין המשל דומה לגמרי לנמשל כי אצלו יתברך העתיד וההוה שוים, והמחשבה גומרת בו יתברך ואינו צריך לכלי מעשה כמונו, ולפיכך הוא בו יתברך מציאות ממשית.

ובחינת עולם אצילות הוא סוד כמו התכנית המחשבתית בפרטיה, מה שיוצרך אחר כך לגלות בעת שיתחילו לבנות הבית בפועל, ותשכיל אשר ב אלה, שהן המחשבה הראשונה שהוא אין סוף ברוך הוא, וכן התכנית המחשבתית של פרטי ההוצאה לפועל בזמנו, אין עוד שם אפילו משהו מן המשהו מבחינת הנבראים, שהרי עדיין הוא בכח ולא בפועל ממשי.

כמו אצל האדם, אף על פי שחושב בכל הפרטים מעצים ואבנים וברזל, אשר יוצרך לעשות בזמן ההוצאה לפועל, עוד אין בו אלא חומר מחשבתי עצמותי, ואין בו מעצים ואבנים ממשיים אפילו משהו ממשהו, וכל ההפרש הוא, אשר אצל האדם אין תכנית המחשבתית נחשבת למציאות ממשית, אבל במחשבה האלוקית הוא מציאות ממשית לאין ערך יותר ויותר ממציאות הנבראים הממשים עצמם.

This explains the secret of the *Ein Sof* (Endless) and the secret of the World of *Atzilut* (Emanation). Whatever is mentioned about them is only in relation to the creation of the creatures, while in them, everything is in a potential state and nothing at all of its essence has yet been revealed. This is like a man planning a building without yet having any of the wood, stone, or iron.

The [other] three Worlds, namely *Briah* (Creation), *Yetzirah* (Formation), and *Asiyah* (Action), plus this [our physical] world, are stages in transforming the potential into reality. This is like actually building the house with workers and wood and stones and all the other building materials, until the end of the construction of the house is completed. Consequently, the Light of the Creator, which shines in *Briah*, *Yetzirah* (Formation) and *Asiyah* (Action), —that is, with the [exact] measure needed by the souls to reach their completion—is encased in ten Vessels, which are the *Sefirot*[2]. These are called: *Keter* (Crown), *Chochmah* (Wisdom), *Binah* (Intelligence), *Chesed* (Mercy), *Gevurah* (Judgment), *Tiferet* (Splendor), *Netzach* (Victory, Eternity), *Hod* (Glory), *Yesod* (Foundation), and *Malchut* (Kingdom). These are actual real Vessels relative to the Light of the Creator and have been created anew for the sake of the souls.

I do not have time to go into any further details. I conclude by wishing you a happy and kosher holiday, and that we should all speedily merit the building of the eternal Temple and that we should all eat of the sacrifices and Passover offerings.

Expecting to hear good news,
Yehuda Tzvi

---

2   The ten levels of emanation of Light from the Endless to our reality are called *Sefirot*

והנה נתבאר סוד אין סוף ברוך הוא וסוד עולם האצילות, שכל המדובר בהם הוא רק בקשר עם בריאת הנבראים, אלא בעוד שהם בכח ועוד לא נגלו עצמותם אפילו משהו כעין האדם החושב תכנית של בנין שאין בו מעצים ואבנים וברזל אפילו משהו.

בג' העולמות בריאה יצירה עשיה והעולם הזה הם בחינת הוצאה מכח אל הפועל כדוגמת בנין בית בפועל ממש עם פועלים ועצים ואבנים וכל חומרי הבנין עד גמר בנין הבית, ולפיכך האור האלקי המאיר בבריאה יצירה עשיה דהיינו בשיעור שהנשמות צריכות לקבל שתבואנה אל הגמר, הוא מתלבש בעשרה כלים שהם הספירות הנקראים כתר חכמה בינה חסד גבורה תפארת נצח הוד יסוד מלכות, שהם כלים ממשיים ביחס האור האלקי יתברך והיינו שהם מחודשים לצורך הנשמות.

אין לי זמן להאריך יותר ואני חותם בברכת חג כשר ושמח שנזכה במהרה בבנין המקדש הנצחי ונאכל מן הזבחים והפסחים.

המצפה לשמוע בשורות טובות
יהודה צבי

ב"ה ו' ניסן תשכ"ה

כבוד ח"א ואהובי מוהרש"פ שליט"א

בזה המכתב הנני להשיב לך על השאלות בתלמוד עשר הספירות, והנכון שכל השאלות באו לך מחמת וזכור כללים אלו, אז תראה שאין שום שאלה וסתירה.

א. ההפרש מבין האחדות הפשוטה שבא"ס ב"ה בסוד הוא ושמו אחד, לבין האחדות שאחר הצמצום, ושתתגלה לעתיד בעת שהרצון לקבל יתוקן בבחינת מקבל ע"מ להשפיע, ההבחן בין ב' אלה הוא: שהמובן הוא ושמו אחד"שהוא" הוא סוד האור"ושמו" הוא סוד הרצון לקבל, איך שהם אחד ואין ביניהם שינוי צורה. זה הוא למעלה מהשגותינו, ואין אנו מבינים את זה, ולעתיד בעת גמר התיקון שהרצון לקבל יהי' רק ע"מ להשפיע נ"ר ליוצרו באמת, את זה אנו מבינים ברור שבמציאות כזו ישנו אפשרות לקבל את כל מה שמוכן בשבילנו ועם כל זה, לא תהי' שינוי צורה במשהו בהרצון לקבלה כי כבר טבוע בנו טבע שני שכל הקבלה הוא ע"מ להשפיע,

ב. כלל הוא שכל שינוי צורה במשהו נחשב לדבר חדש אל הבחינה הקודמת ואתה צריך לצייר לך את ד' הבחינות שברצון לקבל כמו ד' אנשים שכל אחד מהם יש לו רצון מיוחד מאחת הבחינות האלה למשל, אד יש לו רצון לקבל שכלול בו מחמת שהוא נברא והבורא ברצונו להשפיע אליו וממילא רוצה הוא לקבל, ושפעו וחיותו הם גדולים לא פחות ולא יותר ממה שבוראו רצה שיקבל אבל מעצם הנברא אין שום גילוי של קבלה, רק טבוע וכלול בו רצון לקבל מחמת שהוא נברא ואין לו מעצמו כלום וכך ברא אור הבורא, ואיש זה נקרא בחינה א'. כן יש עומד על ידו איש שני שגם הוא נברא עם רצון לקבל, אבל אבל האיש הזה התעורר להיות ג"כ משפיע זה נקרא בחינה ב', על ידו עומד אדם שלישי שאין בו רצו לקבלה רק מקבל הארה של חיות לקיומו וכל טבעו ורצונו הוא רק להשפיע, על ידו עומד אדם אחר רביעי שאין בו רק הארה שלחיות לקיומו אבל רצונו הוא חזק ומשתוקק לקבל את אור החיה אשר יש לאדם הראשון הנקרא בחינה א'.

עם ציור כזה לא יוקשה אם בחינה ד' רצתה לקשט את עצמ-ה הרי היא בצורה שוה כבחי' ב', נכון אבל מחמת זה לא מתבטלת תכונתה עצמה שהיא תמיד מעצם אצילותה בחינה של קבלה בגדלות הרצון, כמ אדם שהוא קמצן מלידתו ואין בו שום ניצוצים של להשפיע לאחרים, והתעורר פעם ויצא מגדרו וכן השפיע, זה נקרא תקון לשעתו ונקרא עליה שעלה למעלה ממדרגתו אבל לא מתבטל בזה מבחינתו עצמו.

וכדי שתבין איך להבחין בין כל המציאות שבא"ס ב"ה לפני הצמצום שהכל כלול שם באור פשוט בבת אחת ואיך המציאות נבחנת בזה אחר זה, אמשל לך משל מהויות עוה"ז למשל אדם הרוצה לבנות בית נא הנה במחשבה ראשונה הוא ראה לפניו בית מהודר בכל חדריו ופרטיו וכו' כמו שיהיה בגמר בנינו, ו זה הוא מחשב תכנית ההוצאה לפועל לכל פרטיה, שהוא יפרט אותם אל הפועלים כל פרט בעתו וזמנו, מעצים ואבנים וברזל וכדומה. ואחר זה הוא מתחיל בנין הבית בפועל עד הגמרו כמו שהיה מסודר לפ במחשבה ראשונה. ותדע שבחינת א"ס ב"ה ה"ס מחשבה ראשונה הנ"ל, שהיתה כבר מצוירת לפניו כל ה הבריאה בשלמותה הסופית. אלא שאין המשל דומה לגמרי לנמשל כי אצלו ית' העתיד וההוה שוים והמחשבה גומרת בו ית' ואינו צריך לכלי מעשה כמונו, ולפיכך הוא בו ית' מציאות ממשית.

ובחינת עולם אצילות, ה"ס כמו התכנית המחשבתית בפרטיה, מה שיוצרך אח"כ לגלות בעת שיתחילו לבנות הבית בפועל, ותשכיל אשר ב' אלה, שהן המחשבה הראשונה שהוא א"ס ב"ה, וכן התכנית המחשבת של פרטי ההוצאה לפועל בזמנו, אין עוד שם אפילו משהו מן הממשו מבחינת הנבראים, שהרי עדיין הוא בכח ולא בפועל ממשי. כמו אצל האדם, אע"פ שחושב בכל הפרטים מעצים ואבנים וברזל, אשר יוצרך לעשות בזמן ההוצאה לפועל, עוד אין בו אלא חומר מחשבתי עצמותי, ואין בו מעצים ואבנים ממשיים אפילו משהו ממשהו, וכל ההפרש הוא, אשר אצל האדם אין תכנית המחשבתית נחשבת למציאות ממשית, אבל במחשבה האלקית הוא, מציאות ממשית לאין ערך יותר ויותר ממציאות הנבראים הממשים עצמם. והנה נתבאר סוד א"ס ב"ה וסוד עולם האצלות, שכ המדובר בהם הוא רק בקשר עם בריאת הנבראים, אלא בעוד שהם בכח ועוד לא נגלו עצמותם אפיל משהו כעין האדם החושב תכנית של בנין שאין בו מעצם ואבנים וברזל אפילו משהו.

בג' העולמות בי"ע והעולם הזה הם בחינת הוצאה מכח אל הפועל כדוגמת בנין בית בפועל ממש עם פועלים ועצים ואבנים וכל חומרי הבנין עד גמר בנין הבית, ולפיכך האור האלקי המאיר בבי"ע דהיינו בשיעור שהנשמות צריכות לקבל שתבואנה אל הגמר הוא מתלבש בעשרה כלים שהם הספירות הנקראים כח"ב חג"ת נהי"מ שהם כלים ממשים ביחס האור האלקי ית' והיינו שהם מחודשים לצורך הנשמות.

אין לי זמן להאריך יותר ואני חותם בברכת חג כשר ושמח שנזכה במהרה בבנין המקדש הנצחי ונאכל מן הזבחים והפסחים המצפה לשמוע בשורות טובות

Letter Ten

With help from the Creator
Day of the chieftain Gamliel, son of Pedahtzur[1]
8th day of the month of *Nisan*, 5725
April 10, 1965

Wishes for a happy and kosher *Pesach* and all the best to the honorable beloved of men, who is dear to me, our Teacher, Rav Shraga Feivel, may you merit a long and good life, Amen.

After having greeted you with great love…
I am on my way back from Meron[2]. I went to visit the sites of Rav Shimon bar Yochai, may his merit protect us, Amen, and Rav Elazar[3] and other righteous sages and *Tanna'im*[4], may their merit protect us, Amen! In all these places, I prayed for you and I hope that I have been a faithful messenger and an emissary of the public, and that my prayers have been accepted with favor before the Creator. I hope to receive good news from you, and may one success follow another, Amen.

I have not yet read your letter; therefore, I shall not give any answers concerning the details that you have inquired about. I will soon write you a letter with a reply to every detail.

In the holy city of *Tzefat* (Safed), I met with lawyer Moses Kalach and handed him the power of attorney along with the agreement concerning his fees for transferring the property[5] to your name for the amount of 300 liras.

---

1 A leader of one of the 12 tribes of the Israelites, representing the 8th day of the month of *Nisan*
2 A town in the Upper Galilee near *Tzefat* (Safed) and the final resting place of Rav Shimon bar Yochai
3 Rav Shimon's son and student
4 Spiritual leaders and kabbalists, who lived in the 1st and 2nd centuries AD
5 See letter 6

מכתב י

ב"ה
יום הנשיא גמליאל בן פדהצור תשכ"ה תל-אביב

פסח שמח וכשר וכל טוב סלה לכבוד חביב אדם ומוקירי מורינו הרב שרגא פייביל שליט"א.

אחר דרישת שלומו הטוב באהבה רבה. הנני חוזר כעת ממירון, הייתי אצל הציון של רבי שמעון בר יוחאי זכותו יגן עלינו אמן, ורבי אלעזר ועוד כמה צדיקים ותנאים זכותם יגן עלינו, אמן. ובכל המקומות התפללתי עליך ואני מקוה שהנני ציר נאמן ושליח צבור ותפילתי נתקבלה לרצון לפני השם יתברך ואני מצפה לשמוע ממך בשורות טובות והצלחה תרדוף הצלחה, אמן.

לא הספקתי לקרוא מכתבך ולכן אני לא נותן תשובה על הפרטים שאתה שואל, ואם ירצה השם אכתוב לך מכתב ותשובה על כל פרט ופרט.

בעיר הקודש צפת תבנה ותכונן נפגשתי עם עורך דין משה קלך ומסרתי לו את היפוי כח עם הסכם של שכר טרחה בעד העברה הנכס על שמך סך 300 לירות.

131

Concerning the cemetery, I went to the Land Administration in Tel Aviv and they sent me to the Land Administration in Haifa. I went to Haifa and there I was told that there is a regional council in Meron that has the authority to decide whether to grant and how much to allocate and where. I handed it [this information] to the aforementioned lawyer to deal with. I hope for good results.

I am confident that you have received my last letter about performing the precepts with joy and you should realize that this is one of the things that relate to the most sublime. The truth is that joy is in the Hands of the Creator, and it is a gift for anyone who earns it; yet it is the way of the Creator that He does not withhold fulfillment from him who walks before Him upright [Lit. innocent, whole] (according to Psalms 84:11).

Therefore, make an effort to observe the precepts of the Creator wholeheartedly, as does a servant who complies with the will of his master. Then with help from Above, joy will be aroused. Most importantly, be very careful during the days of *Pesach* not to eat anywhere else and then the *matzah*[6], which is called a "healing food" (Zohar, Tetzave, 75), will reveal its potential function and you shall merit healing and redemption, Amen.

May we hear and tell of good news,
Wishing with all his heart,

Yehuda Tzvi

---

6   Unleavened bread

גם בענין בית החיים הייתי אצל מנהל המקרקעין בתל אביב ושלח אותי אל מנהל המקרקעין בחיפה, הייתי בחיפה אמרו שבמירון יש מועצה איזורית ובידם להחליט אם לתת וכמה לתת ובאיזה מקום, מסרתי את זה לעורך דין הנ"ל שיטפל בזה ואני מקוה לתוצאה טובה בעזרת השם.

הנני בטוח שמכתבי האחרון שכתבתי לך בענין קיום המצות מתוך שמחה הגיע לידך אבל דע לך שזהו מהדברים העומדים ברומו של עולם. הנכון הוא ששמחה היא בידי השם יתברך והיא מתנה להזוכה בה אבל דרך ה' הוא שלא מונע את הטוב למי שהוא הולך תמים לפניו.

ובכן תתאמץ לקיים את מצות ה' בתמימות כעבד שעושה רצון אדונו ואז השמחה תתעורר בעזרת השם, ובעיקר תהיה זהיר מאד בימי חג הפסח לא לטעום אצל אחרים, ואז המצה שהיא מיכלא דאסוותא תגלה את הפעולה הטמון בה ותזכה לרפואות ולישועות, אמן.

ונזכה לשמוע ולהשמיע בשורות טובות.
המאחל מקרב לב

יהודה צבי

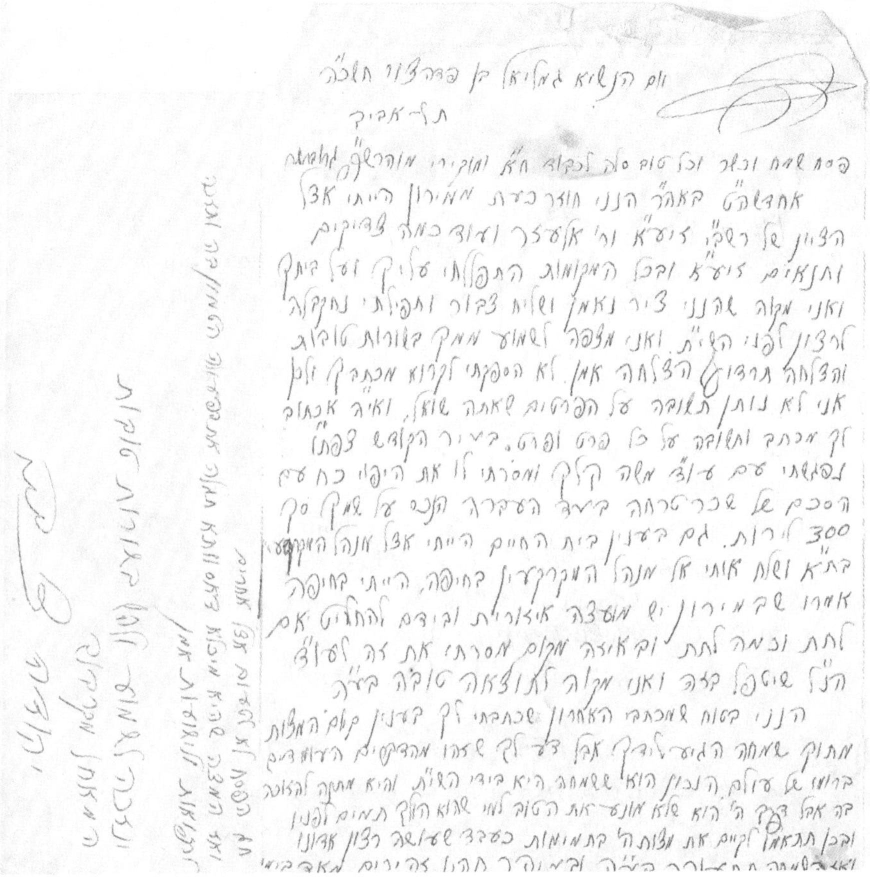

יום הנשיא גמליאל בן פדהצור חנוכה

תל-אביב

פסח שמח וכשר וכל טוב סלה לכבוד חה"א ומוקירי מוהרש"פ נ"י

אחדשה"ט באהה"ר הנני חוזר כעת ממירון הייתי אצל
הציון של רשב"י זיע"א ור' אלעזר ועוד כמה צדיקים
ותנאים זיע"א ובכל המקומות התפללתי עליך ועל ביתך
ואני מקוה שהנני ציר נאמן ושליח צבור ותפילתי נתקבלה
לרצון לפני השי"ת. ואני מצפה לשמוע ממך בשורות טובות
והצלחה ברבות הצלחה אמן. לא הספקתי לקרוא מכתבך ולכן
אני לא נותן תשובה על הפרטים שאתה שואל, ואי"ה אכתוב
לך מכתב ותשובה על כל פרט ופרט. בעיר הקודש צפת
נפגשתי עם עו"ד משה קליין ומסרתי לו את היפוי כח עם
הסכם של שכר-טרחה בעד העברה הנ"ל על סך
300 לירות. גם בענין בית החיים הייתי אצל מנהל המקרקעין
בת"א ושלח אותי אל מנהל המקרקעין בחיפה, הייתי בחיפה
אמרו שבמירון יש מועצה אזורית ובידם להחליט אם
לתת וכמה לתת ובאיזה מקום מסרתי את זה לעו"ד
הנ"ל שיטפל בזה ואני מקוה לתוצאה טובה בעז"ה

הנני בטוח שמכתבי האחרון שכתבתי לך בענין קיום המצוות
מתוך שמחה הגיע לידך אבל דע לך שזהו מהדברים הרוממים
ברומו של עולם. הנכון הוא ששמחה היא בידי השי"ת והיא מתנה להזוכה
בה אבל דרך ה' הוא שלא מונע את הטוב למי שהוא הולך תמים לפניו
ובכן תתאמץ לקיים את מצות ה' בתמימות כעבד שעושה רצון אדוניו

Letter Eleven

With help from the Creator
Tel Aviv, 13th day of the month of *Nisan*, 5725
April 15, 1965

A happy and kosher *Pesach* and all the best, blessings and success to the honorable beloved of men and my love, honor of the name of His *Torah*, our Teacher, Rav Shraga Feivel, may you merit a long and good life, Amen.

Even though I am busy with the many preparations for the approaching Holiday of *Matzah* (Passover), I endeavor to write something to you about the wisdom of these days. You should know that the subject of the Four Questions, the Four Cups, and the Four Sons all address the subject of the Four Phases of the Desire to Receive, and they are the secret of the Four Exiles and Four Redemptions. If I wanted to explain this now, the paper would be too small to contain it.

But note carefully that the difference in spelling between *golah* (exile) and *ge'ulah* (redemption) is only in the letter *Alef*. If you add the letter *Alef* to the word *golah* it becomes *ge'ulah*. This *Alef* denotes the *Aluf* (Master) of the world. And there is a law that even if one is sentenced to death, Heaven forbid, if he sees the face of the king, he is set free.

Regarding your question on the subject of "fractions do not apply to spirituality"[1], we have to understand why and from where we derive this rule. Another section[2] answers in the

---

1 See "Ten Luminous Emanations, Volume 1," Chapter 1, Inner Light #17
2 See "Ten Luminous Emanations, Volume 1," Chapter 1, Inner Light #19

מכתב יא

ב״ה

יום י״ג ניסן תשכ״ה תל-אביב

פסח שמח וכשר וכל טוב ברכה והצלחה לכבוד חביב אדם ואהובי כבוד שם תורתו מורינו הרב שרגא פייביל שליט״א.

אם כי אני עסוק בהכנות מרובות לחג המצות המתקרב, אני מתאמץ לכתוב לך משהו מענינא דיומא. דע לך כי ענין ד׳ הקושיות וד׳ כוסות וד׳ בנים כולם מדברים בענין ד׳ הבחינות שברצון לקבל והם סוד ד׳ הגלויות וד׳ הגאולות. ואם ארצה לפרש את זה כעת תקצר היריעה מהכיל.

וראה והתבונן שבין גלות לגאולת או גולה וגאולה החילוק הוא באות א לבד, שאם מכניסים א בתוך המלה גולה נעשה מגולה גאולה, **א** זו מורה על אלופו של עולם ויש חוק שאפילו מי שהוא חייב מיתה חס ושלום, אם רואה פני המלך הוא יוצא לחרות.

בנוגע לשאלתך בענין שאין מקצת נוהג ברוחניות יש להבין למה ומנין לנו הכלל הזה. ועל זה בא המקום השני לתרץ כדרך של דברי תורה שהם עניים במקום זה ועשירים במקום אחר.

way typical to the words of the *Torah*, which are poor in one place and rich in another.

The reason why fractions do not apply to spirituality[3] is because in spirituality, there is no coarseness. Coarseness is synonymous with physicality. Spirituality means Light without a Vessel, and only in the Light [alone] are there no changes, according to the secret: "I am the Creator, I do not change" (Malachi 3:6). Hence, fractions do not apply to it [spirituality, the Light], and consequently, large and small are equal before Him.

I shall explain to you a well-renowned query about why *Pesach*, which is "a night of vigilance" (Exodus 12:42) is called the *Seder* (lit. order) eve. The whole miracle came about because of the haste [with which the Israelites left Egypt] and because their dough was not yet leavened (Deuteronomy 16:3). Haste means disorder, and, true enough, we also eat the *karpas* (celery) first to indicate disorder[4]. Yet we call this "the night of the *Seder*" (order).

There is a disagreement between *Rav* and *Shmuel*[5], two of our sages, of blessed memory, about starting [the *Seder*] with disgrace and concluding with praise. One (*Shmuel*) says that we should start by stating: "We were slaves," because slavery is the Hind part and a preparation for the Face, which is freedom and the Exodus from Egypt.

---

3   Meaning, either all or nothing
4   There is an order of blessings to different types of food and putting celery first is totally out of the usual order
5   Two *Amora'im*, kabbalists, and spiritual leaders, Syria, 3rd century AD

והטעם למה אין מקצת נוהג ברוחניות מטעם שברוחניות אין עביות, כי עביות וגשמיות היינו הך, ורוחניות פירושו אור בלי כלי, ובאור לבד אין שינוי בסוד אני הוי״ה לא שניתי, ולכן אין נוהג בו מקצת ולכן קטן וגדול שוים לפניו.

אתרץ לך גם קושיא מפורסמת למה אנו קוראים את ליל הפסח שהוא ליל שימורים בשם ליל הסדר, הלא כל הנס היה מחמת החפזון כי לא הספיק בצקם להחמיץ וחפזון פירושו לא כסדר ואנו גם כן אוכלים הכרפס קודם לרמז על אי הסדר, ולבסוף קוראים את זה ליל הסדר.

הענין הוא כי יש מחלוקת בחז״ל על זה שמתחילים בגנאי ומסיימים בשבח, בין רב ושמואל. אחד אומר להתחיל בעבדים היינו, שהשעבוד הוא האחוריים וההכנה אל הפנים שהוא החרות ויציאת מצרים.

The other (*Rav*) says that we should start by stating that our fathers were idol worshippers, because the "Face facing the Hind part" (Gate of Meditations II) is the Revelation at Mount Sinai and the revelation of the Light of *Yechidah*[6] (Oneness), when we heard from the mouth of the Creator the Ten Commandments [starting with]: "I am your God" and "You shall have no other Gods" (Exodus 20:2-3). Thus, to all appearances, it would have been better to set the *Halachah* (spiritual ruling) according to the one [that is, *Rav*] who said that we should start by stating, "Our forefathers were idol worshippers."

You can get the answer [to this question] from what has been told in the name of our old Master, the holy Rav Shalom of Perovitch[7]. He likened it to a cockerel that was stolen from someone. Later on, the thief came to the slaughterer to have it slaughtered. The owner of the cockerel recognized that it was his and started quarreling with the thief. They agreed to let go of the cockerel and see whom it would follow on its own.

This is what the Creator said to *Sama-kel*[8]: "Release My people from your enslavement and you shall see that they will all follow Me." May it be this way, speedily and in our days, Amen! Therefore, it appears that if we leave the enslavement of the Other Side, then the redemption that comes with the revelation of the Light of *Yechidah* (oneness) will happen on its own. That is why we start with: "We were slaves."

---

6   The highest part of the soul
7   One of Rav Ashlag's teachers
8   The negative Dark Angel

ואחד אומר להתחיל מתחלה עובדי עבודה זרה היו אבותינו שהפנים נגד אחוריים זה הוא מעמד הר סיני וגילוי אור היחידה ששמענו מפי הגבורה את העשרת הדברות של אנכי ולא יהיה לך, אשר לכאורה היה כדאי לפסוק להלכה כדברי זה שאומר להתחיל במתחילה עובדי עבודה זרה היו אבותינו.

אבל התשובה לזה תוכל להבין על פי מה שמספרים בשם זקננו הרב הקדוש רבי שלום מפרוביטש משל מתרנגול שנגנב מאיש אחד ואחר כך בא הגנב אל השוחט לשחטו ובעל התרנגול הכירו שזה שלו והתחיל להתקוטט עם הגנב עד שהסכימו לעזוב את התרנגול ויראו אחרי מי שילך מעצמו.

ככה יאמר השם יתברך להס״מ תעזוב את עמי מהשעבוד שלך ותראה שכולם ילכו אחרי, וככה יהיה במהרה בימינו אמן, נמצא שאם יוצאים מידי השעבוד של הסטרא אחרא אז הגאולה של התגלות של אור היחידה באה ממילא, ולכן מתחילים בעבדים היינו.

I was brief, mostly because of the pressing time. Concerning the night of the *Seder* (order), we want to draw to ourselves the Light of complete Redemption, when "You shall not go out with haste, nor go by flight: for the Creator will go before you" (Isaiah 52:12), Amen!

Let me know if you have understood, for I was brief. Wishing constantly to hear good news from you,

Yehuda Tzvi

קצרתי מאד מחמת הזמן הדוחק. ובענין ליל הסדר שאנו רוצים להמשיך את האור של הגאולה השלימה אשר לא בחפזון תצאו ובמנוסה לא תלכון כי הולך לפניכם ה' אמן.

תודיע לי אם הבנת כי קצרתי.
המצפה לשמוע ממך תמיד בשורות טובות

יהודה צבי

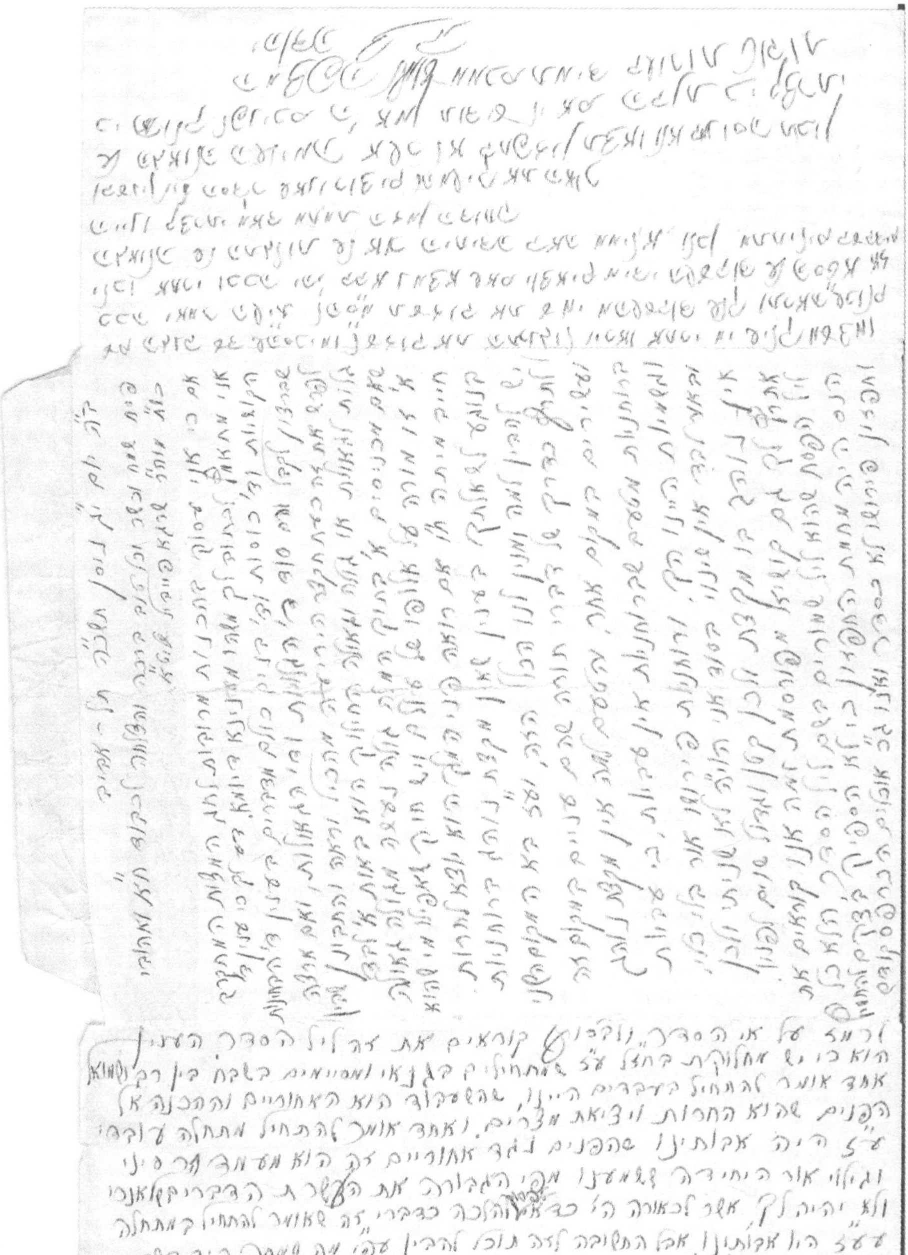

Letter Twelve

With help from the Creator
24th day of the month of *Nisan*, 5725
April 26th 1965

To the honorable beloved of my soul and my loved one forever, our Teacher, Rav Shraga Feivel, may you merit a long and good life, Amen.

After having greeted you with great love…
After our telephone conversation yesterday where you inquired concerning the 'haste' and the *Seder*, I shall continue to explain to you and to put in order what I wrote hastily on the eve of the holiday when I was greatly occupied with preparations for the baking of the *Matzot Mitzvah*[1].

Understand this from the following explanation concerning what we recite: "*Ha Lachma Anya…*" ("This is the bread of poverty that our fathers ate in the land of Egypt")[2]. This presents a problem because this "bread of poverty," which is the *matzot*, was eaten by our fathers upon leaving Egypt "because their dough had no time to leaven" (Exodus 12:34, 39). Why then do we say they ate the bread of poverty in the land of Egypt? We should say that they did so upon leaving Egypt and not in the land of Egypt.

The answer is that even in the land of Egypt itself, before they left, they already ate *matzot* because Moses and Aaron used to say to them beforehand, "Know that your salvation will come with such haste that you will not have time to bake

---

1   *Matzah* baked a few hours before Passover starts
2   We recite this from the Passover *Haggadah* on the night of the *Seder*

מכתב יב

ב״ה
יום כ״ד ניסן תשכ״ה תל-אביב

כבוד ידיד נפשי ואוהבי נצח מורינו הרב שרגא פייביל שליט״א

אחר דרישת שלומו הטוב באהבה רבה, אחרי שקבלתי הצלצול בטלפון אתמול ושאלת בענין החפזון והסדר, אמשיך לבאר לך ולסדר מה שכתבתי בחפזון ערב החג מחמת שהייתי טרוד מאד בהכנת אפיית המצות מצוה.

ותבין זה עם מה שאפרש את מה שאנו אומרים הא לחמא עניא די אכלו אבהתנא ב״ארעא דמצרים״, שלכאורה קשה, הרי הלחם עוני שהוא המצות אכלו אבותינו בצאתם ממצרים על שום כי לא הספיק בצקם להחמיץ, ואיך אנו אומרים שלחם עוני אכלו בארעא דמצרים, צריכים לומר בצאתם ממצרים ולא בארץ מצרים.

התשובה היא, שגם בארץ מצרים גופא טרם שיצאו כבר אכלו מצות, היות שמשה ואהרן היו אומרים להם מקודם דעו לכם שישועתכם תבוא בחפזון כזה שלא תספיקו לאפות את לחמכם ותהיו מוכרחים לאפות הבצק בטרם שיחמץ, לכן בני ישראל שהאמינו לדבריהם רצו לגלות

your bread and you will have to bake the dough before it is leavened." Hence, the children of Israel, who had trust in these words, wanted to show their trust and their faith in the proclamations of the Creator [that came to them] through Moses and Aaron, and so they baked their *matzot* while in the land of Egypt before they were chased out. That is why we say "that our fathers ate in the land of Egypt." In this way, we remind ourselves of the Light of certainty concerning their redemption that our fathers had even before they left [Egypt].

The difference between a righteous man and a wicked one is that a wicked man has no certainty in his salvation. Hence, it was said: "For the wicked, salvation is far" (Psalms 119:155). But the righteous man has certainty in his salvation and always says, "For my salvation is near to come" (Isaiah 56:1). The reason for this is that the salvation of the righteous is tied to salvation that comes from the Creator, and his [the righteous person's] whole intent is to give pleasure to his Creator. Hence, he always can allow himself to say, "Behold, the Creator of my salvation" (Isaiah 12:2). Because his own salvation comes from the Creator, he therefore continues, "I will trust, and will not be afraid" (Ibid.) because he has earned the knowledge and can [thus] distinguish (*havdalah*). If one has no knowledge then how can he distinguish (*Talmud, Berachot*, 5b)?

Now I shall return to the subject of the *Seder*. The difference between the redemption from Egypt and the future redemption lies in what is written about the future redemption: "She shall not go out as menservants do" (Exodus 21:7) and: "For you shall not go out with haste, nor go with flight: for the Creator will go before you" (Isaiah 52:12). Also review the introduction to the *Tikkunei Zohar*[3]

3   Two volumes of the *Zohar* that deal with the correction of the soul

אמונתם ובטחונם בדברי השם יתברך על ידי משה ואהרן, ואפו מצות עוד בארץ מצרים טרם שגורשו, שלכן אנו אומרים די אכלו אבהתנא בארעא דמצרים, כלומר אנו מזכירים את אור הבטחון שהיה לאבותינו בגאולתם עוד טרם שיצאו.

כי ההפרש בין צדיק לרשע הוא בזה, שלרשע אין לו בטחון בישועתו, ולכן נאמר רחוק מרשעים הישועה והצדיק בטוח בישועתו ואומר תמיד קרובה ישועתי לבוא, והטעם הוא מחמת שישועתו של הצדיק קשורה יחד בישועתו של השם יתברך וכל מגמתו היא לעשות נחת רוח ליוצרו ולכן אפשר לו לומר תמיד הנה א-ל ישועתי, אחרי שישועתו עצמו הוא ישועת ה', ולכן משלים ואומר אבטח ולא אפחד, כי זוכה לדעת, ויכול להבדיל, כי אם אין דעה הבדלה מנין.

ואחזור אל ענין הסדר. כי ההבחן בין גאולת מצרים לבין גאולה העתידה הוא בזה, שעל הגאולה העתידה כתוב לא תצא כצאת העבדים, כי לא בחפזון תצאו ובמנוסה לא תלכון כי הולך לפניכם ה' (עיין בהקדמת תקוני הזהר במעלת הסולם אות שמ"ב שהארכתי לבאר את דברי התיקונים).

in *Ma'alot HaSulam*[4], verse 342, where I have gone into lengthy detail in explaining the *Tikkunei Zohar*.

This is true *Seder* (order), and we want to reveal our complete certainty in our future redemption, which will be in the right order. Just as our forefathers had certainty in what Moses and Aaron said and therefore ate the bread of poverty in Egypt even before they left so that they could show their certainty in the approaching salvation, so we want to uplift ourselves with total certainty throughout our exiles and to draw upon us the Light of the coming redemption so that it will be orderly and not with haste.

This is why we call the first night of *Pesach* the *Seder* (order) eve, because miracles and "the not according to the ways of nature" are—for the Creator—normal and according to the ways of nature. We have to know how to draw His salvation to us, namely by having certainty that our salvation is coming soon because as it is written: "Behold, the Creator of my salvation, I will trust, and be not afraid" (Isaiah 12:2), as was mentioned above.

I hereby conclude with a blessing that the Creator's blessing should dwell upon all that you do, and that all you shall undertake, the Creator will [cause to] prosper in your hands[5].

From me,
Yehuda Tzvi

---

4   When Rav Ashlag passed away, his student, Rav Brandwein, continued the great work of translating the *Zohar* and explaining it. He called his work *Ma'alot HaSulam* ("The Rungs of the Ladder"), referring to the work of his Master.
5   According to the verse in Genesis 39:3

וזהו סדר ואנו רוצים לגלות הבטחון השלם שלנו בהגאולה העתידה שתהיה בסדר, כמו שאבותינו האמינו בדברי משה ואהרן ואכלו לחם עוני בארץ מצרים עוד טרם שיצאו ממצרים, לגלות בטחונם בישועתם הקרובה, כן אנו רוצים להתרומם בבטחון שלם גם בגלויותנו ולהמשיך את אור הגאולה העתידה שתהיה בסדר ולא בחפזון.

לכן אנו קוראים את ליל הראשון של חג הפסח ליל הסדר כי אצל הקדוש ברוך הוא הנסים והבלתי דרך הטבע הם אצלו יתברך כדרך הטבע, ואנו צריכים לדעת איך שנמשיך את ישועתו אלינו, והיינו בבטחון כי ישועתינו קרובה לבוא, מטעם כי הנה א-ל ישועתי אבטח ולא אפחד, כנזכר למעלה.

הנני חותם בברכה שתשרה ברכת ה' בכל מעשיך וכל מה שתעשה ה' יצליח בידיך.

ממני יהודה צבי

P.S. Concerning the Simple (*Peshutah*) Unity, you should understand that it bears the same meaning as in the verse: "I have taken off (*pashateti*) my coat" (Song of Songs 5:12). The meaning of the word "unity" is "disrobed (*mufshetet*) from our minds"[6], since we cannot perceive unity between one thing and its opposite, like bitter and sweet together, which were both included in the *manna* that our fathers ate in the desert. How can such a unity be conceivable?

This is beyond our perception and our understanding, for we cannot [even] conceive of it. This unity that is "disrobed" (*mufshetet*) from our perception is called Simple (*Peshutah*) Unity. Such unity applies to the Light of *Ein Sof* (Endless)! Hence, It is referred to as "He," which is the Light, and "His Name," which is [both] the Desire and the Vessel, as the word "His Name" (*Shemo*) has the same numerical value as the word "Desire" (*Ratzon*) are one. The Vessel, however, does not cause any change in the Light.

Do not ask how this is possible, even though every change in spirituality is something new and a second form to the prior, for this is beyond our comprehension and is called Simple Unity. But this is not so after the *Tzimtzum* (Contraction). There is unity then, but not simple unity. We say that in *Atzilut* (World of Emanation), "He and His Vitality and His Causations are one," meaning that the Light, which is called "He," His life-giving emanations, which are called Vitality, and the Vessels, which are called Causations, are one.

This is similar to a person and his thoughts. The body parts do all that the person thinks because they are unified. We

---

6   Beyond our intellectual grasp

ובענין אחדות פשוטה תבין שפירוש פשוטה מלשון פשטתי את כתנתי, שהמובן אחדות מופשטת משכל שלנו שאנו לא משיגים אחדות כזו, דהיינו דבר והפוכו כמו מר ומתוק יחד שאנו אומרים ב"מן" שאכלו אבותינו במדבר ששניהם היו כלולים בו, ואיך יתכן אחדות כזו?

זהו למעלה ממושג שלנו ומהשכל שלנו, שאין אנו משיגים את זה. ואחדות המופשטת ממושג שלנו נקראת אחדות פשוטה. ואחדות כזו נוהג באור אין סוף ברוך הוא. ולכן כתוב בו "הוא", שהוא האור. ושמו, שהוא הרצון והכלי, ששמו בגימטריא רצון הם "אחד" והכלי אינו עושה שום שינוי על האור.

ואל תשאל איך יתכן דבר כזה הלא כל שינוי ברוחניות הוא דבר חדש ודבר שני אל הקודם לו כי זה למעלה מהשגותינו וזה נקרא אחדות פשוטה. מה שאין כן אחר הצמצום, אחדות יש אבל לא "פשוטה", דהיינו, אנו אומרים שבאצילות "איהו וחיוהו וגרמוהו חד בהון" שפירושו שהאור שנקרא איהו והחיות שנקרא חיוהו, והכלים שנקראים גרמוהו הם אחד.

על דרך אדם עם מחשבתו שאבריו של האדם עושים כל מה שהוא חושב וזהו מחמת שהם מאוחדים ואנו משיגים אחדות זו. אבל בבריאה יצירה ועשיה אין אחדות כמו באצילות, אלא אחדות כמו אדון עם עבדיו הנאמנים לו

can comprehend this unity. Yet the unity in [the Worlds of] *Briah* (Creation), *Yetzirah* (Formation), and *Asiyah* (Action) is not like the unity in *Atzilut*; rather, it is like a master in relation to his slaves who are faithful to him and attached to him. They do whatever the master orders them to do, but not what the master thinks that they should do, for they cannot grasp their master's thoughts. But the unity in *Atzilut* is like a person and his thoughts.

As much as the parts of the body are physical and the thought is spiritual, nevertheless, the Creator with His ability has created such a unity in man that the physical organs are linked to the spiritual thought and they do all that the man thinks. All this is called "unity," and we can comprehend this unity, which is not the case of the unity of one and its opposite, which is called Simple Unity. This is the difference between unity before and after the *Tzimtzum* (Contraction).

ודבוקים בו ועושים כל מה שהאדון מצוה אותם אבל לא
מה שהאדון חושב שעליהם לעשות כי אין הם משיגים את
מחשבות האדון. אבל אחדות שבאצילות היא כאדם עם
מחשבתו.

אשר האברים של האדם הגם שהם גשמיים והמחשבה
היא רוחני עם כל זה השם יתברך בכל יכולתו יתברך
ברא אחדות כזו שאברים הגשמיים מקושרים בהמחשבה
הרוחנית ועושים כל מה שהאדם חושב, אבל כל זה נקרא
אחדות מפני שאנו משיגים את אחדות זו מה שאין כן דבר
והפוכו נקרא אחדות פשוטה. וזהו החילוק בין אחדות
שמלפני הצמצום ואחדות של אחר הצמצום.

ז׳. אבל בבריאה יצירה ועשיה אין אחדות כמו באצילות, אלא אחדות
כמו אדון עם עבדיו הנאמנים לו ודבוקים בו ועושים כל מה
שהאדון מצוה אותם אבל לא מה שהאדון חושק שעליהם לעשות.
כי אין הם משיגים את מחשבות האדון, אבל אחדות שבאצילות
היא כאדם עם מחשבתו אשר האברים של האדם הגם שהם גשמיים
והמחשבה היא רוחני עכ״ז השו״ת בכל יכולתו ית׳ ברא אחדות כזו שאברים
הגשמיים מקושרים בהמחשבה הרוחנית ועושים כל מה שהאדם חושק אבל
כל זה נקרא אחדות מפני שאנו משיגים את אחדות זו משא״כ דבר
והפוכו נקרא אחדות פשוטה, וזהו החילוק בין אחדות שלפני הצמצום ואחדות של

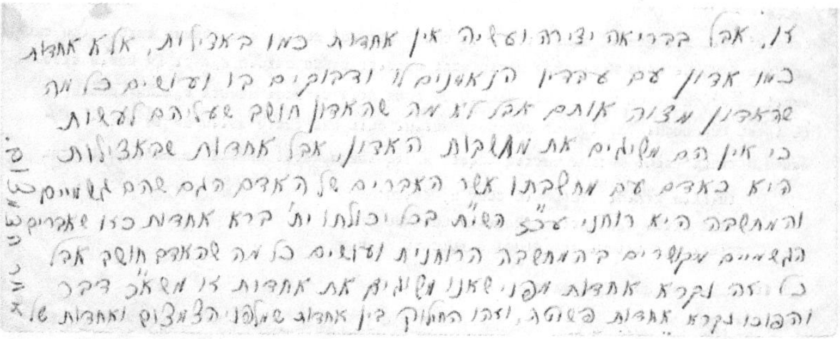

ב"ה יום כ"ד ניסן תשכ"ה תל-אביב

כבוד ידי"נ ואוהבי נצח מוהרש"פ שליט"א

אחדשה"ט באה"ר, אחרי שקבלתי הצלצול בטלפון אתמול ושאלת בענין החפזון והסדר, אמשיך לבאר לך ולסדר מה שכתבתי בחפזון ערב החג מחמת שהייתי טרוד מאד בהכנת אפיית המצות מצוה.

ותבין זה עם מה שאפרש את מה שאנו אומרים הא לחמא עניא די אכלו אבהתנא ב"ארעא דמצרים", שלכאורה קשה הרי הלחם עוני שהוא המצות אכלו אבותינו בצאתם ממצרים ע"ש כי לא הספיק בצקם להחמיץ, ואיך אנו אומרים שלחם עוני אכלו בארעא דמצרים, צריכים לומר בצאתם ממצרים ולא בארץ מצרים.

התשובה היא שגם בארץ מצרים גופא טרם שיצאו כבר אכלו מצות, מפני, היות שמשה ואהרן היו אומרים להם מקודם דעו לכם שישועתכם תבוא בחפזון כזה שלא תספיקו לאפות את לחמכם ותהיו מוכרחים לאפות הבצק בטרם שיחמץ, לכן בני ישראל שהאמינו לדבריהם רצו לגלות אמונתם ובטחונם בדברי השי"ת ע"י משה ואהרן, ואפו מצות עוד בארץ מצרים טרם שגורשו, שלכן אנו אומרים די אכלו אבהתנא <u>בארעא דמצרים</u>, כלומר אנו מזכירים את אור הבטחון שהיה לאבותינו בגאולתם עוד טרם שיצאו, כי ההפרש בין צדיק לרשע הוא בזה, שלרשע אין לו בטחון בישועתו, ולכן נאמר רחוק מרשעים הישועה והצדיק בטוח בישועתו ואומר תמיד קרובה ישועתי לבוא, והטעם הוא מחמת שישועתו של הצדיק קשורה יחד בישועתו של השי"ת וכל מגמתו היא לעשות נחת רוח ליוצרו ולכן אפשר לו לומר תמיד הנה א-ל ישועתי, אחרי שישועתו עצמו הוא ישועת ה׳, ולכן משלים ואומר אבטח ולא אפחד, כי זוכה לדעת, ויכול להבדיל, כי אם אין דעה הבדלה מנין.

ואחזור אל ענין הסדר, כי ההבחן בין גאולת מצרים לבין גאולת העתידה הוא בזה, שעל הגאולה העתידה כתוב לא תצא כצאת העבדים, כי לא בחפזון תצאו ובמנוסה לא תלכון כי הולך לפניכם ה׳ (עיין בהקדמת תקוני הזהר במעלת הסולם אות שמ"ב שהארכתי לבאר את דברי התקונים) וזהו סדר ואנו רוצים לגלות הבטחון השלם שלנו בהגאולה העתידה שתהי׳ בסדר, כמו שאבותינו האמינו בדברי משה ואהרן ואכלו לחם עוני בארץ מצרים עוד טרם שיצאו ממצרים, לגלות בטחונם בישועתם הקרובה, כן אנו רוצים להתדמם בבטחון שלם גם בגלויותנו ולהמשיך את אור הגאולה העתידה שתהי׳ בסדר ולא בחפזון, לכן אנו קוראים את ליל הראשון של חג הפסח ליל הסדר כי אצל הקב"ה הנסים ובלתי דרך הטבע גם אצלו ית׳ כדרך הטבע, ואנו צריכים לדעת איך שנמשיך את ישועתו אלינו, והיינו בבטחון כי ישועתינו קרובה לבוא, מטעם כי הנה א-ל ישועתי אבטח ולא אפחד כנ"ל.

הנני חותם בברכה שתשרה ברכת ה׳ בכל מעשיך וכל מה שתעשה ה׳ יצליח בידיך,

ממני יהודה צבי

ובענין אחדות פשוטה תבין שפירוש פשוטה שאין פשטתי את כתנתי שהמובן אחדות מורכבת משכל שלנו שאנו לא משיגים אחדות כזו, דהיינו דבר והפוכו כמו מר ומתוק יחד שאנו אומרים כמו"ש שאכלו אבותינו במדבר שמנהם היו כלולים בו, ואיך יתכן אחדות כזו זהו למעלה ממושג שלנו ומהשכל שלנו, שאין אנו משיגים את זה ואחדות ההופכית ממושג שלנו נקראת אחדות פשוטה, ואחדות כזו נוהג באור א"ס ב"ה ולכן כתוב כו הוא" שהוא האור ושמו שהוא הרצון והכלי שמו בגימטריא רצון הם אחד" והכלי אינו עושה שום שינוי על האור, ואל תשאל איך יתכן דבר כזה הלא כל שינוי ברוחניות הוא דבר חדש, ודבר שני אל הקודם לו, כי זה למעלה מהשגותינו, וזה נקרא אחדות פשוטה. משא"כ אחר הצמצום, אחדות יש אבל לא פשוטה" דהיינו אנו אומרים שבאצילות איהו וחיוהי וגרמוהי חד בהון, שפירושו שהאור" שנקרא איהו והחיות שנקרא חיוהי, והכלים שנקראים גרמוהי הם אחד ע"ד אדם עם מחשבתו שאברין של האדם עושים כל מה שהוא חושב וזהו מחמת שהם מאוחדים ואוחזים אחדות

Letter Thirteen

With help from the Creator
Rosh Chodesh (first day) of the month of *Iyar*[1], 5725
Iyar—initials (in Hebrew) of: "All my enemies will be
ashamed and much affrighted"
15th day of the *Omer*[2]
May 3, 1965

To the honorable beloved of my soul and my eternal beloved
one, pleasant among men, Rav Shraga Feivel, may you merit
a long and good life, Amen, and may the Creator's Light
shine upon you[3].

I received your letter dated 23rd *Nisan*, and I am certain
that you have received my letter of that day in which I have
explained thoroughly why we call the Passover night by the
name of *Seder* (order) eve.

I shall now explain the first verse of the portion of *Kedoshim*[4].
It is written: "You shall be holy, for I, the Creator, am holy"
(Leviticus 19:2). In the *Midrash*[5] it is written: "You shall be
holy. My Holiness is higher than yours" (*Vayikra Rabba*, 24:9).
Apparently, this raises some questions: What reason is there
[for specifying] that "You shall be holy" because "I, the
Creator, am holy"? If the Creator is holy, what does it have
to do with us? Can we, through this, also attain the level of

---

1 (Psalms 6:11)
2 The *Omer* is the period of 49 days between Passover and the Revelation on
Mount Sinai (*Shavuot*)
3 According to Isaiah 38:17
4 The seventh portion in the Book of *Vayikra* (Leviticus)
5 Homiletic discourse

מכתב יג

ב״ה

יום א דראש חודש **אויבי** ישובו יבושו **רגע** תשכ״ה ט״ו

למטמונים תל-אביב

כבוד ידיד נפשי ואוהבי נצח חביב אדם הרב רבי שרגא

פייביל שליט״א, אור ה׳ עליך.

קבלתי מכתבך מיום כ״ג ניסן, ובטח גם לך הגיע מכתבי

מאותו יום שבו בארתי היטב למה אנו קוראים לליל פסח

בשם ליל סדר.

כעת אבאר הפסוק הראשון של פרשת קדושים. כתוב

קדושים תהיו כי קדוש אני ה׳ אלקיכם, ובמדרש כתוב

קדושים תהיו, קדושתי למעלה מקדושתכם. שלכאורה

קשה, איזה נימוק הוא על קדושים תהיו מחמת כי קדוש

אני ה׳, אם כביכול הקדוש ברוך הוא הוא קדוש מה זה

שייך לנו שעל ידי זה יכולים לבוא גם אנו אל המעלה

להיות קדושים. גם דברי המדרש מוקשים מה מחדש לנו

שקדושת השם יתברך היא למעלה מקדושתנו.

being holy? And what the *Midrash* states is no less difficult to understand. What is new about the fact that the holiness of the Creator is higher than our holiness?

Rather, the issue is as following: The meaning of "being holy is what *Rashi*[6], of blessed memory, has explained: "Keep away from incest and transgressions, etc" (Leviticus 19:2). Here there is room for one whose desires overcome him to have doubt and think, "How and with what strength can I overcome the force of the evil impulses that are ingrained in me?" That is why the verse states: "For I, the Creator, am holy" and I am your root. This is because your soul is a part of the Divine, and whatever is found in the whole is also found in the part.

Hence, one should not lose heart because what is in our root is close to us and gives us pleasure (Ten Luminous Emanations: Inner Reflection, Part 1). We need only make an effort to come closer to our root, and then the root will shine within us and be awakened toward us, and we shall overcome our desires and our evil impulses.

You should not say that if it is good to be holy and separated, then I shall withdraw myself from all and everything in the manner of the philosophers who used to withdraw to fields and forests away from dwelling places so as to cleave to spirituality. Here, it is being told that this is not the way of the *Torah*, because only the Creator is separated from all and everything because His Holiness is higher than ours.

---

6   Rabbi Shlomo Yitzhaki , known as *Rashi*, who is the best-known commentator on the *Torah*, 11th century AD

אלא הענין הוא, כי הפירוש קדושים כפי שפירש רש"י ז"ל הוו פרושים מן העריות ומן העבירה וכו'. וכאן יש מקום אל האדם בעת שיצרו מתגבר עליו להרהר ולחשוב איך ובאיזה כח אוכל להתגבר על כוחות היצר הטבועים בי. לזה אומר לנו הכתוב כי קדוש אני ה' ואני השורש שלכם, כי נשמתכם היא חלק אלקי וכל מה שיש "בהכל" יש גם בהחלק.

ולכן לא צריכים להתייאש כי מה שיש בשורשנו הוא קרוב לנו ויונעם לנו הסתכלות פנימית ח"א), רק צריכים להתאמץ להתקרב אל השורש ואז השורש מאיר בנו ומתעורר אלינו ומתגברים על התאוות ויצר הרע.

ואל תאמר אם טוב להיות קדוש ופרוש אפרוש עצמי מכל וכל כדרך הפילוסופים שהיו פורשים לשדות ויערות חוץ ממקום ישוב בכדי להתדבק ברוחניות, אומרים לך לא, אין זה דרך התורה, כי פרוש מכל וכל הוא הקדוש ברוך הוא, כי קדושתו למעלה מן קדושתנו.

I shall explain this to you by a story about the old Rav Elimelech[7], may his merit protect us, Amen. After every *Yom Kippur*, he used to be humorous and full of joy. He would reveal to each of his younger students what he had asked and prayed for from the Creator on that holy day, as well as the reply and the fulfillment of his request as the Creator had answered him.

To one young man he said, "You asked that the Creator give you the ability to learn some pages of the *Gemara*[8] every day, but that you should not derive any benefit from your study, that all should be for the sake of the Creator alone. You should know what they answered you from Above. Since all you want is to give Him pleasure and not to enjoy anything from your studies, the Creator remits you of this favor and does not need your studies."

This is the significance of "My Holiness is higher than your holiness." The Creator wants us to accept His beneficence since the whole purpose of Creation is to benefit His creatures. So if we were to withdraw from all and everything, then we would be wasting our Vessel of Receiving.

The sequence is like a bride and groom who are eating from one bowl. The groom pushes the bowl toward the bride and the bride pushes it back to the groom. The Creator is the groom in this example and the Congregation of Israelites is the bride, [and so] obviously, the bowl of food the [Divine] Groom wants to give the bride remains in the hands of the bride.

---

7   Great kabbalistic leader, student of the *Maggid*, the successor of the *Baal Shem Tov*, 18th century
8   Interpretations of the *Mishnah*, the major work of spiritual laws, which was written between 200 and 700 AD

ואסביר לך זה על פי ספור מזקננו הרב רבי אלימלך זכותו
יגן עלינו אמן, שבכל מוצאי יום כפור היה בבדיחות הדעת
ושמח, והיה אומר להצעירים שבחבריא שלו לכל אחד
ואחד, מה שביקש והתפלל מהשם יתברך ביום הקדוש,
וגם את התשובה והמילוי הבקשה, שהקדוש ברוך הוא
ענה על המבוקש שלו.

לצעיר אחד אמר, אתה בקשת מהשם יתברך שיתן לך
האפשרות ללמוד בכל יום כמה דפים גמרא בלתי אל ה׳
לבדו שאתה לא תהנה כלום מלימודך, דע לך מה שענו
לך, היות שאתה רוצה רק לעשות נחת רוח ולא להנות מן
הלימוד כלום, הקדוש ברוך הוא מוחל לך הטובה הזאת
והוא לא צריך את לימודך.

זהו הכוונה קדושתי למעלה מקדושתכם, כי הקדוש ברוך
הוא רוצה שנקבל הטבתו כי כל הבריאה היא להיטיב
לנבראיו, ואם אנחנו נפרוש מכל וכל נאבד את הכלי
קבלה שלנו.

והסדר הוא כמו חתן וכלה שאוכלים בקערה אחת והחתן
דוחף את הקערה להכלה והכלה דוחפת הקערה אל
החתן, הקדוש ברוך הוא נמשל אל החתן וכנסת ישראל
היא כלה, מובן מאליו שהקערה עם האוכל שהחתן רצה
לתת להכלה נשאר בידי הכלה.

Concerning what you have written about good feelings during the days of the holidays, you should know that one should not be fall prey to emotions because sometimes [positive] feelings and admiration come from an unclean source, and when that source wants to drop that person, it takes away those feelings that it had given him.

Any man who is accustomed to the work of the Creator through feelings will have to fall, may the Creator protect us. The way of our Holy *Torah* is: "You shall be *tamim* (innocent, whole) with the Creator, your God" (Deuteronomy 18:13) and "[You shall] love the Creator with all your heart" (Deuteronomy 6:5). Even when He takes away your soul, your love for the Creator should not cool down, Heaven forbid.

It is true that if the Creator bestows benefits on a person, he [that individual] must not be an ingrate, Heaven forbid, because he would be punished for this. Yet one should not base love upon emotions, but rather just love the Creator and recite the *Shema*[9] with devotion, both "when you lie down" (Deuteronomy 6:7)—when we feel the lowliness and all the defects that are innate in us—and also "when you rise up" (Deuteronomy 6:7)—when we feel uplifted and close to the Creator.

From the point of view of him who truly worships with innocence and perfection, there is no difference (see: *Zohar*, Prologue, 201), and so he fulfills the precept of reciting the *Shema*, both "when you lie down" and "when you rise up."

Blessing you with heart and soul,
Yehuda Tzvi Brandwein

---

9   Meditation we recite every morning when we wake up and every evening before going to sleep

ובענין מה שכתבת על הרגשת הטוב שבימי החג. דע לך כי אסור להיות מסור בידי ההרגש כי יש לפעמים שההרגש וההתפעלות בא מאיזה צד בלתי טהור ואז בעת שהצד ההוא רוצה להפיל את האדם, לוקח ממנו ההרגש שנתן לו.

והאדם הרגיל לעבוד את ה׳ מתוך הרגש מוכרח ליפול רחמנא ליצלן, ודרך תורתנו הקדושה היא תמים תהיה עם ה׳ אלקיך ולאהוב את ה׳ בכל לבבך אפילו כשהוא נוטל את נשמתך לא תתקרר ותצטנן האהבה אל ה׳ חס ושלום.

נכון שאם השם יתברך נותן טובות להאדם אסור לו להיות כפוי טובה חס ושלום, כי אז הוא נענש על זה, אבל לא לבנות את האהבה על ההרגש, רק לאהוב את השם יתברך ולקרות קריאת שמע במסירות נפש, בין בזמן השכיבה רוצה לומר שמרגישים את השפלות וכל מיני החסרונות הטבועים באדם, ובין בזמן הקימה שמרגישים רוממות והתקרבות אל השם יתברך.

אצל העובד התמים באמת, אצלו אין הבדל, (עיין בהקדמת ספר הזהר אות ר״א דף ק״צ) ומקיים מצות קריאת שמע בין בשכבך ובין ובקומך.

המברך בלב ונפש

יהודה צבי ברנדווין

P.S. Please call the Rav of Lubavitch, may he merit a long and good life, Amen. Inquire from him whether he has received the book "Four Hundred Shekels of Silver[10]" that I have sent him. I have not yet received a confirmation that he received the book and I have always received a confirmation for the receipt of every book that I have sent him so far.

The undersigned

---

10 One of the books of the great 16th century kabbalist, the *Ari*, Rav Isaac Luria

אבקש שתתקשר עם הרבי מלובאוויטש שליט״א ותברר
אם נתקבל אצלו הספר ״ארבע מאות שקל כסף״ ששלחתי
אליו, כי לא נתקבל אצלי אישור על קבלת הספר. ומקודם
נהג לכל ספר ששלחתי אליו, קבלתי אישור.

הנ״ל

ב"ה יום א' דראש חודש אויבי ישובו יבושו רגע תשכ"ה ט"ו למטמונים תל - אביב

כבוד ידי"נ ואוהבי נצח ח"א הרב ר' שרגא פייביל שליט"א

וזוג' מרת רבקה תחי' עשכב"ב ויו"ח אור ה' עליכם יחי'.

קבלתי מכתבך מיום כ"ג ניסן ובטח גם לך הגיע מכתבי מאותו יום שבו בארתי היטב למה אנו קוראים לליל פסח בשם ליל הסדר.

כעת אבאר הפסוק הראשון של פרשת קדושים, כתוב קדושים תהיו כי קדוש אני ה' אלקיכם, ובמדרש כתוב קדושים תהיו, קדושתי למעלה מקדושתכם שלכאורה קשה איזה נימוק הוא על קדושים תהיו מחמת כי קדוש אני ה' אם כביכול הקב"ה הוא קדוש מה זה שייך לנו שעי"ז יכולים לבוא גם אנו אל המעלה להיות קדושים. גם דברי המדרש מקשים מה מחדש לנו שקדושת השי"ת היא למעלה מקדושתנו.

אלא הענין הוא: כי הפירוש קדושים כפי שפירש"י ז"ל הוו פרושים מן העריות ומן העבירה וכו', וכאן ישמקום אל האדם בעת שיצרו מתגבר עליו להבהר ולחשוב איך ובאיזה כח אוכל להתגבר על כוחת תאצר המבועים בי. לזה אומר לנו הכתוב כי קדוש אני ה' ואני השורש שלכם, כי נשמתכם היא חלק אלקי וכל מה שיש בהכלי "בהכל" יש גם בהחלק ולכן לא צריכים להתייאש כי מה שיש בשורשנו הוא קרוב לנו ויונעם לנו, (הסתכלות פנימית) רק צריכים להתאמץ להתקרב אל השורש ואז השורש מאיר בנו ומתעורר אלינו ומתגברים על התאוות ויצר הרע. ואל תאמר אם טוב להיות קדוש ופרוש אפרוש עצמי מכל וכל כדרך הפילוסופים שהיו פורשים לשדות ויערות חוץ ממקום ישוב בכדי להתדבק ברוחניות, אומרים לך לא, אין זה דרך התורה, כי פרוש מכל וכל הוא הקב"ה, כי קדושתו למעלה מן קדושתנו, ואסביר לך זה עפ"י סיפור מזקננו הרבי ר' אלימלך זיע"א שבכל מוצאי יוכ"פ היה בבדיחת הדעת ושמח, והי' אומר להצעירים שבחבריא שלו כל אחד ואחד, מה שביקש והתפלל מהשי"ת ביום הקדוש, וגם את התשובה והמילוא הבקשה, שהקב"ה ענה על המבוקש שלו. לצעיר אחד אמר אתה, בקשת מהשי"ת שיתן לך האפשרות ללמוד בכל יום כמה דפים גמרא בלתי אל ה' לבדו שאתה לא תהנה כלום מלימודך, דע לך מה שענו לך, היות שאתה רוצה רק לעשות נחת רוח ולא להנות מן הלימוד כלום, הקב"ה מוחל לך הטובה הזאת והוא לא צריך את לימודך, זהו הכוונה קדושתי למעלה מקדושתכם כי הקב"ה רוצה שנקבל הטבתו כי כל הבריאה היא להטיב לנבראיו ואם אנחנו נפרוש מכל וכל נאבד את הכלי קבלה שלנו. (הסדר הוא כמו חתן וכלה שאוכלים בקערה אחת והחתן דוחף את הקערה להכלה והכלה דוחפת הקערה אל החתן, הקב"ה הוא נמשל אל החתן וכנסת ישראל היא כלה מובן מאליו שהקערה עם האוכל שהחתן רצה לתת להכלה נשאר בידי הכלה.

ובענין מה שכתבת על הרגשת הטוב שבימי החג. דע לך כי אסור להיות מסור בידי ההרגש כי יש לפעמים שהרגש וההתפעלות בא מאיזה צד בלתי טהור ואז בעת שהצד ההוא רוצה להפיל את האדם לוקח ממנו ההרגש שנתן לו והאדם הרגיל לעבוד את ה' מתוך הרגש מוכרח ליפול ר"ל ודרך תוה"ק היא תמים תהיה עם ה' אלקיך ולאהוב את ה' בכל לבבך אפילו כשהוא נוטל את נשמתך לא תתקרר ותצטנן האהבה אל ה' ח"ו, נכון שאם השי"ת נותן טובות להאדם אסור לו להיות כפוי טובה ח"ו כי אז הוא נענש ע"ז, אבל לא לבנות את האהבה על ההרגש, רק לאהוב את השי"ת ולקרות ק"ש במסירות נפש בין בזמן השכיבה שמרגישים את השפלות וכל מיני החסרונות המבועים באדם, ובין בזמן הקימה שמרגישים רוממות והתקרבות אל השי"ת אצל העובד התמים באמת אצלו אין הבדל. (עיין בהקדמת ספר הזהר אות ר"א דף ק"צ) ומקיים מצות ק"ש בין בשכבך ובין בקומך, ובזה תבין את הסיפור מהרה"צ ר' שמואל קאריבר ז"ל בהגדה שלפסח דף ק"נ בהגדה של בתך פייגאלע בחג

בענין בית החיים אין דרך אחרת רק ע"י קאלך או מי שהוא אחר כי אם אני בעצמי אלך מפקיד לפקיד לבקש את הדבר ונסיתי לעשות את זה וראיתי שזוהיא רק השפלה בשבילי, ואם אחרים עושים את זה בשמי אז אפשר שתצליח להשיג הדבר וצריכים לזרז את קאלך ללא יותר.

ובענין יהלום צלצלתי ללוי יצחק הירושלמי היום ואמר לי שיתקשר עם יהלום ונראה מה שיאמר לו. אני דורש בשלום הילדים כל אחד ואחד, שמות של הבנים אהרלע ואברמצע ויצחק יהושע ונפתלי נ"י אני ידדע כבר ומהבנות אני לא יודע רק השם של פייגאלע. יתן השי"ת שאתה ורבקה תחי' תגדלם מתוך נחת והרחבה ותראו דורות ישרים ברוחניות ובגשמיות.

מודכם המברך בלב ונפש

יהודה צבי ברנדוויין

אבקש שתתקשר עם הרבי מלובאוויטש שליט"א ותברר אם נתקבל אצלו הספר "ארבע מאות שקל כסף" ששלחתי אליו כי לא נתקבל אצלי אישור על קבלת הספר. ומקודם לכל ספר ששלחתי אליו, קבלתי אישור.

Letter Fourteen

With help from the Creator
24th day of the *Omer*[1]
9th day of the month of *Iyar*, 5725
May 11, 1965

Blessing and success and all the best to the beloved of my soul, faithful and pious, our Teacher, Rav Shraga Feivel, may you merit a long and good life, Amen.

After having greeted you with great love…
I have received your letter dated the 28th of *Nisan*, and I shall reply [to your questions] in the order in which you asked [them].

By adding the words, "Miracles and the "not according to the ways of nature" are—for the Creator—normal and according to the ways of nature," I meant to say that this is why we call the night of the *Seder* (order) by the name "Order" and not by the name "Haste." This is because during the night of *Pesach*, our cleaving to the Creator is so elevated that we cannot distinguish between haste and order, as it is with the Creator.

It is true that I wrote the letter hastily because it was then [only] two days before the holiday and I knew that you were yearning to receive a few words from me. And if I would not have written then, the whole holiday would have gone by [without a letter from me]. That is why I wrote and touched upon important issues. Yet because of my great occupation with the eve of the holiday, the topics were not properly put in order.

---

1   The *Omer* is the period of 49 days between Passover and *Shavuot* (the Revelation on Mount Sinai)

מכתב יד

ב"ה

יום כ"ד למנין בני ישראל תשכ"ה תל-אביב

ברכה והצלחה וכל טוב סלה ידיד נפשי ותיק וחסיד מורנו הרב שרגא פייביל שליט"א.

אחר דרישת שלומו הטוב באהבה רבה, קבלתי מכתבך מיום כ"ח ניסן ואשיב לך ראשון ראשון. מה שהוספתי המילים שאצל הקדוש ברוך הוא הנסים והבלתי דרך הטבע הוא אצלו יתברך כדרך הטבע, רציתי לומר שלכן אנו קוראים את ליל הסדר בשם סדר ולא בשם חפזון כי אנו מתרוממים בדבקות להשם יתברך בלילה של פסח עד שאין אנו מבחינים בין חפזון לסדר כמו אצל השם יתברך.

ונכון הוא שהמכתב ההוא כתבתי בחפזון שהיה שני ימים לפני החג וידעתי שאתה משתוקק לקבל ממני כמה מילים, ואם לא אכתוב אז יעבור כל החג לכן כתבתי ונגעתי בכמה ענינים חשובים אבל מרוב הטרדות של ערב החג לא היו הדברים מסודרים כהוגן.

The *Torah* Words that I am writing to you and that you study with others, I cannot tell you not to [share] because it is known from Maimonides[2], of blessed memory, that he who puts anything down in writing, even though only for himself, reveals it to 2000 people (*Moreh Nevuchim*, prologue). The only thing I advise you and ask you to do is that when you receive *Torah* Words , read them at least three times, alone, and understand what is written in them concerning your personal spiritual work. Only then should you consider whether to show them to others or not.

I spoke to Mr. Kalach, the lawyer, concerning the transfer of ownership of the property in *Tzefat* (Safed), may it be rebuilt and reestablished. He said that there is a delay in the transfer because I want to register the property in your name and you are a foreign resident.

Furthermore, he told me that he is making the rounds of government offices concerning the cemetery near Meron[3]. Now he has been told that the matter is in the hands of the Rav of Meron, whom he is about to meet.

I intend to travel to Meron on the coming *Lag BaOmer*[4] to cut the children's hair [*chalake*[5]] and to make sidelocks for them. May the Creator accept my prayer favorably in the name of each and every one individually and in the name of the collective Israelites, that we may merit a speedy and a

---

2   Rav Moshe Ben Maimon' one of the greatest *Torah* commentator, philosopher and physician; Spain, 12th century CE
3   A town in the Upper Galilee near *Tzefat* (Safed) and the final resting place of Rav Shimon bar Yochai
4   Rav Shimon's death anniversary, on the 33rd day of the *Omer*
5   Cutting of boys' hair for the first time at the age of three year. This ceremony takes place once a year, on *Lag BaOmer*, in Meron

דברי התורה שאני כותב לך ואתה לומד עם אחרים אין אני יכול לומר לך שלא תעשה את זה, כידוע בשם הרמב״ם ז״ל שהכותב משהו אפילו לעצמו הוא מגלה הדבר לשני אלפים איש, רק מה שאני מיעץ לך ומבקש ממך לעשות הוא כשתקבל איזה דבר תורה תקרא אותו לכל הפחות שלשה פעמים לבד ותברר לך מה שכתוב בו, בנוגע לעבודת השם יתברך לך לעצמך, אחר כך תשקול בדעתך אם להראות את זה גם לאחרים.

דיברתי עם העורך דין קאלך בענין העברת הנכס שבצפת תבנה ותכונן, ואמר לי שיש עיכוב להעברה מחמת שאני רוצה לרשום הנכס על שמך ואתה נתין זר.

כמו כן אמר לי שהוא מתרוצץ במשרדי הממשלה בענין בית החיים על יד מירון וכעת אמרו לו שזה שייך להרב של מירון והוא עומד להפגש עמו.

הנני מתכונן לנסוע למירון בל״ג בעומר המתקרב לגזוז לילדים השערות ולעשות להם פאות, יתן ה׳ שתתקבל תפילתי לרצון בשם כל אחד ואחד בפרטות ובשם כלל ישראל, שנזכה במהרה אל הגאולה השלימה גאולת הנפש וגאולת הגוף אמן.

complete redemption, the redemption of the soul and the redemption of the body, Amen!

Awaiting to hear from you and to always relate good news to you,

Yehuda Tzvi Brandwein

המצפה לשמוע ולהשמיע לך תמיד בשורות טובות.

יהודה צבי ברנדוויין

יום כ"ג לאלול תובב"א תל-אביב

מוכה והגלוּה ונעלה לכבוד ידיד זה"ר וכו' הרב אורהל"ה שליט"א

...

Letter Fifteen

With help from the Creator
27th day of the *Omer*
12th day of the month of *Iyar*, 5725
May 14, 1965

The honorable beloved of men, the beloved of my soul and my eternal loved one, the glory of our *Torah*, our teacher Rav Shraga Feivel, may you merit a long and good life, Amen. May you live with the Light of the Creator!

After greeting you with great love…
You asked for an explanation of what was meant in the "Introduction to Ten Luminous Emanations" (Section 10) by the words: "Yet it did not remain so." How is it that the *Zohar* states (Zohar, Beresheet I, 348) that "in the future to come" relates to the purification of their bodies?

One should examine deeply these words and understand them. It is written in the *Torah*: "And God said, 'Let there be Light'; and there was Light" (Genesis 1:3). According to the literal meaning, everything that God said was in connection to this world. But then the Holy *Zohar* comes along and says that "Let there be Light" [means] in this world, "and there was Light" [means] in the World to Come. If so, then what the Creator said was not manifested, Heaven forbid. Because the Creator said, "Let there be Light" in this world, but in the end, the Light manifested in the World to Come and not in this wor ld.

That is why Rav Ashlag, of blessed memory, came along to explain the words of the *Zohar*. He said that when

מכתב טו

ב"ה

ז"ך למטמונים תשכ"ה תל-אביב

כבוד חביב אדם ידיד נפשי ואוהבי נצח כבוד שם תורתו
מורינו הרב שרגא פייביל שליט"א אור ה' עליך יחי'.

אחר דרישת שלומו הטוב באהבה רבה.

שאלת פירוש בהקדמה לתלמוד עשר הספירות אות י,
את המילים "אמנם לא נשאר כן", וכן איך משמע בזהר
שבזמן עתיד לבוא הוא אחר גמר הזדככות גופם.

וצריך להתעמק בדברים. כי יש להבין, בתורה כתוב
ויאמר אלקים יהי אור, ויהי אור, לפי הפשט הכל נאמר
בעולם הזה, בא הזהר הקדוש ואומר יהי אור לעולם הזה,
ויהי אור לעולם הבא, ואם כן הרי לא נתקיים האמירה
של השם יתברך חס ושלום כי השם יתברך אמר יהי אור
לעולם הזה. ולבסוף נעשה האור לעולם הבא ולא לעולם
הזה.

לכן בא מרן זכר צדיק לברכה ומפרש את דברי הזהר
שמקודם, בעת שהשם יתברך אמר יהי אור נעשה תכף
אור בעולם הזה, "אמנם לא נשאר כן", כי אחר כן נגנז

179

the Creator first said, "Let there be Light," the Light was immediately manifested in this world. "Yet it did not remain so" because later on, it was concealed for the righteous of the future to come. And if we were to say, "We see that the [actual] manifestation of Light was different from what the Creator said because the Creator said, 'Let there be Light' in this world, but eventually it was for the World to Come and did not remain in this world."

But we should not say so because the allusion to "the World to Come" and "the future to come" does not mean after death and after the soul has left the body, according to the literal meaning. Those who occupy themselves with the *Torah* and its precepts for its own sake merit in their lifetime, in this world, that great Light.

Why then is it called "the World to Come" or "the future to come?" This is because it [the future world] comes after mankind has purified their bodies with the pathways of the *Torah*. Man is born as in the phrase: "Man is born as a wild donkey-foal" (Job 11:12). But through purification by the *Torah* and its precepts—which were given to purify Israel—he gradually attains a higher enlightenment, as is said in the *Zohar* on the portion of *Mishpatim* (Section 11): "When man is born, he is given a beastly soul (*Nefesh*) from the aspect of purity. When he earns more, he is given a spiritual soul (*Neshamah*)." Review what is written there.

Proof of this—that man can attain [both] life in this world and the great Light that is reserved for the World to Come—lies in what our sages, of blessed memory, have said in Tractate *Berachot*, 17a: When the sages would depart from the house

האור לצדיקים לעתיד לבוא. ואם תשאל הרי נמצא
שנשתנה התהוות האור ממה שאמר השם יתברך, כי
השם יתברך אמר יהי אור לעולם הזה, וזה נעשה לעולם
הבא ולא נשאר בעולם הזה, אל תאמר כך.

כי גם המשמעות לעולם הבא וגם לעתיד לבוא אין
הפירוש כפי הפשוט שזה אחר המיתה ויציאת הנשמה
מן הגוף, אלא העוסקים בתורה ובמצוות לשמה זוכים
בחיים חיותם בעולם הזה לאור הגדול ההוא.

ולמה זה נקרא עולם הבא או לעתיד לבוא, היינו אחר
הזדככות גופם בדרכה של תורה, שאדם נולד בבחינת
עייר פרא אדם יולד וע"י הזיכוך בתורה ומצוות שניתנו
לצרף את ישראל זוכה בכל פעם להארות עליונות, כמ"ש
בזהר משפטים (אות י"א) אדם כשנולד נותנים לו נפש
בהמה מצד הטהרה זכה יותר נותנים לו נשמה עיין שם.

ומביא ראיה על זה שאפשר לו לאדם לזכות בחיים בעולם
הזה להאור הגדול הגנוז לעולם הבא מאמרם ז"ל ברכות
י"ז כי הוו מפטרי רבנן מבי רבי אמי ואמרו לה מבי רבי
חנינא אמרי ליה הכי עולמך תראה בחייך וכו'. ועיין
בהקדמה זו באות ע"ו פירוש מאמר זה באריכות.

of Rav Ami, they would say to him from the house of Rav Chanina, "You shall behold your world in your lifetime...." Read the introduction to this in paragraph 76 for a detailed explanation of this essay.

The whole of paragraph 27 is well explained, and you should dig deeper and ask "of Whom that the wisdom is His" to bestow upon you knowledge, understanding, and perception. Review Tractate *Nidah*, 70b, and you will then merit understanding because "He will not withhold good from those who walk upright" (Psalms 84:12).

I am going to Meron[1], God willing. There I will pray for us all that we will merit to be saved with all sorts of salvations, each and every one according to his wishes, in body and soul, by virtue of those righteous [individuals] whose *Torah* we occupy ourselves with and whose *Torah* we endeavor to spread among the public, so as to bring merit upon Israel so that they will speak well in our behalf. And may we speedily merit seeing our world in our lifetime, Amen.

Yehuda Tzvi Brandwein

P.S. I hereby send you the book of *Tikkunnei Zohar*[2] and also Volumes 9, 16, and 21 of the *Zohar*. I [also] heard that the whole of the *Zohar* with the Sulam commentary was printed in London in 10 volumes.

The above mentioned

---

1 To connect to the energy of Rav Shimon bar Yochai
2 The section of the *Zohar* that deals with the correction of the soul

כל האות כ״ז מפורש היטב ואתה צריך להעמיק ולבקש ממי שהחכמה שלו שיחנן אותך דעה בינה והשכל, עיין במסכת נדה דף ע, ע״ב ואז תזכה להבין כי לא ימנע הטוב מהולכי תמים.

הנני נוסע אם ירצה השם למירון ואתפלל על כולנו שנזכה להוושע בכל מיני ישועות לכל אחד ואחד כפי משאלותיו בגוף ונפש, בזכות הצדיקים הקדושים שאנו עוסקים בתורתם ומשתדלים להפיץ תורתם ברבים לזכות את ישראל שימליצו בעדינו ונזכה במהרה לראות עולמינו בחיים אמן.

יהודא צבי ברנדוויין

הנני שולח לך ספר התקונים וגם ג׳ כרכים מספר הזהר כרך ט, טז וכא.

שמעתי שבלונדון הדפיסו את כל ספר הזהר עם פירוש הסולם בעשרה כרכים.

הנ״ל

ב"ה ז"ך למטמונים תשכ"ה ת"א

כבוד ח"א ידי"נ ואוהבי נצח כש"ת מוהרש"פ שליט"א

אור ה' עליך יזהי

אחדשה"ט באה"ד, שאלת פירוש בהקדמה לתלמוד ע"ס אות י' את המלים "אמנם לא נשאר כן", וכן איך משמע בזהר שבזמן עתיד לבוא הוא אחר גמר הזדככות גופם, וצריך להעמק בהדברים, כי יש להבין, בתורה מטוב ויאמר אלקים יהי אור, ויהי אור, לפי הפשט הכל נאמר בעולם הזה, בא הזהר הקדוש ואומר יהי אור לעולם הזה, ויהי אור לעולם הבא, וא"כ הרי לא נתקיים האמירה של השי"ת ח"ו כי השי"ת אמר יהי אור לעולם הזה, ולבסוף נעשה האור לעולם הבא ולא לעולם הזה, לכן בא מרן זצ"ל ומפרש את דברי הזהר שמקודם שהשי"ת אמר יהי אור נעשה תכף אור בעולם הזה אמנם לא נשאר כן כי אמר כך נגנז האור לצדיקים לעתיד לבוא, ואם תשאל הרי נמצא שנשתנה התהוות האור ממה שאמר השי"ת, כי השי"ת אמר יהי אור לעולם הזה וזה נעשה לעולם הבא ולא נשאר בעולם הזה, אל תאמר כך כי גם עולם הבא וגם לעתיד לבוא אין הפירוש כפי הפשוט שזה אחר המיתה ויציאת הנשמה מן הגוף אלא העוסקים בתורה ובמצוות לשמה זוכים בחיים חיותם בעולם הזה לאור הגדול ההוא, ולמה זה נקרא עולם הבא או לעתיד לבוא, היינו אחר הזדככות גופם בדרכה של תורה, שאדם נולד בבחינת עיר פרא אדם יולד וע"י הזיכוך בתורה ומצוות שניתנו לצרף את ישראל זוכה בכל פעם להארות עליונות כמ"ש בזהר משפטים (אות י"א) אדם כשנולד נותנים לו נפש בהמה מצד הטהרה זכה יותר נותנים לו נשמה עיי"ש. ומביא ראי' ע"ז שאפשר לו לאדם לזכות בחיים בעולם הזה להאור הגדול הגנוז לעולם הבא ממאמרם ז"ל ברכות י"ז כי הוו מפטרי רבנן מבי רבי אמי ואמרו לה מבי רבי חנינא אמרי ליה הכי עולמך תראה בחייך וכו', ועיין בהקדמה זו באות ע"ו פירוש מאמר זה באריכות,

וכל האות כ"ז מפורש היטב ואתה צריך להעמיק ולבקש ממי שהחכמה שלו שיחנן אותך דעה בינה והשכל, (עיין במסכת נדה דף) ואז תזכה להבין כי לא ימנע הטוב מהולכי תמים.

הנני נוסע אי"ה למירון ואתפלל על כולנו שנזכה להוושע בכל מיני ישועות לכל אחד ואחד כפי משאלותיו בגוף ונפש, בזכות הצדיקים הקדושים שאנו עוסקים בתורתם ומשתדלים להפיץ תורתם ברבים לזכות את ישראל שימליצו בעדינו ונזכה במהרה לראות עולמינו בחיים אמן.

יהודא צבי ברנדוויין

הנני שולח לך ספר התקונים וגם ג' כרכים מספר במדבר כרך ט' ט"ז וכ"א, שמעתי שבלונדון הדפיסו את כל ספר הזהר עם פירוש הסולם בעשרה כרכים.

חנ"ל

Letter Sixteen

With help from the Creator
38th day of the *Omer*
23rd day of the month of *Iyar*, 5725
May 25, 1965

Joyful days and a long life to the honorable and beloved among men, the beloved of my soul and the glory of our *Torah*, our Teacher, Rav Shraga Feivel, may you merit a long and good life, Amen.

After greeting you with great love…
I have before me three letters that I shall try to answer, according to the Creator's good Hand.

The introduction to "Ten Luminous Emanations[1]" is deeper than any depth. It is best that, for the time being, you study from the book itself. When you will be in the Holy Land, with help from the Creator, I shall study the introduction together with you.

Regarding the fact that you find seeming contradictions in the story our old Rav Elimelech[2], may his merit protect us, Amen, you should understand the essence of "giving pleasure to the Creator" and "studying for its own sake." These are the greatest delights that can be found in all the Worlds and are called "the passion of the humble" (Psalms 10:17). To merit this [joy], however, one must remove himself from all worldly desires.

---

1   Rav Ashlag's 16 books, containing a detailed explanation of the *Ari*'s description of Creation
2   Kabbalist, Rav Elimelech of Lizhensk, Poland, 18th century;

מכתב טז

ב״ה

יום ג כ״ג אייר ל״ח למנין בני ישראל תל-אביב

חדות ימים ושנות חיים לכבוד חביב אדם ידיד נפשי ואוהבי נצח כבוד שם תורתו מורנו הרב שרגא פייביל שליט״א.

אחר דרישת שלומו הטוב באהבה רבה, מונח לפני שלשה מכתבים ואשתדל לענות עליהם כיד ה׳ הטובה.

ההקדמה לתלמוד עשר הספירות הוא עמוק, מכל עמוק, וכדאי שלעת עתה תלמוד בפנים הספר ואם ירצה השם כשתהיה בארץ הקודש אלמוד עמך את ההקדמה.

וזה שהנך מוצא סתירות לכאורה לסיפורו של זקננו הרבי רבי אלימלך זכותו יגן עלינו אמן, צריך להבין את ענין לעשות נחת רוח ליוצרו ולימוד לשמה שזהו התענוג הכי הגדול שנמצא בעולמות ונקרא תאות ענוים, ולזכות לזה צריכים לצאת מכל התאוות שבעולם.

As far as people who think that they are already doing [positive spiritual actions] "for its own sake" are concerned, certain [commentary] books offer an explanation to what Pharaoh said to the children of Israel (Exodus 5:17): "You are idle, you are idle: therefore you say, let us go and offer sacrifice to the Creator," meaning that he told them that their claim of their readiness for self-sacrifice and for offering themselves for the glory of the Creator was only because of [their] laziness and idleness in serving the Creator. You are idle from work [he was saying]; therefore you say that you are prepared to sacrifice yourselves for the glory of the Creator.

Do not ask what this has to do with Pharaoh, because in the *Torah* of *Atzilut* (Emanation)[3], the whole *Torah* consists of the Names of the Creator, and there are no names of defilement[4]. It is known that the name Laban [in Heb. *Lavan*][5] alludes to spiritual whiteness. Also, it is written of Pharaoh[6] in the Holy *Zohar*: "from which all Lights are revealed" (*Zohar, Vayigash* 104). It is this level [called]: "from which all Lights are revealed," that tells us: "You are idle, you are idle."

In these words you shall find an explanation to what you have said in your second letter concerning: "He should not believe in himself."

You should know that you should study the introduction [of "Ten Luminous Emanations"] only after you have merited what is written in the book itself. Therefore, make haste and

---

3   The *Torah* beyond the literal meaning
4   Egyptian king in the time of Exodus whose name represents negative forces
5   *Lavan* is a name mentioned in the *Torah*, Jacob's father in law, a very negative person; his name means "white"
6   Literally, the word means "wild" or "open"

ומה שאדם מדמה לעצמו שכבר עושה לשמה, יש בספרים פירוש על זה שאמר פרעה לבני ישראל נרפים אתם נרפים על כן אתם אומרים נלכה נזבחה לה' אלקיכם, פירושו הוא שאמר להם שזה שהם אומרים שהם מוכנים למסירת נפש וללכת ולזבוח את עצמם למען כבוד השם יתברך, זה בא מטעם עצלות ורפיון בעבודת ה', נרפים אתם מעבודה ולכן אתם אומרים שהנכם כבר מוכנים לזבוח עצמכם על כבוד ה'.

ולא תשאל מה שייך זה לפרעה, כי בתורה דאצילות כל התורה כולה היא שמותיו של הקדוש ברוך הוא ואין שם שמות של טומאה, כידוע שהשם לבן רומז על לובן העליון. וכן פרעה, כתוב בזהר הקדוש דאתפרעון מניה כל נהורין, ואותה המדריגה שממנה נגלה כל האורות אומרת לנו נרפים אתם נרפים.

במילים אלה יש כבר תירוץ של מה שנאמר במכתבך השני בענין אל יאמין בעצמו.

ודע לך שלימוד ההקדמה היא אחר שתזכה למה שכתוב בפנים הספר ולכן תזדרז לחלק שני בתלמוד עשר ספירות, ועיקר הלימוד בתלמוד עשר הספירות הוא בשיעור ח' ששם מתחיל עולם התיקון.

get to the second part of the book. The main part of the study of "Ten Luminous Emanations" is Lesson 8 where the world of *tikkun* (correction) begins.

I was in Meron. I flew there in an airplane so as not to be tired. We performed the *Chalakei*[7].

I have mentioned you in all the holy places and prayed for your own success and for the sake of everyone's, and may the merit of the righteous be with you in every step and action you make. I prayed and with help from the Creator, I was answered with immeasurably great happiness. Furthermore, your telephone call on *Lag BaOmer*[8] came immediately after the meal and the bonfire that we lit in the backyard.

Last week, I met with the Minister of Religious Affairs, Mr. Wahrhaftig. I talked with him about the cemetery lot, and he is against it. He said quite plainly that he does not agree, and quoted from the Bible: "But when you entered, you defiled My land" (Jeremiah 2:7). Nevertheless, when you are here, I have a plan for how to arrange matters well and easily.

There is still another matter: Rav Yosef M. Weinstock[9] (he is one of our group) had the book of the *Zohar* with the *Sulam* commentary printed in London. He arranged all 21 volumes into 10 volumes. He is a poor man. I do not know how much of his own money he invested and how much he owes to others. Apart from that, it is a great deed to distribute the book so that there will be a copy of the *Zohar* in every home.

---

7   Cutting of boys' hair for the first time at the age of three years
8   Rav Shimon's death anniversary, on the 33rd day of the *Omer*
9   One of the students of Rav Ashlag

הייתי במירון. טסתי לשם באוירון כדי לא להתעייף. ועשינו חאלאקא.

בכל המקומות הקדושים הזכרתי אותך והתפללתי להצלחתך בפרט ולמען הכלל שזכות הצדיקים תלווה אותך בכל צד ושעל ובעזרת השם יתברך התפללתי ונעניתי מתוך שמחה גדולה שאין לשער, גם הצלצול שלך בל״ג בעומר היה תכף אחר הסעודה וההדלקה שעשינו בחצר.

בשבוע שעבר נפגשתי עם שר הדתות מר זרח ווארהאפטיג נדברתי עמו בענין בית החיים, הוא נגד זה ואמר בפירוש שלא מסכים לזה מטעם ותבואו ותטמאו את ארצי, ובכל זאת כשתהיה כאן יש לי תכנית שנוכל לסדר את זה בנקל וטוב.

גם יש עוד ענין. היות שבלונדון הדפיס רבי יוסף ויינשטאק מי׳ (הוא א׳ מחברנא) את ספר הזהר עם פירוש הסולם כל הכ״א כרכים סידר בעשר כרכים. בכלל הוא איש עני, אין אני יודע כמה כסף השקיע משלו וכמה הוא חייב לאחרים, וחוץ מזה הוא מצוה גדולה להפיץ הספר שיהיה בכל בית יהודי ספר הזהר.

I have suggested that he turn to you and that for the glory of the *Torah*, you will put him in contact with American booksellers so that he can send books to them and they will not cheat him. He is selling all 10 volumes for $20 [for the set], which is a very low price. The books of the *Zohar* are not available here. When you are contacted by him, please treat him kindly and do all that is in your power to do for him and for the sake of spreading the Holy *Zohar*.

I am concluding with the blessing of the *Torah*. You ought to know that a few benches[10] have been added to the *Yeshivah* of *Kol Yehuda* and we should care about their upkeep. As for the property in *Tzefat* (Safed), may it be rebuilt and reestablished, we shall sort that issue out when you are here. It is much better that it [the property] be in your name.

I say the blessing over the *Tefillin* (phylacteries) for the head in a whisper, as is the opinion of the *Rama*[11].

I have just seen a letter from Rav Yosef Weinstock in which he writes that he has already sent to you a complete set of the *Zohar*. It is good that you should write to him as soon as you receive the books.

From me, one who awaits the salvation of the Creator that is near and speedy in our days, Amen!

Yehuda Tzvi

---

10 More students
11 Acronym for the name of Rav Moshe Iserlish, a kabbalist of the 16th century, Krakow, Poland

אני הצעתי לו לפנות אליך שאתה תעשה למענו ולמען כבוד התורה לקשר אותו עם מוכרי ספרים באמעריקא שישלח להם ספרים ושלא ירמו אותו, הוא מוכר במחיר נמוך מאד כל עשר הכרכים בעשרים דולר, כאן אין בנמצא כל ספר הזהר, אני מבקש כשתקבל פניה ממנו שתשיב לו בסבר פנים יפות ותעשה למענו ולמען הפצת הזהר הקדוש כל מה שבאפשרותך.

והנני מסיים בברכת התורה, וכדאי שתדע שנתוספו ספסלים בישיבת קול יהודה וצריכים לדאוג איך נחזיקם. ענין הנכס בצפת תבנה ותכונן גם כן נסדר כשתהיה כאן, כי רצוי מאוד שיהיה על שמך.

אני מברך בלחש על תפילין של ראש כדעת הרמ״א ז״ל.

ראיתי כעת מכתב מרבי יוסף וויינשטאק וכותב ששלח לך כבר סדר של הזהר כולו, כדאי שתכתוב אליו בעת שתקבל הספרים.

ממני המצפה לישועת ה׳ הקרובה במהרה בימינו אמן.

יהודה צבי

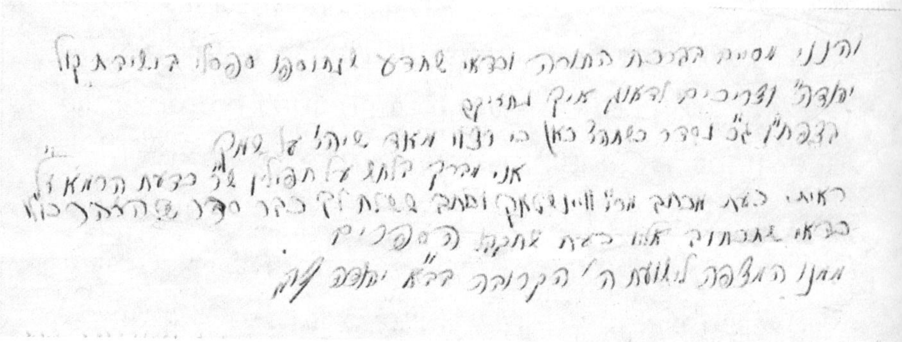

 והנני שמחת הזכות הטהורה ובאו שאר ונוזל ספל טובה קל
יפלא ולהביא לעשן אין לנו
לחמר לך לבבי באהבה כן כי ופן ואם שויה אל אם
אני ונבקש לאחר והפלן אל כרת הבא ל
ראיא בא אהבת אין והנו ואתפ כאתה אל כרי יפר פ הרריסא
כרא כאהבת או כרא אתפ לכפיש
וכן הנפבא לתולת ה' הקרובה דה"א יפא אל

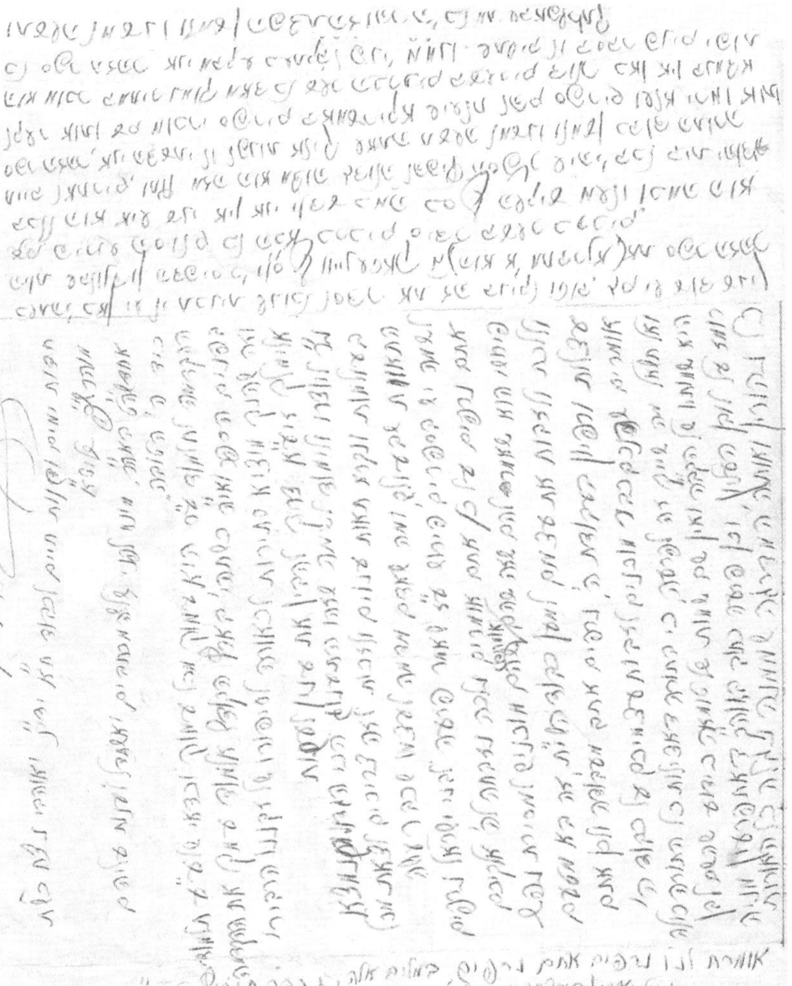

Letter Seventeen

With help from the Creator
27th day of the month of *Sivan*, 5725
June 27, 1965

Joyful days and long life to the honorable and beloved of men, the beloved of my soul, "a valiant man of many deeds" (II Samuel 23:20), our Teacher, Rav Shraga Feivel, may you merit a long and good life, Amen.

After greeting you with great love…
I received your telephone call and it is better that you should come earlier.

In the portion of Korach[1] it says: "And Korach… took" *Rashi*[2] comments that Korach took himself to one side to be separated from the congregation. The words "took himself to one side" have to be understood because *Rashi* should have said that Korach withdrew so as to be separated. What does "to one side" mean? And how many sides are there?

This we can understand through an explanation of the two questions that Korach asked Moses. It is written in *Midrash Tanchuma*: "What did he do? He rose and gathered 250 heads of the *Sanhedrin*[3], most of them from the tribe of Reuben, his neighbor, and clothed them each with a *Talit* (prayer shawl) that was completely blue.

---

1   See Letter 1 for more details
2   Rabbi Shlomo Yitzhaki , known as *Rashi*, who is the best-known commentator on the *Torah*, 11th century AD
3   The Israelite spiritual leaders and judges

מכתב יז

ב"ה

יום ז"ך סיון תשכ"ה תל-אביב

חדות ימים ושנות חיים למעלת כבוד חביב אדם וידיד נפשי איש חי רב פעלים מורינו הרב שרגא פייביל שליט"א.

אחר דרישת שלומו הטוב באהבה רבה, קבלתי הצלצול בטילפון וכדאי שתבוא יפה שעה אחת קודם.

בפרשת קרח, ויקח קרח, פירש רש"י לקח את עצמו לצד אחד להיות נחלק מתוך העדה. יש להבין המלים לקח עצמו לצד אחד היה צריך לומר לקח עצמו להיות נחלק, מהו צד אחד, וכי כמה צדדים יש?

ונבין את זה על פי מה שנסביר את שתי השאלות ששאל קרח את משה, שכתוב, מה עשה עמד וכנס ר"נ ראשי סנהדראות רובן משבט ראובן שכניו וכו' והלבישן טליתות שכולן תכלת.

"They came and stood before Moses and asked, 'Is a *Talit* that is completely blue required to have a *Tzitzit*[4] or is it exempt [from this requirement]?' Moses replied that it does. They started to mock him etc. They also asked Moses, 'Does a house that is full of books need to have a *Mezuzah*[5] or not? He replied that it does. Again they mocked him."

We must understand what is signified and concealed in these two questions and why they did not ask more questions if they knew how to ask!

The matter is that in our Holy *Torah*, there are two contradictory sides that stand opposed to each other, as do fire and water. The *Torah*, which is the *Torah* of Moses and is the Central Column, embraces both [sides] and unifies them into one. One side relates to having faith and accepting upon oneself the burden of the Kingdom of Heaven with simple trust—without knowledge, observation, or comprehension.

According to our sages, of blessed memory, who have commented upon the verse, "O Creator, You preserve man and beast" (Psalms 36:7), such people are void (lit. naked) of knowledge appropriate to human beings and they behave like animals: "as the ox is to the yoke, and as the donkey is to the burden." This aspect [that is, unquestioning trust] is called a *Talit* that is all blue because the word *techelet* (blue) is derived from [the verse]: "I have seen an end of every purpose (*tichlah*)" (Psalms 119:96), which means that he [the individual] destroys (*mechaleh*) all comprehension and revelations, and [this aspect of the *Torah*] does not require intelligence and knowledge, just faith alone.

4 Fringes on the four corners of the prayer shawl
5 Parchment that contains Biblical text, fixed on the doorpost for spiritual protection

באו ועמדו לפני משה, אמרו לו טלית שכולה תכלת חייבת בציצית או פטורה, אמר להם חייבת, התחילו לשחק עליו, וכו׳. וכן שאלו את משה : בית שמלא ספרים חייב במזוזה או לא, אמר להם חייב, ושחקו.

יש להבין מה רמוז וגנוז באלו שתי השאלות, ולמה לא שאלו עוד שאלות אם ידעו לשאול.

אלא הענין הוא, כי יש בתורתינו הקדושה שתי צדדים הסותרים זה את זה, מפני שהם הפכיים זה לזה כמו אש ומים, והתורה שהיא תורת משה עמודא דאמצעיתא, כוללת שניהם ומאחדת שניהם לאחד. צד אחד הוא אמונה לקבל עליו עול מלכות שמים באמונה פשוטה בלי לדעת ולראות ולהשיג.

אלא כמו שאמרו חכמינו זכרונם לברכה על הכתוב אדם ובהמה תושיע ה׳, אלו בני אדם שהם ערומים בדעת כבני אדם ומשימים עצמם כבהמה, כשור לעול וכחמור למשא. צד זה נקרא טלית שכולה תכלת, כי תכלת מלשון לכל תכלה ראיתי קץ, שפירושו שמכלה כל מיני ההשגות וגילויים שלא צריכים שכל וידיעה רק אמונה.

Tzitzit means observation, as in the verse: "He peeps (*metzitz*) through the lattice" (Song of Songs 2:9), according to the secret of the verse: "But your eyes shall see your teacher" (Isaiah 30:20). The Israelites also said (*Mechilta, Yitro,* 19:9): "We want to see our King." And it is also written (*Tractate Taanit,* 31a) that in the future to come, the Creator will arrange a dancing (*machol*) festivity for the righteous, and each one will point with his finger and say, "Here, this is our Creator" (Isaiah 25:9).

Korach asked Moses, "You, who are called the Faithful Shepherd[6], want to induce unto Israel trust in the Creator. A *Talit* that is all blue, namely someone who has complete faith and accepts upon himself to serve the Creator 'as the ox is to the yoke, and as the donkey is to the burden,' [that is,] without knowing and seeing and comprehending at all, is he required to have *Tzitzit*? Namely, does he need to reserve a place in his soul to also perceive and know the Creator?"

Moses replied: "Yes, a *Talit* that is all blue is required to have a *Tzitzit*. It is true that we have to accept that we must worship the Creator with trust beyond comprehension, as a beast. But this is from our point of view, we are prepared even for this.

But at a time of goodwill, when the Creator specifically wants to show us clear miracles or magnificent revelations and the like, as was said: 'A handmaid[7] saw at the sea what the prophet Ezekiel[8] did not see (*Zohar, Beshalach,* 434),' we will not say that we have no desire [to witness these things]. On the contrary, if it gives satisfaction to the Creator that we

---

6   Moses is referred to in the *Zohar* always as *Raya Mehemna* (the Faithful Shepherd)
7   Simple person
8   A prophet, circa 580 BC, who had a vision of Creation, the future Resurrection, and Armageddon

ציצית פירושן הסתכלות, כמו שנאמר מציץ מן החרכים, בסוד הכתוב והיו עיניך רואות את מורך, וכן אמרו בני ישראל רצוננו לראות את מלכנו, וכן כתוב שלעתיד יעשה הקדוש ברוך הוא מחול לצדיקים וכל אחד יראה באצבע הנה אלקינו זה.

קרח שאל את משה, אתה שנקרא רעיא מהימנא, הרועה הנאמן, שאתה רוצה להחדיר את אמונת ה׳ בישראל, אם טלית שכולה תכלת, דהיינו מי שיש לו אמונה שלימה, ויקבל על עצמו לעבוד את ה׳ כשור לעול וכחמור למשא בלי לדעת ולראות ולהשיג כלל עוד חייב בציצית, היינו להשאיר מקום בנפשו גם להשגה ולדעת את ה׳.

משה ענה לו כן, טלית שכולה תכלת חייבת בציצית. כי אמת שאנו מקבלים עלינו לעבוד את ה׳ באמונה למעלה מן הדעת כבהמה, אבל זהו מצידנו, אנו מוכנים גם לזה.

אבל בעת רצון, שהשם יתברך ירצה דוקא להראות לנו נסים גלויים או השגות גדולות וכדומה כמו שנאמר ראתה שפחה על הים מה שלא ראה יחזקאל הנביא, אנו לא נאמר שלא רוצים, אדרבא, אם יש נחת רוח להקדוש ברוך הוא שנעבוד אותו כבני אדם ולא כבהמה למה לא נסכים, ולכן אמר לקרח שטלית שכולה תכלת גם כן חייבת בציצית.

should worship Him as humans and not as beasts, why then should we not agree?" Therefore, Moses said to Korach that a *Talit* that is all blue is [still] also required to have *Tzitzit*.

Korach then shifted to the other side and asked Moses, "A 'house full of books,' namely, one who has attained all sorts of perceptions and revelations and secrets of the *Torah* and has become like a house full of books, does he need a *Mezuzah*, which signifies faith?" He then went on to ask that if one has merited such revelations of Light, why does he need faith?

Moses replied that even one who has merited being 'a house full of books' and to whom everything is evident and he can see all and knows all, even he cannot give up the precept of having faith, and so he needs a *Mezuzah*. All precepts are eternal, and it can never be said about any of the precepts that they have become superfluous.

Such a man, if he disregards and rejects the precept of having faith and is then faced with a period of 'Concealment[9]', what will he do then? Therefore, we have no time to 'trim the plants' (create shortcuts); we must always observe all the commandments of the Creator.

This is what is meant by "he took himself to one side," namely, either to the side of faith or to the side of knowledge. Yet Moses said to him that the *Torah* is the Vessel that contains blessings for Israel. About this, our sages, of blessed memory, said (in tractate *Ukatzin*, 3:12), "The Creator could not find a Vessel

---

9   Unclarity, not being able to understand or see the Divine Providence, times of chaos

וכן הלך קרח לצד שני ושאל את משה רבינו עליו השלום: בית שמלא ספרים היינו מי שזכה לכל מיני השגות וגילויים ורזי תורה ונעשה לבחינת בית מלא ספרים, שאל אם הוא מחויב במזוזה הרומזת לאמונה, ואמר מי שזכה לאורות גלויים כל כך למה הוא צריך עוד אמונה.

ומשה ענה לו: אפילו מי שזכה להיות בית מלא ספרים ויש לו הכל גלוי ורואה ויודע אינו יכול לוותר על המצוה של אמונה, ומחויב במזוזה. כי כל המצוות הן נצחיות, ואי אפשר לומר אף על מצוה אחת שגמרה את תפקידה.

והנה איש כזה אם יעזוב או יתרשל ממצות אמונה ואחר כך תבוא לו עת של הסתרה, מה יעשה אז, ולכן אין לנו שום זמן לקצץ בנטיעות וצריכים תמיד לקיים את כל מצוות ה'.

וזה הפירוש לקח עצמו לצד אחד, היינו או לאמונה או לידיעה. אבל משה אמר לו כי התורה היא כלי המחזיק ברכה לישראל שעליה אמרו חכמינו זכרונם לברכה לא מצא הקדוש ברוך הוא כלי מחזיק ברכה לישראל אלא השלום, והתורה כל נתיבותיה שלום.

to contain blessing for Israel except for peace" and of the *Torah*, "all Her (the *Torah*'s) paths are peaceful" (Proverbs 3:17).

As we see even in the physical world, water and fire, which are the most opposite elements in the world, can be united by a vessel. Hence, one who has cold water and cannot drink it because of its coolness places the water inside a vessel and then places the vessel with the water on the fire. The vigor of the fire now goes into the water, and the person can now drink and enjoy boiling hot water, which contains [the aspects of] both water and fire.

Similarly, our *Torah* unites faith and knowledge into one, and we can enjoy them both together. Thus there are two facets in Moses' *Torah*, but Korach "took for himself only one side," hence separating himself from the congregation of the Creator.

Concluding with the blessing of the *Torah*,

Yehuda Tzvi

כמו שאנו רואים שאפילו בגשמיות מתאחדים אש ומים שהם שני ההפכים שבעולם, על ידי הכלי. היינו מי שיש לו מים קרים ואי אפשר לו לשתות מהם מחמת הקרירות שבהם, הוא שם אותם לתוך כלי ואחר כך משים הכלי עם המים על האש ועל ידי זה נכנס כח האש בתוך המים ושותה מים רותחים הכלולים מאש וממים, ונהנה.

כן תורתינו מאחדת אמונה וידיעה לאחד, ונהנים משניהם ביחד. ונמצא שיש ב׳ צדדים בתורתו של משה, וקרח לקח לו רק צד אחד לבד להיות נחלק מתוך עדת ה׳.

החותם בברכת התורה

יהודה צבי

ב"ה יום ז"ך סיון תשכ"ה תל - אביב

חדרת ימים ושנות חיים למע"כ ס"א וידי"נ איש חי
רב פעלים מוהרש"פ גרוברגר שליט"א

אחדשה"ט באהבה רבה.

קבלתי הצלצול בטליפון, וכדאי שתבוא ליפה שעה אחת קודם, בפרשת קרח, ויקח קרח: פירש רש"י לקח את עצמו לצד אחד להיות נחלק מתוך העדה, יש להבין המלים לקח עצמו לצד אחד היה צריך לומר לקח עצמו להיות נחלק, מהו צד אחד, וכי כמה צדדים יש? ונבין את זה עפ"י מה שנסביר את שתי השאלות ששאל קרח את משה, שכתוב, מה עשה עמד וכנס ר"נ ראשי סנהדראות רובן משבט ראובן שכניו וכו׳ והלבישן טליתות שכולן תכלת, באו ועמדו לפני משה, אמרו לו טלית שכולה תכלת חיבת בציצית או פטורה, אמר להם חיבת, התחילו לשחק עליו, וכו׳. וכן שאלו את משה בית שמלא ספרים חייב במזוזה או לא, אמר להם חייב, ושחקו. יש להבין מה רמוז וגנוז באלו שתי השאלות, ולמה לא שאלו עוד שאלות אם ידעו לשאול, אלא הענין הוא, כי יש בתורתינו הקדושה שני צדדים הסותרים זה את זה, מפני שהם הפכיים זה לזה כמו אש ומים, והתורה שהיא תורת משה עמודא דאמצעיתא, כוללת שניהם ומאחדת שניהם לאחד. צד אחד הוא <u>אמונה</u> לקבל עליו עול מלכות שמים באמונ פשוטה בלי לדעת ולראות ולהשיג, אלא כמו שאמרו חז"ל על הכתוב אדם ובהמה תושיע ה׳ אלו בני אדם שהם ערומים בדעת כבני אדם ומשימים עצמם כבהמה, כשור לעול וכחמור למשא. צד זה נקרא טלית שכולה תכלת, כי תכלת מלשון לכל תכלת ראיתי קץ, שפירושו שמכלה כל מיני ההשגות וגילויים שלא צריכים שכל וידיעה רק אמונה, ציצית פירושן הסתכלות, כמ"ש מציץ מן החרכים, בסו"ה והיו עיניך רואות את מורך, וכן אמרו בני ישראל רצוננו לראות את מלכנו, וכן כתוב שלעתיד יעשה הקב"ה מחול לצדיקים וכל אחד יראה באצבע הנה אלקינו זה, קרח שאל את משה, אתה שנקרא רעיא מהימנא הרועה הנאמן שאתה רוצה להחדיר את אמונת ה׳ בישראל, אם טלית שכולה תכלת, דהיינו מי שיש לו אמונה שלימה, וקיבל על עצמו לעבוד את ה׳ כשור לעול וכחמור למשא בלי לדעת ולראות ולהשיג כלל עוד חייב בציצת היינו להשאיר מקום בנפשו גם להשגה ולדעת את ה׳, משה ענה לו כן טלית שכולה תכלת חייבת בציצית כי אמת שאנו מקבלים עלינו לעבוד את ה׳ באמונה למעלה מן הדעת כבהמה, אבל מהו מצידנו, אנו מוכנים גם לזה, אבל בעת רצון, שהשי"ת ירצה דוקא להראות לנו נסים גלויים או השגות גדולות וכדומ כמ"ש ראתה שפחה על הים מה שלא ראה יחזקאל הנביא, אנו לא נאמר שלא רוצים, אדרבה אם יש נחת רוח להקב"ה שנעבוד אותו כבני אדם ולא כבהמה למה לא נסכים, ולכן אמר לקרח שטלית שכולו תכלת ג"כ חייבת בציצית. וכן הלך קרח לצד שני ושאל את משה רבינו ע"ה בית שמלא ספרים היינו מי שזכה לכל מיני השגות וגלויים ורזי תורה ונעשה לבחי׳ בית מלא ספרים, שאל אם הוא מחויב במזוזה הרומזת לאמונה, ואמר מי שזכה לאורות גלויים כ"כ למה הוא צריך עוד אמונה, ומשה ענה לו אפילו מי שזכה להיות בית מלא ספרים ויש לו הכל גלוי ורואה ויודע אינו יכול לוותר על המצוה של אמונה ומחויב במזוזה כי כל המצוות הן נצחיות ואי אפשר לומר אף על מצוה אחת שגמרה את תפקידה, והנה איש כזה אם יעזוב או יתרשל ממצות אמונה ואח"כ תבוא לו עת של הסתרה מה יעשה אז, ולכן אין לנו שום זמן לקצץ בנטיעות וצריכים תמיד לקיים את כל מצוות ה׳. וזה הפירוש לקח עצמו לצד אחד היינו או לאמו או לידיעה, אבל משה אמר לו כי התורה הי-א כלי המחזיק ברכה לישראל שעליה אמרו חז"ל לא מצא הקב"ה כלי מחזיק ברכה לישראל אלא השלום והתורה כל נתיבותיה שלום וכמו שאנו רואים שאפילו בגשמי מתאחדים אש ומים שהם שני ההפכים שבעולם ע"י הכלי. היינו מי שיש לו מים קרים ואי אפשר לו לשתו מהם מחמת הקרירות שבהם הוא שם אותם לתוך כלי ואח"כ משים הכלי עם המים על האש ועל ידי זה נכנס כח האש בתוך המים ושותה מים רותחים הכלולים מאש וממים, ונהנה, כן תורתינו מאחדת אמונה וידיעה לאחד, ונהנים משניהם ביחד. ונמצא שיש ב׳ צדדים בתורתו של משה וקרח לקח לו רק צד אחד לבד להיות נחלק מתוך עדת ה׳.

החותם בברכת התורה

יהודה צבי

Letter Eighteen

With help from the Creator
Friday, eve of *Shabbat*
23rd day of the month of *Tamuz*, 5725
July 23, 1965

Many greetings and all the best to the honorable beloved of men and the beloved of my soul, our Teacher, Rav Shraga Feivel, may you merit a long and good life, Amen.

After greeting you with great love…
The verse of our sages, of blessed memory, in this week's portion of *Pinchas*[1] is well known. They said, "Pinchas is Elijah," which is surprising because they should have said that Elijah is Pinchas, seeing that Pinchas[2] lived long before Elijah[3] and it is usual to equate the latter to the former [and not the other way around].

To begin with, we should properly explain that Elijah is called the Angel of the *Brit* (circumcision, and also Covenant). Furthermore, the prayer of the *mohel* (circumciser) includes the words: "Elijah, Angel of the *Brit*, set yourself to my right; behold, that which is yours is before you."

This is difficult to understand because during the circumcision, we say the blessing: "…to bring him into the *Brit* of Abraham the Patriarch." [Given this prayer], why is Elijah called the Angel of the Brit? *What* does this phrase, "behold that which is yours is before you," mean? And how [and why] is the precept of circumcision connected to Elijah,

---

1 The eighth portion in the Book of *Bamidbar* (Numbers)
2 Pinchas, son of Elazar, son of Aaron the *Kohen*, lived during exodus from Egypt, 13th century BC
3 Elijah the Prophet, lived during the time of the First Temple, circa 800 BC

מכתב יח

ב"ה

אור ליום ו' ערב שבת קודש פרשת פנחס תשכ"ה

תל-אביב

רב שלומים וכל טוב סלה לכבוד חביב אדם וידיד נפשי

מורינו הרב שרגא פייביל שליט"א.

אחר דרישת שלומו הטוב באהבה רבה. בפרשת השבוע,

פנחס, ידוע מאמר חכמינו זכרונם לברכה "פנחס זה

אליהו", וזה תמוה, היה צריך לומר אליהו זה פנחס, כי

הלא פנחס היה הרבה זמן לפני אליהו, ותמיד מיחסים

את המאוחר אל הקודם לו.

ומקודם יש לבאר היטב את זה שאליהו נקרא מלאך

הברית, וכן בתפילת המוהל כתוב שהוא אומר אליהו

מלאך הברית עמוד לימיני הרי שלך לפניך.

וקשה, הלא אנו מברכים בברית מילה להכניסו בבריתו

של אברהם אבינו אם כן למה נקרא אליהו מלאך הברית,

ומה פירוש המלים הרי שלך לפניך, למה שייך מצוה זו

לאליהו הלא עוד מימי אברהם אבינו קבלנו מצות המילה.

[given that] we received the commandment of circumcision in the days of Abraham the Patriarch (Genesis 17:10).

There are sayings of our sages, of blessed memory, that need elucidation. In one place (*Zohar*, Prologue, 225), it is written that we must prepare a special chair for Elijah, which is called "the Chair of Elijah." We proclaim and say: "This is the Chair of Elijah, of blessed memory," and if this is not said, he does not come. This is the custom.

But in another place (*Zohar, Lech Lecha*, 388), it is written that Elijah said, "I have been very jealous for the Creator…for the children of Israel have forsaken Your *Brit*." The Creator said to him, "As you live, wherever My children will imprint this holy inscription upon their flesh, you shall be present there. And the same mouth that testified that Israel has forsaken the Covenant will now testify that Israel is keeping the Covenant." Thus Elijah is now obliged to be present at every circumcision of the Israelites as punishment for the slander that he said about Israel to the effect that they "have forsaken Your Covenant." Read further in the *Zohar*.

How does this fit with what was written—that not only must a special chair be prepared for Elijah but that we must proclaim so, because if not, then Elijah does not arrive? He must come to testify [by order of the Creator] that the children of Israel are keeping the commandment of circumcision. However, it is difficult to understand why his testimony is necessary? After all, everything is revealed and known to the Creator. The matter is that there is also a saying in Tractate *Yevamot* that states that the children of Israel have never abolished the precept of circumcision. What Elijah said—"for the children

גם יש מאמרים בחז״ל שיש להסבירם. במקום אחד כתוב שצריכים להכין כסא מיוחד בשביל אליהו וזה נקרא כסא של אליהו, וצריכים להזכיר ולומר זה הכסא של אליהו זכור לטוב, ואם לא, הוא לא בא, וכן נוהגים.

ובמקום אחר כתוב (בזהר פרשת לך דף קכט אות שפח בזהר עם פירוש הסולם) שמשום שאמר אליהו קנא קנאתי לה׳ כי עזבו בריתך בני ישראל וגו׳, אמר לו חייך בכל אתר דהאי רשימא קדישא ירשמון ליה בני בבשריהון אנת תזדמן תמן, ופומא דאסהיד דישראל עזבו הוא יסהיד דישראל מקיימין האי קיימא, נמצא שאליהו נתחייב להיות על כל ברית מילה בבני ישראל מטעם עונש על שאמר דלטורא על ישראל כי עזבו בריתך, עיין שם בזהר.

ואיך זה מותאם עם זה שכתוב שצריכים להכין לו כסא מיוחד ולהזכיר בפה, ואם לא, הוא לא בא, הלא הוא מוכרח לבוא ולהעיד שבני ישראל מקיימים מצות מילה. וחוץ מזה קשה למה צריכים עדות זו הלא הכל גלוי וידוע לפני הקדוש ברוך הוא.

of Israel have forsaken your Covenant"—is a deep secret. The precept of circumcision is akin to an offering, and in all offerings, it is well-known that a part is given to the Other Side[4], which is then transformed from being a prosecutor to being a defense attorney.

The Other Side considers the foreskin that is cut off during circumcision and thrown to the earth as if that part is given as an offering to it [Satan. Why is this so?] The nature of spiritual entities is that they are contained one within the other. Thus, since the foreskin was once connected to *Yesod*[5], then when it is cut off, it takes with it some of the holiness and a spark of life from the body of the child to whom it had been connected.

Since we throw the foreskin to the Externals (negative forces), those forces draw from it some radiance from the *mochin* (positive spiritual energies) that are revealed through the circumcision and the *peri'ah* (uncovering of the corona). Consequently, they have no interest in denouncing Israel because that would annul the *mochin* and thus they would lose their share [of these spiritual energies].

Elijah does not tolerate this compromise. Although the Externals have stopped denouncing the Israelites, they are now receiving a part of the spark of life of holiness. This is why he took it upon himself to be present at every circumcision and to precede the Other Side and to take that spark of life of holiness before it falls into the hands of the Other Side.

That is why the circumciser says, "That which is yours is before you," referring to the holy spark that clings to the

---

4   *Sitra Achara*, meaning, Satan, the Negative Force
5   Each *Sefirah* refers to a certain part in the human body. *Yesod* refers to the reproductive organ

אלא הענין הוא זה. כי יש גם מאמר במסכת יבמות שבני ישראל אף פעם לא בטלו מצות מילה, אלא מה שאמר אליהו כי עזבו בריתך הוא סוד עמוק, כי מצות מילה היא בבחינת קרבן, ובכל הקרבנות ידוע שהיו נותנים חלק אל הסטרא אחרא, ונתהפך מקטיגור להיות סניגור.

ובברית מילה, הערלה ההיא שחותכים ומשליכים אותה לעפר, רואה אותה הסטרא אחרא שנותנים לה חלק מאותו הקרבן של ברית המילה ומטבע הרוחניים שנכללים זה בזה וכיון שהערלה היתה פעם דבוקה ביסוד נמצא שבעת שחותכים אותה שנוטלת עמה חלק מהקדושה, וניצוץ של חיים מן גוף הילד שהיתה דבוקה בו.

וכיון שאנו משליכים את הערלה אל החצונים הרי הם יונקים על ידי זה איזו הארה מהמוחין המתגלים על ידי המילה והפריעה, ועל כן אינם רוצים לקטרג על ישראל להשבית את אלו המוחין כדי שלא יפסידו את חלקם.

אליהו לא סובל תיקון זה, כי אף על פי שהם פוסקים מלקטרג על ישראל אמנם הם לוקחים חלק מניצוץ החיים של הקדושה, לכן לקח על עצמו להיות בכל ברית, להקדים את הסטרא אחרא. ולקחת את הניצוץ של הקדושה שלא יבוא אל הסטרא אחרא.

foreskin, which Elijah will take hold of. This is in addition to the precept of the *Brit* (circumcision) and the *peri'ah*, which is the *Brit* of Abraham the Patriarch. And the chair that we prepare [for Elijah] is to draw the presence of Elijah so that he will take hold of that abovementioned part [the foreskin].

Similarly, with Pinchas, it is written: "Because he was jealous for his Creator" (Numbers 25:13). It was not written "to the Creator" (*Elohim*) but "for his Creator" (*Elohav*), which is spelled [in Hebrew] with the same letters as Eliyahu (Elijah), who was also jealous for the holy drop that was given to the *klipot* (shells, negative entities). Hence, it is said that Pinchas is Elijah, alluding to the word "his Creator," which is written in connection with [both Elijah and] Pinchas.

The sentence [of the circumciser's blessing] concludes with "and made atonement for the Israelites." This is the source of what is written in the [commentary] books, that all those who take part in the precept of circumcision merit their sins being atoned for.

Please inform me if what I have said is clear.

Concerning your question in [Ten Luminous Emanations], Inner Reflection, Part 1, Chapter 8, paragraph 12: The subject of *Binah* (Intelligence) becoming coarse is a great Light. It is called by the name: "for it desires Mercy (*Chesed*)" (Micah 7:18), and [it] draws the Light of *Chassadim* (Mercies).

May we all merit blessings and may we always hear and tell of good tidings.

Yehuda Tzvi

ולכן אומר המוהל הרי שלך לפניך, היינו הניצוץ הקדוש
הדבוק בהערלה שאליהו יחזיק בו וזהו תוספת על מצות
המילה והפריעה שהיא בריתו של אברהם אבינו, וכן
גם הכסא שאנו מכינים היא להביא השראתו של אליהו
לתפוס את חלק הנ"ל.

וכן אצל פנחס כתוב אשר קנא לאלקיו ולא כתוב לה' או
לאלקים אלא לאלקיו, אותיות לאליהו כי גם הוא קנא
על הטפה הקדושה שמסרוה אל הקליפה, ולכן אומרים
פנחס זה אליהו, רומזים על השם אלקיו שכתוב אצל
פנחס.

ומסיים, ויכפר על בני ישראל, שמכאן מה שכתוב בספרים
שכל אלה המשתתפים במצות ברית זוכים לכפרת עוונות.
נא להודיע לי אם הדברים מובנים.

בנוגע לשאלתך בהסתכלות פנימית חלק ראשון פרק ח
אות ל התעבות הבינה היא אור גדול, ונקרא בשם כי חפץ
חסד הוא וממשיכה אור של חסדים.

ויעמדו כולם על הברכה ונזכה לשמוע ולהשמיע בשורות
טובות.

יהודה צבי

Letter Nineteen

With help from the Creator
28th day of the month of *Tamuz*, 5725
July 28, 1965

Blessing and peace and all the best to the honorable beloved of men, who is attached to my heart, "a valiant man of life and many deeds"[1], our Teacher, Rav Shraga Feivel, may you merit a long and good life, Amen.

After greeting you with great love, eternal love…
I would like to tell you that I have not received the money from A.L. and I say that he has no merit to be a part of holding this money that is [to be] used for things pertaining to holiness. In the meanwhile, I am in great financial distress…. If you have managed to get a license for the *Yeshivah*, this is good.

The book *Or Ne'erav*[2] ("Pleasant Light") along with the book *Sha'arei HaKedushah* ("The Gates of Holiness") by our master and teacher Rav Chayim Vital, of blessed memory, will be published shortly. I cannot pressure the printer since I have no money.

I have received no news regarding your studies of "Ten Luminous Emanations" and how far you have reached. You should know that study is actual nourishment for the soul, exactly as food is nourishment for the body. And just as it is impossible to sustain the body without food, so, [too, is it impossible to sustain the] soul [without study]. If it

1 Paraphrase of II Samuel 23:20
2 A kabbalistic book, written by the *Ramak*, Rav Moses Kordovero

מכתב יט

ב"ה

יום ד' כ"ח לחודש תמוז תשכ"ה

ברכה ושלום וכל טוב לכבוד חביב אדם הנצמד בקירות
לבי איש חי רב פעלים מורינו ורבינו שרגא פייביל
שליט"א.

אחר דרישת שלום באהבה רבה, אהבה נצחית, הנני
להודיע לך שהכסף מ... לא קיבלתי, ואני אומר שאין לו
הזכות שכסף כזה שהולך לדברים שבקדושה שיהיה לו
חלק בו. בנתיים אני נמצא במצוקה כספית גדולה... אם
כבר השגת רשיון על הישיבה מה טוב.

הספר אור נערב עם הספר שער הקדושה למורינו ורבינו
הרב חיים וויטאל זכרונו לברכה יצאו לאור בקרוב, אני
לא יכול ללחוץ על המדפיס מחמת שאין לי כסף.

לא קבלתי ממך שום ידיעה בענין לימודך בתלמוד עשר
ספירות ועד היכן הגעת, דע לך שהלימוד הוא מזון
הנשמה ממש כדרך האוכל שהוא מזון הגוף, ואי אפשר
לקיים הגוף בלי מזון כך הנשמה אם נותנים לה את המזון
שלה היא חיה ומרגישה וגם זוכים להרגיש אותה ולעלות

[the soul] is given nourishment, then it is alive and feels. And we also get to feel it and can elevate from *Nefesh*[3] (beastly soul) to *Ruach* (spirit), from *Ruach* to *Neshamah* (soul), [from *Neshamah*] to *Chayah* (life force), and [from *Chayah*, ultimately] to *Yechidah* (oneness).

Each one of these [levels] subdivides into [its own] *Nefesh*, *Ruach*, *Neshamah*, *Chayah*, and *Yechidah* (Zohar, Acharei Mot, 222) until we attain all 125 levels of the soul. All this is achieved through *Torah* and prayer for its own sake. But when we agree to be like animals with only a beastly *Nefesh*, then we cannot feel the *Neshama* (soul). About this, our sages, of blessed memory, said that "the wicked are called dead while living" (Tractate Berachot 18b) because just as a dead person has no feelings, so it is with [a wicked] man. He has no spiritual feelings and he is open to all kinds of strange thoughts and forbidden lusts. Yet he who has merited a living *Neshamah*, of him it is said: "My ears have heard the doom of the wicked that rise against me" (Psalms 92:12) and "The righteous man flourishes like palm trees: He shall grow like a cedar in the Lebanon" (Ibid. 13).

Yehuda Tzvi

---

3   *Nefesh, Ruach, Neshamah, Chayah* and *Yechidah*: five levels of our soul, *Nefesh* being the lowest and *Yechidah* the highest

מנפש לרוח ומרוח לנשמה ולחיה וליחידה.

וכל פרט מהם מתחלק לנפש רוח נשמה חיה יחידה עד
שזוכים לקכה׳ מדרגות הנשמה, וכל זה על ידי התורה
והתפילה לשמה, אבל כשמסכימים להיות כמו בהמה
עם הנפש הבהמית בלבד לא מרגישים את הנשמה, ועל
זה אמרו חכמינו זכרונם לברכה רשעים בחייהם נקראים
מתים. מה המת אינו מרגיש כך האדם הזה אין לו שום
הרגש רוחני והוא מופקר לכל מיני מחשבות זרות ותאוות
אסורות. אבל מי שזוכה לנשמה חיה עליו נאמר בקמים
עלי מרעים תשמענה אזני, ואז צדיק כתמר יפרח כארז
בלבנון ישגה.

יהודה צבי

יום ד' כ"ח לחודש תמוז תשכ"ה

ברכה ושלום וכל טוב לכבוד ח"א הנחמד דבוקה לבי אהו' חו"ר

פעלים וכו' מוהר"ר שרגא פייוועל שליט"א

אחדשה"ט באה"ר ואה"נ. הנני להודיע לך כי הכסף לא קבלתי

ואני אומר שאילו הזכות שכסף כזה שהולך לדברים שבקדושה יהיה לו חלק בו

בינתיים אני נמצא במצוקה כספית גדולה אם כבר השגת רצונו

על הישיבה מה טוב. הספר אור נערב עם הספר שער הקדושה

למוהרח"ו ז"ל יצאו לאור בקרוב אני לא יכול ללחוץ על המדפיס מחמת

שאין לי כסף. לא קבלתי ממך שום ידיעה בענין לימודך בתלמוד ע"ס

ועד היכן הגעת. דע לך שהלימוד הוא מזון הנשמה ממש כדרך האוכל

שהוא מזון הגוף ואי אפשר לקיום הגוף בלי מזון כך הנשמה אם נותנים

לה את המזון שלה היא חיה ומרגישה וגם זוכים להרגיש אותה

ולעלות מנפש לרוח ומרוח לנשמה ולחיה וליחידה וכל פרט מהם מתחלק

לנרנח"י עד שזוכים לקבלה מדרגות הנשמה וכל זה ע"י התורה והתפלה

לשמה אבל כשמסכנים מיתה לחיות כמו בהמה עם הנפש הבהמית

בלבד לא מרגישים את הנשמה וע"ז אמרו חז"ל רשעים בחייהם קרואים מתים

את המת אינו מרגיש כך האדם הזה אין לו שום הרגש רוחני והוא

מופקר לכל מיני מחשבות זרות ותאוות אסורות אבל מי שזוכה לנשמה

חיה עליו נאמר בקמים עלי מרעים תשמענה אזני ואז צדיק כתמר

יפרח כארז בלבנון ישגה. יהודה צבי

Letter Twenty

With help from the Creator
7th day of the month of *Menachem-Av*, 5725
August 5, 1965

From in between the straits[1], may Light shine upon the
upright. To the *Gaon* Rav, friend of the Creator and beloved
of my soul, honorable beloved among men, our Teacher, Rav
Shraga Feivel, may you merit a long and good life, Amen.

Having greeted him with great love, with eternal love...I
have received your letter dated the 28th day of *Tamuz* (July
28, 1965) in which you asked if one can gather contributions
from idol worshippers.

How would they do it? Perhaps publish an appeal for vows
and donations to the *Yeshivah* of *Kol Yehuda*, although this is
forbidden according to *Halachah*[2] because it may constitute
a desecration of the Name of the Creator. It is written to
that effect in the *Shulchan Aruch, Yoreh De'ah*[3], Section 254
that Israelites are forbidden from taking charity from anyone
who worships idols in public. There is a difference, however,
between vows or donations, and charity. We may accept
vows and donations from them because these are viewed as
offerings for sacrifice [and as such, can be] accepted from idol
worshippers. Not so with charity, which atones for negativity.
Similarly, if they donate something to a synagogue, it can be
accepted from them. The main issue here is the [subsequent]

1   The 21 negative days between 17th of Tamuz and the 9th of Av are called "the
    days in between the straits"
2   The collective body of biblical laws
3   The written manuals of *Halachah*

מכתב כ

ב"ה

יום ז' לחודש מנחם אב תשכ"ה תל-אביב

מבין המצרים יזרח אור לישרים הרב הגאון ידיד ה' וידיד
נפשי חביב אדם מורינו הרב שרגא פייביל שליט"א.

אחר דרישת שלומו הטוב באהבה רבה ואהבת עולם.
קבלתי מכתבך מיום כ"ח תמוז ובו שאלת שאתה יכול
לאסוף כספים על ידי עכו"ם ומה הם יעשו? אולי קול
קורא לנדור ולנדב על ישיבת "קול יהודה" זאת היא
אסור על פי ההלכה, כי יש בזה חלול השם, וכן כתוב
בשולחן ערוך יורה דעה סימן רנד אסור לישראל ליטול
צדקה מן העובד כוכבים בפרהסיא. יש לחלק בין נדרים
ונדבות לצדקה, כי נדרים ונדבות מותר לקבל מהם, שהם
כמו קרבן שמקבלים קרבנות מן העובדי כוכבים ומזלות,
מה שאין כן צדקה שהיא מכפרת, וכן אם הם מנדבים
לבית הכנסת איזה דבר מקבלים מהם, העיקר הוא
כאן הפרסומת והפומביות שאם יהיה צורך לפרסם את
הנותנים ועל מה שנתנו זה לא כדאי ואולי אסור אבל אם

225

publicity and advertisement because the need may arise to advertise the [names of the] donors and what they donated. This is very inadvisable and may even be forbidden. Yet if [the appeal] is done discreetly and merely for vows and donations, then there should be no problem accepting from these people.

I am printing the book *Or Ne'erav*[4] ("Pleasant Light") simply because it is a small book that stimulates the study of Kabbalah and because not a lot of costs are involved. We have to save every penny in order to spend it on the sacred purpose for which we have received it.

For example, [there is] the book of "Ten Luminous Emanations," which, from Volume Eight onwards, has not yet been printed. You can find in it a well set system for educating students "who truly seek the Creator" on how to enter into the depths of the Wisdom[5]. You have already tasted a little of [this book], and ways and means for printing and publicizing it will have to be found.

Mr. K.F. has traveled to the United States and wants to work for the *Yeshivah* and for spreading the *Zohar*. See if he works faithfully, and then carry on with him. Tell him first that you are accepting him on a trial basis.

I did not understand if you asked whether to make a feast to honor the death anniversary of the holy *Ari*, may his merit protect us, Amen. It is good that you did not wait for an answer. There is no need to ask if you should do such good deeds that cause happiness and pleasure throughout the Worlds.

---

4   A kabbalistic book, written by the *Ramak*, Rav Moses Kordovero
5   The wisdom of Kabbalah is called sometimes: Wisdom

זה יהיה בצינעא וסתם נדרים ונדבות, אפשר לקבל מהם. את הספר אור נערב אני מדפיס פשוט משום שהוא ספר קטן ומעורר ללמוד הקבלה ואין בו הרבה הוצאות, כי צריכים לשמור על כל פרוטה להוציאה אל המטרה הקדושה שלשם כך קבלנו אותה.

הנה למשל יש הספר תלמוד עשר הספירות ומכרך ח׳ לא נדפס עדיין, ושם יש סדר מסודר לחנך תלמידים מבקשי ה׳ באמת איך לכנס בעומק החכמה, קצת ממנו טעמת כבר, צריכים לחפש כל מיני אמצעים איך לפרסמו ולהדפיסו.

את ... שנסע לארצות הברית והוא רוצה לעבוד עבור הישיבה והפצת הזהר, תראה אם הוא יעבוד באמונה תמשיך עמו, ומקודם תגיד לו שאתה מקבלו רק לניסיון.

לא הבנתי אם אתה שואל לעשות סעודה בהילולת רבינו האר״י הקדוש זכותו יגן עלינו אמן, וטוב עשית שלא חכית לתשובה, לעשות דברים טובים כאלה אשר גורמים שמחה ונחת בכל העולמות צריכים לשאול.

I think you feel the benefit of that feast that you made. If not, then the time will come, with help from the Creator, that you shall see the benefit of all your good deeds because the Creator does not withhold good from those who cause Him genuine pleasure [in a way which is] simple and for its own sake.

Wishing that you will have *Torah* and greatness[6] in one place, I do not want to delay sending you this letter and I will write to you another letter [soon].

Yehuda Tzvi

---

6   The kabbalists said that not everyone merits financial and spiritual success. Rav Brandwein blesses his student, Rav Berg, to experience both kinds of success at the same time.

אני חושב שאתה מרגיש קצת הרווח מן הסעודה שעשית,

ואם לא יבוא הזמן בעזרת השם שתראה הריוח מכל

המעשים טובים כי ה׳ לא ימנע הטוב מאלה העושים לו

נחת רוח בתמימות ולשמה.

המאחל לך תורה וגדולה במקום אחד.

אני לא רוצה לעכב שלוח המכתב ואכתוב לך עוד מכתב.

יהודה צבי

ב"ה יום ז' לחודש מנחם אב תשנ"ה תל-אביב

מבין המזרח וזרח אור לישרים הה"ה ידיד ה' וידיד נפשי,
הא"הרב מוהרש"פ שליט"א

אחדשה"ט באה"ר ואה"ע, קבלתי מכתבך מיום כ"ח תמוז ובו שאלת
שאתה יכול לאסוף כספים אצל ערלים ומה הם יעשו אולי קול קורא לנדור
ולנדב על "ישיבת קול יהודה" זאת היא אסור ע"פ ההלכה
כי יש בזה חילול השם, וכן כתוב בשו"ע יורה דעה סימן רנ"ד אסור לישראל
ליטול צדקה מן העובד כוכבים בפרהסיא. יש לחלק בין נדרים
ונדבות לצדקה, כי נדרים ונדבות מותר לקבל מהם שהם כמו קרבן
שמקבלים קרבנות מן העכו"ם משא"כ צדקה שהיא מכפרת, וכן אם הם
מנדבים לבית הכנסת איזה דבר מקבלים מהם, העיקר הוא כאן
הפרסומת והפומביות שאם יהי' צורך לפרסם את הנותנים ועל
מה שנתנו זה לא כדאי ואולי אסור אבל אם זה יהי' בצנע"א וסתם
נדרים ונדבות אפשר לקבל מהם הנה ומשל יש הספר תלמוד עשר
הספירות ומכרך ח' לא נדפס עדיין ושם יש סדר מסודר לחנך
תלמידים מבקשי ה' באמת איך לכנס בעומק החכמה.
קצת מהם טעמת כבר, צריכים לחפש כל מיני אמצעים
איך לפרסמו ולהדפיסו את שנפש אהב והוא רוצה
לעבוד עבור הישיבה והפצת הדהר, תראה אם הוא יעבוד
באמונה תמשיך עמו ומקודם תגיד לו שאתה מקבלו רק לנסיון).

לא הבנתי אם אתה שואל לעשות סעודה
בהלולת רבינו האר"י הק' זיע"א, וטוב עשית שלא חכית לתשובה לעשות דברים
טובים כאלה אשר גורמים שמחה ונחת בכל העולמות צריכים לשאול, אני חושב
שאתה מרגיש קצת הרוח מן הסעודה שעשית, ואם לא יבוא הזמן בע"ה
שתראה הרוח מכל המעשים טובים כי ה' לא ימנע הטוב מאלה העושים לו
נחת רוח בתמימות ולשמה. ואכתוב לך עוד מכתב
יהודה צבי

Letter Twenty-One

With help from the Creator
Tel Aviv, 15th day of the month of *Menachem-Av*, 5725
August 13, 1965

Many blessings and fullness of joy to the superb and honorable and pleasant among men, who cleaves to my heart, Rav Shraga Feivel, may he live long and happily, Amen!

After having greeted you with great love...
I have received the letters dated the 5th and 7th of the month of *Av*. I searched the previous letters and found that you did not write, in the form of a question, whether or not to make a meal on the 5th of *Av*[1]. However, I did not understand that this was a question. What I read was that you are arranging a feast, and I enjoyed that.

I was pleased with your perception concerning the "*ta'amei Torah*" of the kabbalists, which concurs with the secret of the verse: "O taste and see that the Creator is good" (Psalms 34:9), and also the secret of the verse: "And the palate that eats shall taste" (Job 12:11). According to the revealed [aspects of the *Torah*], *ta'amei* means "argument" or "reasoning," but it also refers to the "inner taste" of a saying, according to the concealed [esoteric aspect of the] *Torah*. Study and you find out that there is an expansion from the Mouth [*Malchut*, Kingdom] upwards, and this is called the Lights of the First Three *Sefirot*, or the Lights of the Head. There is also an expansion from above downwards, namely from the Mouth downwards, and this is the secret of the Lights

---

1   The death anniversary of the *Ari*, Rav Isaac Luria

מכתב כא

ב״ה

יום חמשה עשר לחודש אב תשכ״ה תל-אביב

רב ברכות ושובע שמחות למעלת כבוד חביב אדם הנצמד
בקירות לבי ה״ה הרב רבי שרגא פייביל שליט״א.

אחר דרישת שלומו הטוב באהבה רבה קבלתי המכתבים
מיום ז׳ אב וה׳ אב, חיפשתי במכתבים הקודמים ומצאתי
שלא כתבת לי בתור שאלה אם לעשות סעודה בה׳ אב,
בכל אופן אני לא הבנתי שזו היא שאלה, וקראתי שאתה
עושה סעודה ונהניתי.

שמחתי על הבנתך בענין טעמי תורה של המקובלים, והוא
בסוד הכתובטעמו וראו כי טוב ה׳, ובסוד הכתוב וחיך
אוכל יטעם, לפי הנגלה שטעם הוא סברא וטעם הדבר
זהו סתרי תורה, תלמד ותראה שיש התפשטות מפה
ולמעלה וזה נקרא אורות דג׳ ראשונות או אורות דראש.
ויש התפשטות ממעלה למטה היינו מן הפה ולמטה והוא
סוד אורות דטעמים שהם אורות דגוף מפה ולמטה.

of Tastes, which are the Lights of the Body from the Mouth downwards.

I have already explained in the, *Ma'alot HaSulam*[2] commentary in the *Tikkunei Zohar*[3] about [a verse] in the *Shabbat* songs: "May He reveal to us the *ta'amei* (taste, purpose) of the 12 bread loaves[4]," which means that we want to feel and taste the inner taste of the 12 *challahs*[5] that hint at the 12 *partzuf* (spiritual structures) of [the World of] *Atzilut* (Emanation). I cannot remember now the page where I have explained this.

The reason I have explained this was because a certain Rav in the land of Israel said at his table that the *ta'amei* [according to him, the reason] of the 12 *challahs* is a great secret. [He said that] the proof of this is that even the holy *Ari* prayed and said, "May He reveal to us the *ta'amei* of the 12 bread loaves."

In connection with him [this Rav and his comment], I recited the verse: "Wherever the fool walks, he reveals to everyone that he is a fool" (Ecclesiastes 10:3). He [that *Rav*] exposed himself as an ignorant saying that even the *Ari*, of blessed memory, did not know [the secret meaning of the 12 bread loaves], since he interpreted *ta'amei* as the "reason" and "logic," and not as "taste." After all, if the *Ari* did not know, Heaven forbid, how could we have even known about the 12 *challahs*?

---

2   Rav Brandwein continued to translate the *Zohar* and called it *Ma'alot HaSulam*, "The Rungs of the Ladder"

3   The section of the *Zohar* that deals with the correction of the soul

4   We use 12 bread loaves on *Shabbat* meal to connect to the 12 signs of the zodiac

5   *Challah* is a bread baked specially for the *Shabbat* and Holiday meals.

וכבר הסברתי בספר התקונים במעלות הסולם בזמירות של שבת יגלי לן טעמיה די בתריסר נהמיה, שהפירוש הוא שנרגיש ונטעום הטעם הפנימי שיש בי״ב החלות הרומזות לי״ב פרצופי האצילות. אין אני זוכר כעת הדף איפה שבארתי זה.

והסיבה שביארתי זה היה משום שאדמו״ר הנמצא בארץ ישראל אמר על שולחנו כי הטעם של הי״ב חלות הוא סוד גדול, והראיה שגם האר״י הקדוש מתפלל ואומר יגלי לן טעמי די בתריסר נהמי.

ואמרתי עליו הכתוב שבכל מקום שהסכל הולך אומר לכול כי סכל הוא וגילה את עצמו לעם הארץ ואומר שגם האר״י ז״ל לא ידע, וזה מפני שהוא מפרש שהטעם, רוצה לומר, הסברא והשכל ואם האר״י ז״ל לא היה יודע חס ושלום מנין אנחנו יודעים בכלל ענין הי״ב חלות.

אבל הפירוש הוא כפי הבנתך שנרגיש הטעם כדרך האדם שמרגיש טעם באכילתו, ולהרגיש טעם בבחינה זו אין שיעור ואין סוף, ממש כמו שנאמר טעמו וראו כי טוב ה׳.

But the interpretation is as you understand it. We sense the taste as one would taste food, and to sense the taste in this manner is immense and endless. This is exactly what is meant by the verse: "O taste and see that the Creator is good."

The holy *Ari*, may his merit protect us, prayed that this would be revealed to him more and more and that he would sense the taste of the 12 *Partzuf* (lit. faces, meaning the spiritual structures) of *Atzilut* (Emanation), which have no end.

This will help you understand the Supernal Worlds in kabbalistic books, which have no interest in revealing the physical worlds but talk exclusively about spirituality and the Divine, and about closer cleavage [*devekut*] and Similarity of Form. "As He is merciful, so should you be merciful" (Tractate *Shabbat*, 133b) to fulfill [the precept] of: "to cleave to Him" (Deuteronomy 11:22).

I was in Meron[6] yesterday and prayed for you.

The process of printing the book *Or Ne'erav*[7] ("Pleasant Light") is almost complete, and you should write to me about what I should say about the *Yeshivah* of *Kol Yehuda*[8] in America. Are you the president? Is there a committee? If there are other people, then send me their names. I already know [the list] of [books] that were published by the *Yeshivah* since you wrote to me, but let me know what is necessary to add.

I had delayed the printing [of *Or Ne'erav*] because I wanted to add the book *Sha'arei HaKedushah* ("The Gate of Holiness")

---

6   The burial site of Rav Shimon bar Yochai, the author of the *Zohar*
7   A kabbalistic book, written by the *Ramak*, Rav Moses Kordovero
8   The first name of The Kabbalah Centre

ועל זה התפלל האר"י הקדוש זכותו יגן עלינו אמן, שתתגלה לו יותר ויותר הרגש הטעם של י"ב פרצופי האצילות, שאין להם סוף.

ובזה תוכל גם כן לתרץ לך ענין העולמות העליונים שבספרי הקבלה שאין להם שום ענין לגלות העולמות הגשמיים, והכל מדובר ברוחניות ובאלקיות, ביתר דבקות והשואת הצורה מה הוא רחום אף אתה רחום לקיים ולדבקה בו יתברך.

הייתי אתמול במירון והתפללתי עליך.

הספר אור נערב הולך ונגמר בדפוס וכדאי שתכתוב לי מה שאזכיר בענין הישיבה קול יהודה באמעריקא, אם אתה הנשיא ואם יש ועד כזה ושמות אנשים אחרים, את זה שיוצא לאור על ידי הישיבה שרשמת אצלי אני יודע, אבל מה נחוץ להוסיף, תודיע לי.

עכבתי את ההדפסה מפני שרציתי לצרף לזה ספר שער הקדושה למורינו הרב חיים וויטל זכרונו לברכה שזה מסודר אצלי לדפוס, ואני לא מוצא אותו ולכן לא אחכה ונוציא לעת עתה הספר אור נערב לבד.

by Rav Chayim Vital[9], of blessed memory, which is arranged and prepared for printing but I cannot find it, therefore I shall not wait and we will publish the book *Or Ne'erav* alone for the time being.

Concerning your coming to the Holy Land during the Days of Awe (High Holidays), we shall speak later. There is a chassidic article on "May there be desire before You that You dwell (*tishrei*)[10]...," that is, may we merit salvation and find strength in our Desire from the Creator even before [the month of] *Tishrei*.

Let me know what you have done about my reply concerning donations from idol worshipers.

May the Creator let you always find blessings so that we may hear and tell of good news.

Yehuda Tzvi

---

9   Student and successor of the *Ari*, Rav Isaac Luria, 16th century AD
10 Gate of Meditation II, the *Ari*, Rav Isaac Luria

בענין ביאתך לארץ הקודש על ימים הנוראים עוד נדבר, ויש מאמר מחסדים יהא רעוא קמיה דתשר"י היינו שנזכה לישועה ולהפיק רצון מהשם יתברך עוד לפני תשר"י.

תודיע לי מה סיכמת מתשובתי בענין תרומות מעכו"ם.

יתן ה' שתעמוד על הברכה ונזכה לשמוע ולבשר בשורות טובות.

יהודה צבי

בענין ביאתך לאה"ק ע"ז

ימים הנוראים עוד נדבר, ויש מאמר מחסידים יהא רעוא

קמיה דתשרי הוינו שנזכה לישועה ולהפיק רצון מהשי"ת דע

לפני תשרי תודיע לי מה שפועלת מתשובתי בענין יתן ה' שבלבבכם

תעמדו על הברכה ונזכה לשמוע ולבשר בשורות טובות

ובפרט ...

יהודה ...

אתה רחום לקיים ולדבקה בו ית' הייתי אצמון במירון והתפללתי עליך.
הספר אור נערב הוזק ונגמר בדפוס ובודאי שתבורך לי מה שאזכיר בענין
הישיבה קול יהודה באמריקא, אם אתה הנשיא ואם יש ועד בזה ושמות
אנשים אחרים, את זה שולח לאור ע"י הישיבה שרצמת אבלי אני יודע, אבל
מה נחוץ להוסיף תודיע לי. עכבתי את ההדפסה מפני שרציתי לצרף לזה
ספר שער הקדושה למוהרח"ו ז"ל שזה מסודר אצלי לדפוס ואני לא מוצא אותו וזרו
לא אחכה ונוציא לע"ע הספר אור נערב לבד, בענין ביאתך לאה"ק ע"ד

ימים הנוראים עוד נדבר, ויש מאמר מחסדים יהא רעוא
קמיה דתשרי" היינו שנזכה לישועה ולהפיק רצון מהשי"ת רק
לפני תשרי תודיע לי מה שהוכחת מתשובתי בענין יתן ה' שבלבכם
תעמדו על הקרבה ונזכה לשמוע ולבשר בשורות טובות
ובפרט ...
יהודה צבי

Letter Twenty-Two

With help from the Creator
15th day of the month of *Menachem-Av*, 5725
August 13, 1965

Many blessings and fullness of joy to the honorable beloved
of my soul and beloved among men, our Teacher, Rav
Shraga Feivel, may he live long and happily, Amen! May the
pleasantness of the Creator be upon you.

After greeting you [with great love]...
I am hereby writing to you about a *Torah* commentary
concerning a matter that is relevant for today.

It is written in the *Mishnah* (Tractate *Ta'anit*, 26b): "Rav Shimon
ben Gamliel said that the Israelites never knew lovelier days
than *Tu B'Av* (15th of *Av*) and *Yom HaKippurim* (Day of
Atonement), when the daughters of Israel would go out
wearing borrowed white dresses (lit. vessels) so as not to
embarrass those who did not have any, etc... They would
dance in the vineyards and say, 'Young man, lift up your eyes
and see what do you choose for yourself,' etc..."

We must understand what is better about those holidays
than other holidays. The *Gemara*[1] itself asks: "Why *Yom
HaKippurim*? Because it is a day of forgiveness and atonement,
a day upon which the last tablets were given." But what about
Tu B'Av (15th of *Av*)? The *Gemara* explains that on this day,
many things happened at various times [in their history] that
made the Israelites happy (Tractate *Ta'anit*, 30b).

---

1   Interpretations of the *Mishnah*, the major work of spiritual laws, that was written
between 200 and 700 AD

מכתב כב

ב"ה
יום ט"ו באב תשכ"ה

רב ברכות ושובע שמחות לכבוד ידיד נפשי חביב אדם מורינו ורבינו שרגא פייביל שליט"א, יהי נועם ה' עליך.

אחר דרישת שלומו הטוב, הנני לכתוב לך דבר תורה מענינא דיומא.

כתוב במשנה אמר רבן שמעון בן גמליאל לא היו להם ימים טובים לישראל כחמשה עשר באב וכיום הכפורים שבהן היו בנות ישראל יוצאות בכלי לבן שאולין, שלא לבייש את מי שאין לו וכו', וחולות בכרמים, ומה היו אומרות בחור שא נא עיניך וראה מה אתה בורר לך וכו'.

ויש להבין איזהו יתרון יש לימים טובים אלו משאר הימים טובים, הגמרא בעצמה שואלת בשלמא יום הכפורים, משום שיש בו סליחה ומחילה, יום שניתנו בו לוחות האחרונות, אלא ט"ו באב מה הוא. ומתרצת הגמרא, כי ביום זה יש זכר לכמה דברים, ששמחו בהם את ישראל בזמנים שונים:

It is a day when those who were decreed to die in the desert ceased to die. It is [also] a day when [men and women of] the 12 tribes were allowed to intermarry. Since the days of Moses, "every daughter, who possesses an inheritance" (Numbers 36:8-9) but no brothers who could inherit their father's property, could only marry someone from her own tribe so that the inheritance would not pass from one tribe to another, as it is written: "But every one of the tribes of the children of Israel shall keep himself to his own inheritance" *(Ibid. 7)*.

This prohibition on intertribal marriage was hard on Israel, and thus, on the day it was permitted, they had great joy. It was [also] a day when the tribe of Binyamin was allowed to mix with the congregation[2], and many other things [happened][3]. Yet the *Gemara* does not specify why these things happened on this specific day [of *Tu B'Av*].

The matter is that on *Yom HaKippurim* (the Day of Atonement), the Lights of pardon and forgiveness and atonement shine after the preparations of the month of *Elul* and of *Rosh Hashanah* and the Ten Days of Repentance. Just as during the days [leading up to *Yom HaKippurim*] the Israelites prepare themselves with repentance for this holy day [of Atonement], so too on the 15th of *Av*, which comes after the days of mourning—the 17th of *Tamuz* and the nine days of the month of *Av*—when the children of Israel mourn the destruction of Jerusalem and of the Holy Temples.

Then [on *Tu B'Av*,] they merit the Lights of consolation, which in themselves constitute the Lights of pardon and

2   See the story in the Bible, Judges 21:1
3   On the 15th of *Av*, in different years

יום שפסקו בו מתי מדבר; יום שהותרו השבטים לבוא זה בזה, שמימי משה רבינו בת יורשת נחלה ושאין לה אחים לרשת נחלת אביה לא יכלה להנשא אלא לבן שבטה בלבד, כדי שלא תעבור נחלה ממטה למטה, כי איש בנחלתו ידבקו מטות בני ישראל.

איסור חיתון זה היה קשה לישראל וביום שהתירו את זה, היתה להם שמחה גדולה, יום שהותר שבט בנימין לבוא בקהל ועוד כמה דברים, אבל בגמרא לא מפורש למה היו הדברים האלה דוקא ביום זה.

אלא הענין הוא זה: כמו שביום הכפורים מאירים האורות של מחילה וסליחה וכפרה, אחרי ההכנה של חודש אלול וראש השנה ועשרת ימי תשובה, שבני ישראל מכינים עצמם בתשובה להיום הקדוש הזה, כך ביום ט״ו באב אחרי ימי האבל, י״ז בתמוז ותשעת הימים של חודש אב, שבני ישראל מתאבלים על חורבן ירושלים ובתי המקדש.

אז הם זוכים לאורות של נחמה, ואורות של נחמה הם עצמם הוא האור של סליחה ומחילה כי כל החורבן בא מחמת העונות כידוע, וכנגדם הם האורות של סליחה ומחילה המכפרים את העונות.

forgiveness because the main reason for the destruction [of the Temples] was the iniquities [of the Israelites], as is well known, and the Lights of forgiveness and pardon, which exonerate the sins, correspond to them [the Lights].

These Lights of forgiveness and pardon are called "white garments" because those who repent through love have their misdemeanors transformed into merits, as is said: "Though your sins be like scarlet, then they shall be as white as snow; though they be red like crimson, they shall be white as wool" (Isaiah 1:18) and "The iniquity of Israel shall be sought for, and there shall be none" (Jeremiah 40:20). For the sins themselves are the Vessels for the Light of forgiveness and pardon, since then not only will the Creator exonerate the misdemeanors, but He shall transform every transgression and sin into a precept and a merit.

This is similar to a story about an Israelite who was trustee to a landlord, who was one of the most powerful [men] among the landlords. This landlord loved his trustee very much. One day this landlord went on a journey and left all his affairs to be handled by a substitute. This man [the landlord's substitute] hated the Israelite and so he slandered him [the Israelite] and brought him to court where he was sentenced to be thrashed five times in public before the [assembled] landlords in order to humiliate him. When the landlord returned, the Israelite related to him all that had happened. This angered the landlord greatly, and he summoned his substitute and ordered him to pay the Israelite a thousand coins for each [blow from the public] thrashing.

The Israelite took the money and returned to his home weeping and crying. All the members of his household asked

ואורות של סליחה ומחילה נקראים כלים לבנים, כי
הזוכים לתשובה מאהבה הזדונות נעשים להם לזכיות,
כמו שנאמר אם יהיו חטאיכם כשנים כשלג ילבינו ואם
יאדימו כתולע כצמר יהיו, וכן אל יבוקש עון ישראל
ואיננו, כי העונות בעצמם הם הכלים אל האור של סליחה
ומחילה, כי אז לא בלבד שהשם יתברך מוחל הזדונות,
אלא כל זדון ועבירה מהפך השם יתברך למצוה ולזכות.

וזה דומה למה שמסופר על יהודי שהיה נאמן בית אצל
אדון אחד גדול בין הפריצים והאדון הזה אהב אותו
מאד. קרה פעם שהאדון נסע לדרכו והניח כל עסקיו אצל
ממלא מקום. האיש הזה היה שונא ישראל, מה עשה,
העליל על היהודי והוציא עליו משפט להלקות אותו חמש
מלקות בפרהסיא לעיני כולם כדי להשפילו. כאשר חזר
האדון בא אליו היהודי וסיפר לו כל מה שקרה, ויחר לו
מאד, וקרא אל הממלא המקום ויצוהו ליתן ליהודי על
כל מכה אלף לירות.

היהודי לקח הכסף ושב הביתה ובכה, כל בני הבית
שאלוהו בחרדה, אם קרה לו משהו חדש עם האדון,
סיפר להם ואמר, כעת אני בוכה למה הרביץ לי רק חמש
מכות, ואם לכל הפחות היו נותנים עשר מכות, היה לי

him worriedly if something new had happened with the landlord. He said to them, "Now I am crying because he only thrashed me five times, because if he had thrashed me at least 10 times, then I would have now 10,000 coins." This is a case of attaining repentance out of love, where every agony is transformed into great joy and every misfortune into a wonderful benefit.

It is also said in the *Mishnah* that they [the Israelite girls] came out with borrowed garments (lit. vessels) so as not to embarrass those who did not have any [new clothes].

The subject of "borrowed Vessels" can be understood from a short tale about Rav Elimelech, of blessed and righteous memory. He once sent his son, Rav Elazar, to visit the righteous men of his generation. Rav Elazar came to Rav Pinchas of Koritz, of blessed memory. Rav Pinchas received him among other visitors without any special welcome beyond what he gave all the other *chassidim* who arrived, and this is the way Rav Elazar spent the *Shabbat* with him.

While they sat for Third Meal, Rav Elazar said a few words, "O Master of the world, Papa!" Rav Pinchas said to him, "Who said that He [God] is your father?" When Rav Elazar returned to his father, he told him all that happened. Rav Elimelech said to his son, "You should have told him it is written: 'Ask (which here also means "borrow") your father' (Deuteronomy 32:7). One can borrow for himself a father."

The explanation of these words is that to feel the Light of repentance through love, one must adjust himself so that he feels whole because (*Rashi, Chayei Sarah,* 24:39) "the blessed cannot

כעת עשרת אלפים לירות. כן הוא המצב בזמן שזוכים לתשובה מאהבה, שכל צער נהפך לשמחה גדולה וכל רעה נהפכת לטובה נפלאה.

וכתוב במשנה שיצאו בכלי לבן שאולים לא לבייש את מי שאין לו.

ענין כלים שאולים נבין על פי סיפור קצר שהרבי רבי אלימלך זכר צדיק לברכה שלח פעם את בנו רבי אלעזר שיבקר אצל צדיקים אחרים בדורו. בא רבי אלעזר לרבי פנחס מקראץ ז״ל, רבי פנחס קיבל אותו בתוך יתר הבאים בלי שום הסברת פנים משאר החסידים שבאו, וככה שבת אצלו.

בעת שישבו בשלוש סעודות, הפליט רבי אלעזר כמה מילים, אוי רבונו של עולם, טאטע, אמר לו רבי פנחס, ודלמא לאו אביו הוא. כשחזר רבי אלעזר לאביו סיפר לו את הכל, אמר לו רבי אלימלך היית צריך לומר לו שכתוב שאל אביך, מען לייעט זיך א טאטין.

פירוש הדברים הוא, להרגיש את האור של תשובה מאהבה צריך האדם להתאים את עצמו שירגיש את עצמו

cleave onto the cursed." And if one feels that he is far from being complete, it is mostly at these times that the Evil Inclination comes to confuse him further and reminds him of all his shortcomings, his troubles, and his sins to trick him into a state of sadness. Yet the *Shechinah* (the Devine presence) does not dwell in a place of sadness.

The advice for this is to "borrow Vessels" according to the verse: "ask (borrow) your father" because then it is certain that "the banished will not be forgotten" (II Samuel, 14:14). We will all merit our repentance through love, exactly as I have said above, that "the iniquity of Israel shall be sought for, and there shall be none" and that "every transgression and sin will be transformed into credits and merits." This is the principle behind "whatever is due to be paid is as if [it] already is paid (Tractate *Yevamot* 38b)." Thus the daughters of Israel went out with borrowed garments so as not to embarrass those who did not have any [new clothes].

There were three types of daughters: beautiful, of good families, and ugly. This is the secret of *Binah* (Understanding), *Tevunah* (Intelligence), and *Malchut* (Kingdom). *Malchut* is called ugly according to secret of the verse: "The stone which the builders rejected has become the head stone of the corner" (Psalms 118:22).

With this, you can understand more deeply the continuation at the end of the Tractate *Ta'anit*, which states: "The Creator will in the future make a dance (*machol*) celebration for the righteous, and each one will point with his finger and say: 'This is the Creator; we have longly anticipated Him; let us be glad and rejoice in His salvation' (Isaiah 25:9)." Because

שלם, כי אחרת אין ברוך מתדבק בארור, ואם מי שמרגיש בעצמו שעודנו רחוק מלהיות שלם, ועל פי רוב בזמנים אלה בא היצר הרע דוקא לבלבל את האדם ומזכיר לו את כל החסרונות והצרות והעונות כדי להכשילו ולהביאו למצב של עצבות, ואין השכינה שורה מתוך עצבות.

העצה לזה הוא שלוקחים כלים בהשאלה, בבחינת שאל אביך, כי זהו בטוח שלא ידח ממנו נידח וכולנו נזכה לתשובה מאהבה ממש כמו שאמרתי לעיל, שיבוקש עון ישראל ואיננו וכל הזדונות יתהפכו למצות ולזכיות, וזהו כלל כל העומד לגבות כגבוי דמי, ולכן יצאו בנות ישראל בכלים שאולים, לא לבייש את מי שאין לו.

והיו ג' מיני בנות. יפיפיות ומיוחסות ומכוערות, שהוא סוד בינה ותבונה ומלכות, ומלכות נקראת מכוערת בסוד הכתוב אבן מאסו הבונים היתה לראש פנה.

ובזה תוכל להעמיק להבין ההמשך בסוף תענית עתיד הקדוש ברוך הוא לעשות מחול לצדיקים וכל אחד מראה באצבעו ואומר זה ה' קוינו לו נגילה ונשמחה בישועתו, כי סוד המחול היא מחילת העונות אחרי תשובה מאהבה

the secret meaning of "dance" (*machol*) is the forgiveness (*mechilah*) of sins that follows repentance through love, the word for "dance" (*machol*) is the same [root and meaning] as the word "forgiveness" (*mechilah*).

Wishing all the best and blessing you with heart and soul,

Yehuda Tzvi

המאחל כל טוב ומברך בלב ונפש

יהודה צבי

ממנו נידח וכולנו נזכה לתשובה מאהבה ממש כמו שאמרתי לעיל, שיבוקש עון ישראל ואיננו וכל
הזדונות יתהפכו למצות ולזכיות, וזהו כלל כל העומד לגבות כגבוי דמי, ולכן יצאו בנות ישראל
בכלים שאולים לא לבייש את מי שאין לו, והיו ג׳ מיני בנות יפיפיות ומיוחסות ומכוערות, שה"ס
בינה ותבונה ומלכות, ומלכות נקראת מכוערה בסו"ה אבן מאסו הבונים היתה לראש פנה, ובזה תוכל
להעמיק להבין ההמשך בסוף תענית עתיד הקב"ה לעשות מחול לצדיקים וכל אחד מראה באצבעו ואומר זה
ה׳ קוינו לו נגילה ונשמחה בישועתו, כי סוד המחול היא מחילת העוונות אחרי תשובה מאהבה
ומחול פירושו מחילה,

המאחל כל טוב ומברך בלב ונפש
יהודה ליב

ב"ה יום ט"ו באב תשכ"ה

רב ברכות ושובע שמחות לכבוד ידי"נ ח"א, מוה"ר שרגא פייביל שליט"א

עשכב"ב , יהי נועם ה' עליכם.

אחדשה"ט, בנני לכתוב לך דבר תורה מעניינא דיומא.
כתוב במשנה אמר רבן שמעון בן גמליאל לא היו להם ימים טובים לישראל כחמשה עשר באב וכיום הכפורים
שבהן היו בנות ישראל יוצאות בכלי לבן שאולין, שלא לבייש את מי שאין לו וכו', וחולות בכרמים,
ומה היו אומרות בחור שא נא עיניך וראה מה אתה בורר לך וכו', ויש להבין איזהו יתרון יש לימים
טובים אלו משאר הימים טובים, הגמרא בעצמה שואלת בשלמא יום הכפורים, משום שיש בו סליחה ומחילה,
יום שניתנו בו לוחות האחרונות, אלא ט"ו באב מה הוא, ומתרצת הגמרא, כי ביום זה יש זכרון לכמה
דברים, ששמחו בהם את ישראל בזמנים שונים: יום שפסקו בו מתי מדבר יום שהותרו השבטים לבוא זה
בזה, שבימי משה רבינו בת יורשת נחלה ושאין לה אחים לרשת נחלת אביה, לא יכלה להנשא אלא לבן
שבטה בלבד, כדי שלא תעבור נחלה ממטה למטה, כי איש בנחלתו ידבקו מטות בני ישראל, איסור חיתון
זה היה קשה לישראל, וביום שהותרו את זה, היתה להם שמחה גדולה, יום שהותר שבט בנימין לבוא בקהל
ועוד כמה דברים, אבל בגמרא לא מפורש למה היו הדברים האלה דוקא ביום זה, אלא הענין הוא זה:
כמו שביום הכפורים מאירים האורות של מחילה וסליחה וכפרה, אחרי ההכנה של חודש אלול ור"ה ועשרת
ימי תשובה, שבני ישראל מכינים עצמם בתשובה להיום הקדוש הזה, כך ביום ט"ו באב אחרי ימי האבל, י"ז
בתמוז ותשעת הימים של חודש אב, שבני ישראל מתאבלים על חורבן ירושלים ובית המקדש אז הם זוכים
לאורות של נחמה, ואורות של נחמה הם עצמם הוא האור של סליחה ומחילה כי כל החורבן בא מחמת העונות
כידוע, ובנגדם הם האורות של סליחה ומחילה המכפרים את העונות. ואורות של סליחה ומחילה
נקראים כלים לבנים כי הזוכים לתשובה מאהבה הזדונות נעשים להם לזכיות, כמו שנאמר אם יהיו חטאיכם
כשנים כשלג ילבינו ואם יאדימו כתולע כצמר יהיו, וכן אז יבוקש עון ישראל ואיננו, כי העונות בעצמם
הם הכלים אל האור של סליחה ומחילה, כי אז לא בלבד שהשם ית' מוחל הזדונות, אלא כל זדון ועבירה
מתהפך השי"ת למצוה ולזכות. וזה דומה למה שמסופר על יהודי שהיה נאמן בית אצל אדון אחד גדול בין
הפריצים והאדון הזה אהב אותו מאד, קרה פעם שהאדון נסע לדרכו והניח כל עסקיו אצל ממלא מקום, האיש
הזה היה שונא ישראל, מה עשה, העליל על היהודי והוציא עליו משפט להלקות אותו חמש למקות בפרהסיא
לעיני כל הגוים כדי להשפילו, כאשר חזר האדון בא אליו היהודי וסיפר לו כל מה שקרה, ויחר לו מאד,
וקרא אל הממלא המקום ויצוהו ליתן להיהודי על כל מכה אלף לירות, היהודי לקח הכסף ושב הביתה ובכה,
כל בני הבית שאלוהו בחרדה, אם קרה לו משהו חדש עם האדון, סיפר להם ואמר, כעת אני בוכה למה הרביצו
לי רק חמש מכות, ואם לכל הפחות היו נותנים עשר מכות, היה לי כעת עשרת אלפים לירות. כן הוא המצב
בזמן שזוכים לתשובה מאהבה, שכל צער נהפך לשמחה גדולה וכל רעה נהפכת לטובה נפלאה. וכתוב במשנה
שיצאו בכלי לבן שאולים לא לבייש את מי שאין לו, ענין כלים שאולים נבין עפ"י סיפור קצר שהרבי
ר' אלימלך זצ"ל שלח פעם את בנו ר' אלעזר שיבקר אצל צדיקים אחרים בדורו, בא ר' אלעזר לר' פנחס
מקוריץ ז"ל, רבי פנחס קיבל אותו בתוך יתר הבאים בלי שום הסברת פנים משאר החסידים שבאו. ובכה
שבת אצלו בעת שישבו בשלוש סעודות, הפליט ר' אלעזר כמה מלים, אוי רבש"ע טאטע, אמר לו ר' פנחס,
ודלמא לאו אביך הוא, כשחזר ר' אלעזר לאביו סיפר לו את הכל, אמר לו ר' אלימלך היית צריך לומר
לו שכתוב שאל אביך, מען לייעט זיך א טאטין. פירוש הדברים הוא, להרגיש את האור של תשובה
מאהבה צריך האדם להתאים את עצמו שירגיש את עצמו שלם, כי אחרת אין בתוך מתדבק באורו, ואם מי
שמרגיש בעצמו שעודנו רחוק מלהיות שלם, ועפ"י רוב בזמנים אלה בא היצר הרע דוקא לבלבל את האדם
ומזכיר לו את כל החסרונות והצרות והעוגות כדי להכשילו ולהביאו למצב של עצבות, ואין השכינה
שורה מתוך עצבות, העצה לזה הוא שלוקחים כלים בהשאלה, בבחינת שאל אביך, כי זהו בטוח שלא ידח

ממנו...   ב

Letter Twenty-Three

With help from the Creator
Tel Aviv, 1st day of the month of *Elul*, 5725
(*Elul*— Hebrew: initials of "I am for my beloved, and my beloved is for me.")[1]
August 29, 1965

A favorable writ and seal in the Book of the Righteous immediately for a good life to the greatly honorable, beloved among men, who is bound to the walls of my heart, "a valiant man of life and many deeds," our Teacher, Rav Shraga Feivel, may you merit a long and good life, Amen.

Having greeted you with eternal love...
I have before me two of your letters: one from the eve of *Shabbat*, portion of *Devarim*[2], and the other from the eve of the Holy *Shabbat*, portion of *Ekev*[3]. I shall reply to each in turn.

You asked if in sacrificial offerings a part was given to the Other Side to transform the [Other Side from a] prosecutor into a defender, and why should it not be the same with circumcision, in which the Other Side becomes a defender—these are your words. I shall quote the *Zohar* for you, portion of *Pekudei*[4], page 212, or the *Zohar* with the *Sulam* commentary, paragraph 691, which says: "When one is circumcised on the eighth day, *Shabbat*—the *Malchut*

---

1 (Song of Songs 6:3)
2 The first portion of the Book of *Devarim* (Deuteronomy)
3 The third portion of the Book of *Devarim* (Deuteronomy)
4 The last portion of the Book of *Bamidbar* (Numbers)

מכתב כג

ומחול פירושו מחילה.

ב"ה

יום א לחודש **אני לדודי ודודי לי** תשכ"ה תל-אביב

כתיבה וחתימה טובה בספרן של צדיקים לאלתר לחיים טובים למעלת כבוד חביב אדם הנצמד בקירות לבי, איש חי רב פעלים מורינו הרב שרגא פייביל שליט"א.

אחר דרישת שלומו הטוב באהבת נצח, מונח לפני שני מכתבים שלך אחד מיום ערב שבת קודש דברים ואחד מערב שבת קודש פרשת עקב, והנני להשיב לך אחת לאחת.

אתה שואל אם בקרבנות היו נותנים חלק להסטרא אחרא כדי להפך מקטיגור להיות סניגור, ומדוע לא צריך להיות כמו זה בברית מילה שהסטרא אחרא נעשה סניגור. עד כאן לשונך. ובכן אני מעתיק לך לשון הזהר פרשת פקודי דף ריב, ובזהר עם פירוש הסולם פקודי אות תרצא וזה לשונו: "בזמנא דאתגזר בר נש לתמניא יומין ושראת עליה שבת, מלכות קדישא. ההיא ערלה דגזרין ושדאן לה לבר, כדין קיימא ההוא סטרא אחרא, כדין אתבר ולא יכול לשלטאה ולקטרגא עלוי וסליק ואתעביד סניגוריא

(Kingdom) of holiness—has already rested upon him. The Other Side sees the foreskin that is cut off and thrown away as its part of that offering. Then the Other Side is broken and cannot control him and denounce him, and it [the Other Side] becomes a counselor of defense for Israel before the Creator."

And this means: When one is circumcised on the eighth day, after the *Shabbat* day has already passed over him, which is the secret of holy *Malchut*, the foreskin is severed and thrown out. The Other Side sees that it is given a portion of that offering of the Covenant of circumcision, and through this present, changes from a prosecutor into a defender of Israel before the Creator.

And if you want to understand the letter where it states that "Pinchas is Elijah," then study the article called "The seventh commandment" that starts with paragraph 209 in the prologue to the *Zohar*. Read through the *Sulam* commentary [too, because] everything is well explained there.

Concerning your coming over for the High Holidays, I agree and long to see you. I am full of hope and certainty that your efforts will be accepted before the Creator, but that you should limit yourself to the needs of the Divine only.

If Rav Yehuda wants to study Kabbalah, he might as well. May he be one of those who study the concealed wisdom, and may he merit finding grace and good opinion in the eyes of God and men.

על ישראל קמי קדוש ברוך הוא".

ופירושו הוא: בעת שהאדם נימול לשמונה ימים, שכבר עבר עליו יום השבת שהוא סוד מלכות הקדושה. הנה ערלה ההיא שחותכין ומשליכין אותה לחוץ, רואה אותה הסטרא אחרא שנותנים לה חלק מאותו הקרבן של ברית המילה, ועל ידי מתנה זו היא מתהפכת מקטיגור להיות סניגור על ישראל לפני הקדוש ברוך הוא.

ואם הנך רוצה להבין המכתב מפנחס זה אליהו, תלמד בספר הזהר בהקדמה דף רט מאמר פקודא שביעאה , עיין שם בסולם הכל מבואר היטב.

ובענין ביאתך לימים הנוראים אני מסכים ומשתוקק לראותך ואני מלא תקוה ובטחון שיגיעתך תהיה לרצון לפני השם יתברך, אלא שתוכל לצמצם עצמך רק לצרכי שמים.

אם רבי יהודא נרו יאיר רוצה ללמוד קבלה אדרבה, מי יתן והיה מלומדי חכמת הנסתר ויזכה למצוא חן ושכל

As for D. V. S., if he wants to advise someone verbally or even in writing on a personal level, then you should allow this with limitations, but printing a leaflet in his name for the sake of the *Yeshivah* is prohibited by *Halachah* and could be an issue.

Concerning the moon and other celestial bodies, I have already written to you that our only strength is in our mouths, even to resurrect the dead. We can change nature and perform miracles merely through prayer. But the truth is that we need to know how to pray, as is said in the verse: "I will set him on high, because he has known My Name. He shall call upon Me, and I will answer him" (Psalms 91:14).

Our sages, of blessed memory, said: "Why do the Israelites pray but are not answered? It is because they do not know how to pray with the Name [of God]!" Yet to deal with "Kabbalah *Ma'asit*" "magical Kabbalah" is strictly forbidden, because if we deal with "magical Kabbalah," [that is, with] charms and oaths and so on, then we are strengthening the Other Side to also use witchcraft and so on because "the Creator has made the one with its opposite" *(Ecclesiastes 7:14)*.

Consequently, you can assure everyone that by supporting the *Yeshivah* and by spreading the study of the wisdom of Kabbalah—not through actions such as "magical Kabbalah," but only through simple and total prayers—they can attain many sorts of success and that the Creator will fulfill each and every one of their inner wishes in a good way. And by virtue of their hard work in studying in order to know His Names, each one of those supporters will gain merit.

טוב בעיני אלקים ואדם.

ובענין ספעלמאן אם סתם ימליץ בעל פה או אפילו בכתב למי שהוא במכתב פרטי יש להתיר בדוחק, אבל לפרסם תעודה בשמו לטובת הישיבה זה אסור על פי ההלכה, ויכול להיות חלול ה׳ נורא.

ובענין הלבנה וגורמי שמים, כבר כתבתי לך שאנו אין כוחנו אלא בפה אפילו להחיות מתים ולשנות הטבע ולעשות נסים וכדומה רק על ידי תפילה, והנכון שצריכים לדעת איך להתפלל שעל זה נאמר אשגבהו כי ידע שמי יקראני ואענהו.

וחכמינו זכרונם לברכה אמרו מפני מה ישראל מתפללים ואינם נענים מפני שאינם יודעים להתפלל בשם, אבל בקבלה מעשית אסור לעסוק, ואם אנו נעסוק בקבלה מעשית והשבעות וכדומה, אנו נותנים בזה כח אל הסטרא אחרא שגם היא תפעל בכשפים וכדומה כי זה לעומת זה עשה אלקים.

ולכן אתה יכול להבטיח לכל שעל ידי התמיכה בהישיבה והפצת לימוד חכמת הקבלה יזכו לכל מיני הצלחות שהשם יתברך ימלא לכל אחד ואחד את משאלות לבו לטוב, אבל לא על ידי פעולות וקבלה מעשית רק על ידי

The book *Or Ne'erav* ("Pleasant Light") is being printed and I will send you a copy soon, God willing, and you can write whatever you wish.

Please let me know if you have received the book of *Zohar* from Rav Yosef Weinstock in Belgium.

I hope that we shall meet here and can finally do something in Beer-Sheva or in Haifa and so on.

I conclude with: "May it be desirable before You to dwell (*tishrei*)."

May we hear only good tidings.

Yehuda Tzvi

P.S. I bless you to immediately be written and sealed in the Book of the Righteous for life.

תפלה בפשטות ובתמימות. וזכות היגיעה בלימוד לדעת
שמותיו יתברך יזכה כל אחד מהמסייעים.
הספר אור נערב הולך ונדפס ואשלח לך העתקים אם
ירצה השם בקרוב ותוכל לכתוב מה שהנך רוצה.

תודיע לי אם קבלת את ספר הזהר מרבי יוסף ויינשטאק
מבלגיה.

אקווה שנתראה פה, נוכל סוף סוף לעשות משהו בבאר
שבע או בחיפה וכדומה.

והנני חותם יהא רעוה קמי ד״תשרי״

שנשמע ונתבשר בשורות טובות

יהודה צבי

ר' יהודא נוסבלום נ"י רוצה ללמוד קבלה אדרבה מי יתן והי' מלומדי הח"ן ויזכה למצוא
ושכל טוב בעיני אלקים ואדם. ובענין ספעלמאן אם סתם ומלוק בעל פה או אפילו
כתב לאו שקוא במכתב פרטי יש להתיר בדוחק אבל לפרסם תעודה כשאו לטובת
גובה זה אסור עפ"י ההלכה, ויכול להיות חלול ה' נורא. ובענין הלבנה ומראי
חים, כבר כתבתי לך שאנו אין כוחנו אלא בפה אפילו להגלות מתים ולשנות
בעל ושגות נסים וכדומה רק ע"י תפילה, והנכון שצריכים לדעת איך
תפלל שע"ז נאמר אשגבהו כי ידע שמי יקראני ואענהו, וחז"ל אמרו מפני מה
אל מתפללים ואינם נענים מפני שאינם יודעים להתפלל בשם, אבל בקבלה
גדולות אסור לעסוק ואם אנו נעסוק בקבלה מעשיות והשבעות וכדומה
ו נותנים בזה כח לסט"א שגם היא תפעל בכשפים וכדומה
זה לעומת זה עשה אלקים, ולכן אתה יכול להבטות לכל שע"י התמיכה

Letter Twenty-Four

With help from the Creator
Tel Aviv, 2nd day of the month of *Elul*, 5725
August 30, 1965

An immediate and favorable writ and sealing in the Book
of the Righteous for a good life, to the lofty honor of the
pleasant among men, the *Gaon*[1], our Teacher, Rav Shraga
Feivel, may you live long and happily, Amen.

After greeting you with great love and with eternal love...
I sent a letter to you yesterday, and today I received [your]
letter dated the 24th of the month of *Av*.

I will now add onto the letter dated the 15th of *Av* in which
I quoted our sages, of blessed memory, who said: "There
have never been more festive days to Israel than the 15th
of *Av* and *Yom Kippur* when the daughters of Israel would
come out and dance in the vineyards and say, 'Young man,
lift your eyes, etc.'" (*Mishnah*, Tractate *Ta'anit*, 26b). Can you imagine
what kind of Israelite holiday it must have been that their
daughters would go out and dance with young men?

The *Gemara*[2] states that there have never been better holidays.
The mere fact is horrendous as *Rashi* asks about Yaakov [that
he said something] that even the most light-headed would
not say so. Also, it is written (*Sefer Yetzirah, Book of Formation*)[3] that
the month of *Elul* is the constellation of Virgo (the virgin).
What does this signify?

---

1 Master of wisdom, also master of the mind
2 Interpretations of the *Mishnah*, the major work of spiritual laws, that was written
   between 200 and 700 AD
3 Written by Abraham the Patriarch

מכתב כד

והנני מברך אותך להכתב ולהחתם בספרן של צדיקים לאלתר לחיים.

ב״ה
יום ב לחודש הרחמים תשכ״ה תל-אביב

כתיבה וחתימה טובה בספרן של צדיקים לאלתר לחיים טובים למעלת כבוד חביב אדם הרב הגאון מורינו הרב שרגא פייביל שליט״א.

אחר דרישת שלומו הטוב באהבה רבה ואהבת נצח שלחתי לך אתמול מכתב והיום קבלתי מכתב מיום כד אב.

כעת אוסיף לך על המכתב של ט״ו באב שחכמינו זכרונם לברכה אמרו שלא היו להם ימים לישראל כחמשה עשר באב ויום הכיפורים שבהם היו בנות ישראל יוצאות וחולות בכרמים ואומרים בחור שא נא עיניך וכו׳, תתאר לך איזה מין חג בישראל שבנותיהם יוצאות ורוקדות עם בחורים.

והגמרא אומרת שלא היו לישראל ימים טובים כאלה. עצם העובדא היא נורא כמו שרש״י שואל על יעקב אפילו

The "virgin" is the Holy *Shechinah*, who is called the Congregation of Israel and who contains all the souls of Israel. The "young man" is the Creator, Who is called a young man, as it is said that "at the time of the Splitting of the Red Sea, the Creator appeared as a young warrior" (*Rashi*, Exodus, 20:2).

And during those holidays when the Light of 'repentance through love' shines, as I have written[4], then the marriage is finalized as we always say [in the marriage blessing]: "He Who sanctifies His Israelite nation through *chuppah* (marriage canopy) and *kiddushin* (sanctified marriage)."

And you will notice that the *Mishnah*, Tractate *Ta'anit*, first quotes the verse: "Grace is deceitful, and beauty is vain; but a woman who feels awe for the Creator, she shall be praised" (Proverbs 31:30) and then the verse: "Go forth, O daughters of Zion, and behold King Solomon…on the day of his wedding day, on the day of the gladness of his heart" (Song of Songs 3:11). The *Mishnah* says that "on his wedding day" refers to the Giving of the *Torah* and "on the day of the gladness of his heart" is the Temple that will be built speedily and in our days.

The secret of the daughters of Israel is the Desire to Receive that by means of 'repentance through love' has been transformed into [the Desire for] Sharing. This will help you understand the three types of daughters[5]. The beautiful ones are the righteous people, who hold in their hands their beautiful and good deeds. Those of good families are the people who have ancestral merits. And the ugly ones are those who are sinful.

---

4   See Letter Twenty-Two
5   See Letter Twenty-Two

קל שבקלים לא אומר כך. וכן כתוב שחודש אלול הוא מזל בתולה מה רמוז בזה.

אלא הבתולה הזאת היא השכינה הקדושה שנקראת כנסת ישראל וכוללת כל נשמות ישראל, הבחור הוא הקדוש ברוך הוא שנקרא בחור כמו שנאמר שבעת קריעת ים סוף נראה הקדוש ברוך הוא כבחור איש מלחמה.

ובימים טובים אלו שמאיר האור של תשובה מאהבה כמו שכתבתי אז נגמר הקדושין שאנו אומרים מקדש עמו ישראל על ידי חופה וקדושין.

ותראה בהמשנה שם במסכת תענית מקודם מביאה הפסוק שקר החן והבל היופי אשה יראת ה׳ היא תתהלל, ואחר כך הפסוק צאינה וראינה בנות ציון במלך שלמה ביום חתונתו וביום שמחת לבו, ואומרת, ביום חתונתו זהו מתן תורה וביום שמחת לבו זהו בנין בית המקדש שיבנה במהרה בימינו.

והסוד של בנות ישראל הן הרצון לקבל שבתשובה מאהבה שנהפך להיות משפיע. ובזה תבין גם כן ג׳ מיני הבנות, שהיפות הן הצדיקים שיש בידם מעשים טובים

They used to say, "Do your bargaining for the sake of Heaven, but adorn me with gold coins." But if they are ugly, why then do they deserve golden coins? It is because they have Vessels because [at the time of 'repentance through love'] every sin and transgression now becomes a Vessel for receiving the Lights of pardon and forgiveness, as it is written: "And on that day, the Creator says, 'The iniquity of Israel shall be sought for, and there shall be none' (Jeremiah 50:20). Why would they search for the sins? Let them look for the Vessels according to the example that I have written to you [in Letter Twenty-Two] where he [the landlord's trustee] wept because they had not hit him more.

This is the secret meaning of the verse: "Then shall the virgin rejoice in a dance, both young men and old together. For I will turn their mourning to joy, and will comfort them and undo their grief" (Jeremiah 31:13). Read carefully what was written because I have written briefly.

The verse "May there be desire before You that You dwell (*tishrei*)" alludes to the redemption that should come prior to the month of *Tishrei*[6].

I conclude with wishing that the blessing of the Creator and His success follow you in your every step and move and that you shall merit Torah and greatness[7] together in one place.

I am blessing you with heart and soul.

Yehuda Tzvi

---

6   *Tishrei* is the month in which the High Holidays fall.
7   Spiritual and financial

ויפים. והמיוחסות אלה שיש להן זכות אבות, ומכוערות הן בעלי עבירות.

ומה הן אומרות קחו מקחכם לשם שמים אבל תעטרוני בזהובים, אם הן מכוערות למה מגיע להן זהובים, משום שיש להם כלים, כי כל חטא ועוון נעשה אז כלי לקבלת האורות של סליחה ומחילה וכמו שכתוב ביום ההוא יבוקש עון ישראל ואיננו, למה יבקשו העונות יבקשו כלים כפי המשל שכתבתי לך שבכה למה לא הרביצו לו יותר.

וזה סוד הכתוב אז תשמח בתולה במחול ובחורים וזקנים יחדיו והפכתי אבלם לששון ונחמתים ושמחתים מיגונם, דו״ק בדברים כי קצרתי.

המאמר יהא רעוא קמי דתשרי ר״ל שהישועה תבוא עוד קודם לחודש תשרי.

והנני חותם בברכה שברכת ה׳ והצלחתו תלווה אותך בכל צעד ושעל, ותזכה לתורה וגדולה במקום אחד.

המברך בלב ונפש

יהודא צבי

בס"ד יום ב' לחודש הרחמים תו"ב תל-אביב

כתיבה וחתימה טובה היטב בכל צדיקים ולאחר לחיים טובים למע"כ ה"ה הרה"ג מוהר"ר שליט"א.

אחדשה"ט באה"ר ואה"נ. שלחתי לך את המכתב, והיום קבלתי מכתב מיום כ"ב אב בעת אוסיף לך על המכתב מ"ט

ט"ו באב שחז"ל אמרו שלא היו להם ימים טובים לישראל כחמשה עשר באב ויום הכפורים שבהם היו בנות ישראל יוצאות וחולות בכרמים ואומרים בחור שא נא עיניך וכו', תתאר לך איזה מין חג בישראל שבנותיהם יוצאות ורוקדות עם בחורים והגמרא אומרת שלא היו לישראל ימים טובים כאלה, עצם הדבר הוא נורא במושג"י שואל על יעקב אפילו קל שבקלים לא אומר כך, וכן כתוב שחודש אלול הוא מזל בתולה מה רמוז בזה, אלא הבתולה הזאת היא השכינה הקדושה שנקראת כנסת ישראל וכוללת כל נשמת ישראל הבחור הוא הקב"ה שנקרא בחור במ"ש שבעת קריעת ים סוף נראה הקב"ה כבחור איש מלחמה ובימים טובים אלו שמאיר האור של תשובה מאהבה כמו שכתבתי אז נגמר הקידושין שאנו אומרים מקדש עמו ישראל ע"י חופה וקידושין ותראה בהמשנה שם במסכת תענית מקודם מביאה הפסוק שקר החן והבל היופי אשה יראת ה' היא תתהלל ואח"כ הפסוק צאינה וראינה בנות ציון במלך שלמה ביום חתונתו וביום שמחת לבו ואומרת ביום חתונתו זה מתן תורה וביום שמחת לבו זה בנין בית המקדש שיבנה במהרה בימינו. והסוד של בנות ישראל הן הרצון לקבל שבתשובה מאהבה נהפך להיות משפיע. ובזה תבין ג"כ ג' מיני הבנות שהיפות הן הצדיקים שיש בידם מעשים טובים ויפים, והמיוחסות אלה שיש להן זכות אבות, והמכוערות הן בעלי עבירות. ומה הן אומרות קחו מקחכם לשם שמים אבל תעטרוני בזהובים, אם הן מכוערות למה מגיע להן זהובים, מגום שיש להם כלים, כי כל חטא ועוון נעשה אז כלי לקבלת האורות של סליחה ומחילה וכמו שכתוב ביום ההוא יבוקש עון ישראל ואיננו, למה יבקשו העוונות ויבקשו כלים כפי המשל שכתבתי לך שבכה למה לא הרביצו לו יותר. וזה סוד הכתוב אז תשמח בתולה במחול ובחורים וזקנים יחדיו והפכתי אבלם לששון ונחמתים ושמחתים מיגונם, דוק בדברים כי קצרתי

המאמר יהא רעוא קמי דתשרי שהישועה תבוא עוד קודם לחודש תשר

והנני חותם בברכה שברכת ה' והצלחתו תלווה אותך בכל צעד ושעל ותזכה לתורה וגדולה במקום אחד

המברך בלו"נ והנפש

[illegible]

Letter Twenty-Five

With help from the Creator
Sunday, 26th day of the month of *Cheshvan*, 5726
November 21, 1965

A life of peace and a life of blessing to the honorable and pleasant among men, my friend, the Creator's friend and the friend of all the souls of the Israelites, our Teacher, Rav Shraga Feivel, may you merit a long and good life, Amen.

Tell R. G., may the Creator save and protect him, that I have told him to pray for H. H. L., may the Creator save and protect him, that he will be well. He [R. G.] replied that it is better if he prayed for himself. Yet our sages, of blessed memory, have said that he who prays for his friend [his prayer] is answered first, and thus, [because] he gives merit, he gains merit first. Yet the prayer must be said wholeheartedly because otherwise it is not acceptable, for in the Heavens, everything is revealed and known. Let him try and see that they will, with help from the Creator, both be well!

Waiting for the Creator's redemption, which [can happen] like the blink of an eye.

Yehuda Tzvi

מכתב כה

ב״ה

יום א׳ כו חשון תשכ״ו

חיים של שלום וחיים של ברכה אל כבוד חביב אדם ידידי
וידיד ה׳ וידיד כל נפשות ישראל מורינו הרב שרגא פייביל
שליט״א, ברכת ה׳ עליך אמן.

תאמר ל... השם ישמרהו וינטרהו שאמרתי לו שיתפלל
על ... השם ישמרהו וינטרהו שיהיה טוב, ענה לי שיותר
טוב שיתפלל על עצמו, אבל חכמינו זכרונם לברכה אמרו
שהמתפלל על חבירו הוא נענה תחילה, וככה גם הוא
יזכה, ויזכה תחלה, אבל התפלה צריכה להיות בלב שלם
כי אחרת אינה מתקבלת וכלפי שמיא הכל גלוי וידוע.
שינסה ויראה כי שניהם יהיו טובים בעזרת השם.

המצפה לישועת ה׳ שהיא כהרף עין.

יהודה צבי

275

ב"ה יום א' כ"ו חשון תשנ"ו

חיים של שלום וחיים של ברכה אל כבוד הח"א ידידו ומיודעו
ה' ידיד כל נפשות ישראל מוהרש"ף שליט"א
ברכת ה' עליך אמן.

תאמר לה"ו שאמרתי לו שיתפלל על ה"ו
ענה לי שיותר טוב שיתפלל על עצמו, אבל חז"ל
אמרו שהמתפלל על חבירו הוא נענה תחלה וזכה גם הוא
יזכה, ויזכה תחלה, אבל התפלה צריכה להיות בלב שלם
כי אחרת אינה מתקבלת ולפי שהוא הכל גלוי וידוע
שינסה ויראה כי שניהם יהיו ילדים טובים בעז"ה
המצפה לישועת ה' שהוא כהרף עין יהודה [illegible]

Letter Twenty-Six

With help from the Creator
Tel Aviv, sixth candle of *Chanukah*,
Rosh Chodesh (first day) of the month of *Tevet*, 5726
December 24, 1965

The honorable beloved of my soul, the joy of my heart, who holds dear and loves the *Torah*, the honor of the name of the *Torah*, Shraga Feivel, may you merit a long and good life, Amen. May His pleasantness be upon you.

I would like to include new *Torah* insights for *Chanukah*. We know the question that the *Beit Yosef*[1] raises concerning why we light [candles for] eight days in remembrance of the miracle. After all, we should only light [candles for] seven days, since the flask of oil sufficed for one day.

I have explained the issue according to what is alluded to in the word *Chanukah* which stands for the initials (in Hebrew) of: "eight candles and the *Halachah* is according to the House of Hillel"[2]. This refers to the disagreement between the House (that is, School) of Hillel and the House (School) of Shammai concerning the lighting of the candles. The House of Hillel says that one should gradually increase [the number of candles]—we light one candle on the first day and finish by lighting eight candles on the eighth day because "the Holiness is to be raised upwards"—while the House of Shammai says we should light all eight candles on

---

1 Rav Yosef Karo, Safed, 16th century AD; kabbalists were often referred to by the name of their best-known book
2 Hillel and Shammai, spiritual leaders and kabbalists, 40 BC

מכתב כו

ב״ה

יום ר״ח טבת נר ששי חנוכה תל-אביב

כבוד ידיד נפשי ומשוש לבבי מוקיר ורחים תורה כבוד שם תורתו שרגא פייביל שליט״א יהי נועם עליך.

והנני לצרף לך חידוש תורה לחנוכה. ידוע קושית הבית יוסף למה שמדליקים שמונה ימים לזכר הנס כי לא צריכים להדליק רק שבעה ימים, כי על יום ראשון היה מספיק להם פך השמן.

ותירצתי זאת על פי הרמז שיש במלת חנוכה נוטריקון ח נרות והלכה כבית הלל, והכונה היא על המחלוקת שבין בית הלל ובית שמאי בענין הדלקת הנרות שבית הלל אומרים שמוסיף והולך שמתחילים להדליק נר אחד ביום ראשון וגומרים להדליק שמונה נרות ביום השמיני כי מעלין בקודש, ובית שמאי אומרים שבליל ראשון מדליקים כל השמונה ואחר כך פוחתים והולכים כמו

the first day and decrease the number on the subsequent days, as [was done] with the bullocks of the holiday (*Sukkot*)[3].

It can be said that each one follows his own method, as it [is written] in the *Gemara*, Tractate *Shabbat*, about the convert who wanted to know [learn] the whole *Torah* while standing on one leg (that is, in a very short time). Hillel said to him, "That which is hateful unto you, do not do to your friend. All the rest of the *Torah* is interpretation. Now go study," which means that Hillel told him to start by following the precept, "Love your friend as yourself," which is a main principle and the foundation of the *Torah*, and that then he should carry on and uphold the rest [of the *Torah* precepts].

Shammai [on the other hand] pushed him [the convert] with the builder's cubit, which means that he told him that we have a whole building of *Torah* and [its] commandments, and this cannot be received "on one leg." Therefore, one has to take it upon himself to fulfill all [the commandments and precepts], but, "It is not for you to finish the labor" (Tractate *Avot*, 2:17), and with this, he pushed [the convert] away. Read through the *Gemara*[4] because time is too short to go into further detail here.

So if we were to light seven candles only [on *Chanukah*], then on the fourth night there would be no difference between the House of Shammai and the House of Hillel. This is because if we were to either light them all on the first night or start with only one candle, it works out that on the fourth night, we [would] light four candles whether we follow the House

---

3 On *Sukkot* they used to sacrifice 70 bulls. On the first day 13 bulls, on the second 12 and so on till the seventh day the sacrificed 7 bulls, total of 70 bulls.
4 Interpretations of the *Mishnah*, the major work of spiritual laws, that was written between 200 and 700 AD

בפרי החג.

ואפשר לומר שכל אחד הולך לפי שיטתו כמובא בגמרא שבת בענין הגר שרצה לדעת כל התורה על רגל אחת שהלל אמר לו מאן דסני לך לחברך לא תעביד ואידך זיל גמור, הפירוש הוא שאמר לו להתחיל לקיים המצוה של ואהבת לרעך כמוך שהיא כלל גדול בתורה ויסוד התורה ואחר כך יוסיף ויגמור הכל.

ושמאי דחפו באמת הבנין כלומר אמר לו שיש לנו בנין שלם של תורה ומצות ואין לקבל את זה על רגל אחת רק שיקבל עליו לקיים הכל, ואחר כך, לא עליך המלאכה לגמור, שבזה דחפו, עיין שם בגמרא כי הזמן קצר מלהאריך כעת.

ולכן אם אנחנו היינו מדליקים רק שבעה נרות הרי לפי החשבון לא יהיה בליל הרביעי שום הבחן בין בית הלל לבית שמאי, כי בין שנתחיל להדליק כולם ביום ראשון ובין שמדליקים ביום ראשון נר אחד יוצא שבליל רביעי מדליקים ארבעה נרות בין לבית הלל ובין לבית שמאי,

of Shammai or the House of Hillel. We therefore light eight candles [and not seven] so as to realize the allusion to "eight candles and the *Halachah* (ruling) according to the House of Hillel" on each day of the eight days, even on the fourth. This means that we should always raise the Holiness upwards (increase) and not downwards (decrease).

Wishing you all the best and hoping to hear good tidings,

Rav Yehuda Tzvi Brandwein

ולכן אנו מדליקים שמונה נרות להתאים את הרמז של

ח נרות והלכה כבית הלל, בכל יום ויום משמונת הימים

אפילו ביום ד׳ והיינו שצריכים תמיד להיות מעלין בקודש

ולא מורידין.

המאחל כל טוב ומצפה לשמוע בשורות טובות.

הרב יהודא צבי בראנדוויין

ב"ה יום ר"ח טבת נר ששי של חנוכה תל אביב

כבוד ידי"נ ומשוש לבבי מוקיר ורחים תורה כש"ת שרגא פייביל שליט"א

יהי נועם עליכם.

והנני לצרף לך חדוש תורה לחנוכה, ידוע קושית הבית יוסף למה שמדליקים שמונה ימים לזכר הנס כי לא צריכים ~~להדלי~~ להדליק רק שבעה ימים כי על יום ראשון היה מספיק להם פך השמן, ותירצתי זאת עפ"י הרמז שיש במלת חנוכה נוטריקון ח' נרות והלכה כבית הלל. והכוונה היא על המחלוקת שבין בית הלל ובית שמאי בענין הדלקת הנרות שבית הלל אומרים שמוסיף והולך שמתחילים להדליק נר אחד ביום ראשון וגומרים להדליק שמונה נרות ביום השמיני כי מעלין בקודש, ובית שמאי אומרים שבליל ראשון מדליקים כל השמונה ואח"כ פוחתים והולכים כמו בפרי החג ואפשר לומר שכל אחד הולך לפי שיטתו כמובא בגמרא שבת בענין הגר שרצה לדעת כל התורה על רגל אחת שהלל אמר לו מאן דסני לך לחברך לא תעביד ואידך זיל ~~גמרה~~ גמור, הפירוש הוא שאמר לו להתחיל לקיים המצוה של ואהבת לרעך כמוך שהיא כלל גדול בתורה ויסוד התורה ואח"כ יוסיף ויגמור הכל, ושמאי דחפו באמת הבנין כלומר אמר לו שיש לנו בנין שלם של תורה ומצות ואין לקבל את זה על רגל אחת רק שיקבל עליו לקיים הכל ואח"כ לא עליך המלאכה לגמור שבזה דחפו עיי"ש בגמרא כי השמן קצר מלהאריך בעת, ולכן אם אנחנו היינו מדליקים רק שבעה נרות הרי לפי החשבון לא יהיה בליל הרביעי שום הבחן בין בית הלל לבית שמאי כי בין שנתחיל להדליק כולם ביום הראשון ובין שמדליקים ביום ראשון עד אחד יוצא שבליל רביעי מדליקים ארבע נרות (כיון לב"ה והן לב"ש) ולכן אנו מדליקים שמונה נרות להתאים את הרמז של ח' נרות והלכה כבית הלל בכל יום ויום משמונת הימים (אפילו ביום ד') והיינו שצריכים תמיד להיות מעלים בקודש ולא מורידין.

המאחל כל טוב ומצפה
לשמוע בשורות טובות
יהודה צבי
הרב יהודא צבי בראנדוויין

Letter Twenty-Seven

With help from the Creator
Friday, eve of *Shabbat*,
22nd day of the month of *Tevet*, 5726
January 14, 1966

To the honorable friend of the Creator and the beloved of
my soul, "a valiant man of life and many deeds"[1], pleasant
among men and honoring the name of the *Torah*, our
Teacher, Rav Shraga Feivel, may you merit a long and good
life, Amen.

Thanking the Creator that we have life and peace, "a hearty
greeting." May we always hear news of livelihood, blessing,
and success and peace from you, and thus my soul shall be
revived. Please tell me what is happening new with you.

I received a proposal of a marriage connection with
Rav Rottenburg from America, who is the son of the Kossiner
Rav. I heard that the Rav of Satmar has agreed that she
[Rav Rottenburg's daughter] can be connected to me.
I would like you to investigate the quality of this
matchmaking and [determine] if she is suitable for Avramil[2],
may his Light shine.

What you have asked about the *Sefirot* and how one *Sefirah*
can be made up of Ten *Sefirot*, you can find well explained
in "Ten Luminous Emanations, Part II" in Inner Reflection,
Chapter 9. The Rav[3], of blessed and righteous memory, took

---

1   Based on II Samuel 23:20
2   Rav Brandwein's son
3   Rav Ashlag

מכתב כז

ב״ה

יום שישי ערב שבת קודש כ״ב טבת תשכ״ו תל-אביב

כבוד ידיד ה׳ וידיד נפשי איש חי ורב פעלים חביב אדם כבוד שם תורתו מורינו הרב שרגא פייביל שליט״א.

אתנו תודה לא-ל יתברך שמו החיים והשלום כה לחי לשמוע ממך תמיד בשורת החיים ברכה והצלחה ושלום ותחי נפשי. תודיע לי מה נתחדש אצלך.

הציעו לי כאן שידוך עם הרב רוטנברג מאמעריקא בנו של הקוסינר רבי, שמעתי שהרבי מסטמאר הסכים לו לשדך עמי, אני מבקש שתברר מה טיבו של שידוך זה ואם זה מתאים עבור אברהמיל נ״י.

זה ששאלת בענין הספירות איך כל ספירה כלולה מעשר ספירות מבואר בתלמוד עשר ספירות חלק ב בהסתכלות פנימית פרק ט שמה, שהרב זכר צדיק לברכה טרח

the effort of explaining each and every *Sefirah* in particular—how it [each *Sefirah*] includes Ten Sefirot and how many Sefirot are of Direct Light[4] and how many of Returning Light[5]. Look it up there.

I would like to tell you of a novel insight into the *Torah* that is connected with this week's portion[6]. It is written: "And it came to pass in those days, when Moses was grown, that he went out to his brothers, and looked on their burden " (Exodus 2:11-14). *Rashi* comments, that he [Moses] "fixed his heart and soul"[7] to be distressed for their sake. "And when he went out on the second day, behold, two men of the Hebrews were quarreling.... Surely the matter has become known!" (Ibid.) The thing that I [Moses] was wondering about has become clear to me: How did the Israelites sin more than the 70 nations of the world, and why were they persecuted with hard labor? Yet I see that they deserved that (*Rashi* commentary, *Shemot Raba* I, 30).

Later it is written: "And the Creator said, 'I have surely seen the affliction of my people who are in *Mitzrayim* (Egypt)... and I came down to deliver them, etc. ... Come now, therefore, and I will send you to Pharaoh, that you may take My people, the children of Israel, out of Egypt, etc.' ... And Moses said to God, 'Who am I, that I should go to Pharaoh, etc. ... and they shall say to me, what is His Name? What shall I say to them, etc.' ... And Moses answered and said: 'But behold, they will not believe me, etc.'" (Exodus 3:7-13).

---

4 The Light that comes from the Endless to the Vessel is always concealed
5 The Light that is returned and reflected back by the Vessel is always revealed
6 Exodus
7 Lit. his eyes and his heart

להסביר בכל ספירה וספירה במיוחד איך היא כלולה מעשר ספירות וכמה ספירות יש בה מאור ישר וכמה מאור חוזר עיין שם.

הנני לכתוב לך חידוש תורה מפרשת השבוע. כתוב "ויהי בימים ההם ויגדל משה ויצא אל אחיו וירא בסבלותם", נתן עינו ולבו להיות מיצר עליהם (רש"י). "ויצא ביום השני, והנה שני אנשים עברים נצים וגו' ויאמר אכן נודע הדבר", נודע לי הדבר שהייתי תמה עליו מה חטאו ישראל מכל שבעים אומות להיות נרדים בעבודת פרך, אבל רואה אני שהם ראויים לכך (רש"י)

אחר כך כתוב ויאמר ה' ראה ראיתי את עני עמי אשר במצרים וגו' וארד להצילו וגו', ועתה לכה ואשלחך אל פרעה והוצא את עמי בני ישראל ממצרים. ויאמר משה אל האלקים מי אנכי כי אלך אל פרעה וגו', ואמרו לי מה שמו מה אמר אליהם וגו', ויען משה ויאמר והן לא

And the Creator gave Moses all the signs and miracles and said to him, "'Now therefore go, and I will be with your mouth, and teach you what you shall say.' And he [Moses] said, 'O my Master, send, I pray You, by the hand of him whom You will send.' And the anger of the Creator burned against Moses, and He said, 'Is not Aaron the Levite your brother? I know that he can speak well, etc. ...'" (Exodus 4:1-14).

This is a great wonder. Moses came out to his brothers [the Israelites] and set his eyes and his heart to be distressed for their sake. But when the Creator said to him, "I have surely seen the affliction of My people.... Come now, therefore, and I will send you to Pharaoh," and gave Moses "signs and miracles," yet still Moses did not want to go and said, "Send, I pray You, by the hand of him whom You will send." He did not want to save the people of Israel, so that it was said: "And the anger of the Creator burned against Moses, and He said, "Is not Aaron the Levite your brother etc...?" Then they went.

The answer is that Moses wanted the redemption to be eternal in the [same] way as "and the Creator shall be King over all the earth" (Zachariah 14:9), [that is,] so that there would be no more exiles to follow. This is hinted by the words: "And they shall say to me: 'What is His name?'" (Exodus 3:13) because the last letters of these words [in Hebrew] spell the name *Yud*, *Hei*, *Vav*, and *Hei*, which indicates the future and complete redemption of Israel and the whole world, as the verses say: "For the earth shall be full of the knowledge of the Creator, etc." (Isaiah 11:9) and "And they shall all know Me from the smallest of them to the greatest of them" (Jeremiah 31:33).

יאמינו לי וגו׳.

וה׳ נתן לו האותות ואמר לו ועתה לך ואנכי אהיה עם פיך והוריתיך אשר תדבר ויאמר בי אדני שלח נא ביד תשלח ויחר אף ה׳ במשה ויאמר הלא אהרן אחיך הלוי ידעתי כי דבר ידבר הוא וגו׳.

יש כאן פליאה גדולה, משה רבינו יצא אל אחיו נתן לבו ועינו להיות מיצר עליהם, וה׳ אומר לו : ראה ראיתי את עני עמי לכה ואשלחך אל פרעה ונתן לו אותות ומופתים ולא רוצה ללכת ואמר שלח נא ביד תשלח. ולא רוצה לגאול את עם ישראל, עד שנאמר ויחר אף ה׳ במשה ויאמר : הלא אהרן אחיך הלוי וגו׳ אז הלכו.

התשובה היא : משה רבינו רצה שגאולתנו תהיה גאולה נצחית מבחינה והיה הוי׳ למלך על כל הארץ. שלא תהינה אחריה עוד גלויות זה נרמז במלים ואמרו לי מה שמו מה שבסוף תבות אלו כתוב שם הוי׳ המורה על הגאולה השלמה העתידה לישראל וכל העולם, כמו שכתוב ומלאה הארץ דעה את ה׳ וגו׳, וכולם ידעו אותו למקטנם ועד גדולם.

And the Creator said to him [Moses]: "I am That Which I shall be (*Eheyeh Asher Eheyeh*)" (Exodus 3:14), [meaning,] I am with them in this trouble as I shall be with them during their enslavement by the other kingdoms (*Rashi's* commentary, Tractate *Berachot* 9b). That is why he [Moses] refused and said, "Send, I pray You, by the hand of him whom You will send." That is when it is said: "And the anger of the Creator burned against Moses," that is, He said to him: "You know that there is anger among Israel and that is why I cannot place My Name [*Yud, Hei, Vav,* and *Hei*] upon them.

"You [Moses] saw that 'behold, two men of the Hebrews quarreling, etc.' And you said, 'Surely the matter has become known; they deserve it.' Has the matter been corrected yet? Are they already united to such a degree that I can reveal and set My Name—*Yud, Hei, Vav,* and *Hei*—upon them?" (Read what our sages, of blessed memory, have stated, that no remark was mentioned about it and we have not found that a punishment came from that anger, [according to] *Rashi.*)

"Is not Aaron the Levite your brother?" And now the quality of *Kohen* (priesthood), which is the attribute of *Chesed* (Mercy), of loving and pursuing peace, was imprinted upon him. You [Moses] should join forces with him, and you shall both inject into the people of Israel the precept that contains the whole *Torah*, which is the precept of "Love your friend as yourself." Then I shall set My Name—*Yud, Hei, Vav,* and *Hei*—upon them, which happened upon the Revelation at Mount Sinai, as was said: "And there the Israelites camped" (Exodus 19:2), [which uses] the singular [form of the verb[8] to indicate that they were] as one man with one heart.

---

8 Normally in Hebrew, a plural form of the verb 'camped' follows 'Israelites.' Here, the *Torah* uses the singular form of the verb.

וה׳ אמר לו אהיה אשר אהיה, אהיה עמם בצרה זאת אשר אהיה עמם בשעבוד שאר מלכויות (רש״י), משום זה סרב ואמר שלח נא ביד תשלח. =אז נאמר ויחר אף ה׳ במשה כלומר, אמר לו : אתה יודע שיש חרון אף בישראל שעל ידי זה אי אפשר לי להשרות עליהם שמי ה׳.

ראית והנה אנשים עברים נצים וגו ואמרת אכן נודע הדבר - ראויים הם לכך האם כבר נתקן הדבר? האם כבר הם מאוחדים בשיעור שאוכל כביכול לגלות ולהשרות שמי הוי׳ עליהם (עיין חז״ל לא נאמר בו רושם ולא מצינו שבא עונש ע״י אותו חרון, רש״י).

הלא אהרן אחיך הלוי וכעת ניתנה לו מדת הכהונה שהיא מדת החסד להיות אוהב שלום ורודף שלום, תשתף אותו עמך ושניכם תחדירו לעם ישראל את המצוה הכוללת כל התורה שהיא מצות ״ואהבת לרעך כמוך״, אז אשרה עליהם את שמי הוי׳ שזה הי׳ בעת מעמד הר סיני שנאמר ויחן שם ישראל לשון יחיד כאיש אחד בלב אחד.

This is why the *Torah* was not given to our forefathers: Abraham, Isaac, and Jacob. Instead, it was delayed until they [the Israelites] had left Egypt, when they became one whole nation numbering 600,000 men, 20 years old and upwards. Each of them was asked if he agreed to undertake this sublime task of working together with true love for each one of the 600,000 friends, and they all replied: "All that the Creator has spoken, we will do" (Exodus 19:8). They did not say all that the Creator "will speak," but that He "has spoken." And then the *Torah* was immediately given.

Wishing you all the best,

Yehuda Tzvi

מטעם זה לא ניתנה התורה לאבותינו אברהם יצחק יעקב
אלא נמשך הדבר עד יציאת מצרים כשהיו לאומה שלמה
בת שש מאות אלף איש מעשרים שנה ומעלה, וכל אחד
מהם נשאל אם מסכים לעבודה הנשגבה הזאת שיעבדו
יחד באהבת אמת למען כל אחד מן השש מאות אלף
חברים ואחרי שכולם ענו ואמרו כל אשר דבר ה׳ נעשה,
כל אשר ידבר ה׳ לא כתוב כאן אלא אשר דבר מיד ניתנה
התורה.

המאחל כל טוב.

ב"ה יום ועש"ק כ"ב טבת תשכ"ו תל אביב

כבוד ידיד ה' וידיד נפשי איש חי ורב פעלים ח"א כש"ת מוה"ר שרגא פייביל שליט"א

אתגו ת"ל יתש החיים והשלום כה לחי לשמוע ממך תמיד בשורת החיים ברכה הצלחה ושלום ותחי נפשי תודיע לי מה עם כל אלה ומה נתחדש אצלך. הציעו לי כאן שידוך עם הרב רוטנברג מאמעריקא בנו של הקוסינר רבי, שמעתי שהרבי מסטמר הסכים לו לשדך עמי, אני מבקש שתברר מה טיבו של שידוך זה ואם זה מתאים עבור אברהמיל נ"י.

זה ששאלת בעניין הספירות איךכל ספירה כלולה מעשר ספירות מבואר בתלמוד ע"ס חלק ב' בהסתכלות פנימית פרק ט' שמה הרב זצ"ל טרח להסביר בכל ספירה וספירה במיוחד איך היא כלולה מע"ס, וכמה ספירות יש בה מאור ישר, וכמה מאור חוזר עיי"ש. והנני לכתוב לך חידוש תורה מפרשת השבוע כתוב "ויהי בימים ההם ויגדל משה ויצא אל אחיו וירא בסבלותם" נתן עינו ולבו להיות מיצר עליהם (רש"י) ויצא ביום שני, והנה שני אנשים עברים נצים וגו' ויאמר אכן נודע הדבר נודע לי הדבר שהייתי תמה עליו מה חטאו ישראל מכל שבעים אומות להיות נרדים בעבודות פרך, אבל רואה אני שהם ראויים לכך (רש"י) אח"כ כתוב: ויאמר ה' ראה ראיתי את עני עמי אשר במצרים וגו' וארד להצילו וגו' ועתה לכה ואשלחך אל פרעה והוצא את עמי בני ישראל ממצרים ויאמר משה אל האלקים מי אנכי כי אלך אל פרעה וגו' ואמרו לי מה שמו מה אמר אליהם וגו' ויען משה ויאמר והן לא יאמינו לי וגו' וה' נתן לו האותות ואמר לו ועתה לך ואנכי אהיה עם פיך והוריתיך אשר תדבר ויאמר בי אדני שלח נא ביד תשלח ויחר אף ה' במשה ויאמר הלא אהרן אחיך הלוי ידעתי כי דבר ידבר הוא וגו'

יש כאן פליאה גדולה, משה רבינו יצא אל אחיו נתן לבו ועינו להיות מצר עליהם וה' אומר לו: ראה ראיתי את עני עמי לכה ואשלחך אל פרעה ונתן לו אותות ומופתים ולא רוצה ללכת ואמר שלח נא ביד תשלח. ולא רוצה לגאול את עם ישראל, עד שנאמר ויחר אף ה' במשה ויאמר: הלא אהרן אחיך הלוי וגו' אז הלכו.

התשובה היא: משה רבנו רצה שגאולתנו תהי' גאולה נצחית מבחינה והי' הוי' למלך על כל הארץ. שלא תהיינה אחריה עוד גלויות זה נרמז במלים ואמרו לי מה שמו מה שבסוף תבות אלו כתוב שם הוי' המורה על הגאולה השלמה העתידה לישראל וכל העולם כמוש"כ ומלאה הארץ דעה את ה' וגו' וכולם ידעו אותו למקטנם ועד גדולם. וה' אמר לו אהיה אשר אהיה, אהיה עמם בצרה זאת אשר אהיה עמם בשעבוד שאר מלכיות (רש"י) משום זה סרב ואמר שלח נא ביד תשלח. אז נאמר ויחר אף ה' במשה כלומר, אמר לו: אתה יודע שיש חרון אף בישראל שעי"ז אי אפשר לי להשרות עליהם שמי ה' ראית והנה אנשים עברים נצים וגו' ואמרת אכן נודע הדבר-ראויים הם לכך, האם כבר נתקן הדבר? האם כבר הם מאוחדים בשיעור שאוכל כביכול לגלות ולהשרות שמי הוי' עליהם (עיין חז"ל לא נאמר בו רושם ולא מצינו שבא עונש ע"י אותו חרון רש"י) הלא אהרן אחיך הלוי ובעת ניתנה לו מדת הכהונה שהיא מדת החסד להיות אוהב שלום ורודף שלום תשתף אותו עמך ושניכם תחדירו לעם ישראל את המצוה הכוללת כל התורה שהיא מצות "ואהבת לרעך כמוך" אז אשרה עליהם את שמי הוי' שה' הי' בעת מעמד הר סיני שנאמר ויחן ישראל לשון יחיד כאיש אחד בלב אחד.

מטעם זה לא ניתנה התורה לאבותנו אברהם יצחק יעקב אלא נמשך הדבר עד יציאת מצרים כשהי' לאומה שלמה בת שש מאות אלף איש מעשרים שנה ומעלה

וכל אחד מהם נשאל אם מסכים לעבודה הנשגבה הזאת שיעבדו יחד באהבת אמת למען כל אחד מן השש מאות אלף חברים ואחרי שכולם עבו ואמרו כל אשר דבר ה' נעשה כל אשר ידבר ה' לא כתוב כאן אלא אשר דבר מיד ניתנה להם התורה.

המאחל, כל טוב:
יהודה [illegible]

Letter Twenty-Eight

With help from the Creator
Tel Aviv, 5th day of the month of *Shevat*, 5727
Shevat—initials of *Shamrem, Varchem, Taharem*
(protect, bless, and cleanse them).
January 16, 1967

Life, joy and peace, many blessings and success to the honorable and pleasant among men, our Teacher, Rav Shraga Feivel, may the Creator keep and protect him, Amen.

After greeting you with great love...
I sent you a whole article that was published in my name in which I explained clearly all the portions and the order of the Giving of the *Torah*. Many verses from the portion of *Yitro*[1] are clarified in it. You would do well to study it in depth. Although the topics are simple and clear, they are very deep, especially for one who wants to practice them properly. You would do well to copy them because I do not have a copy of them.

I wish to remind you now concerning the items that I have asked you to bring with you, if you can without too much trouble: 1) a magnifying glass of the best kind possible, 2) a robe for the honor of *Shabbat*, 3) a good-looking walking stick, and 4) tapes for the tape recorder.

I expect to hear from you good news, blessings, and success, and [anticipate] that we should meet with fullness of joy, Amen.

Yehuda Tzvi

---

1   The fifth portion of the Book of *Shemot* (Exodus)

מכתב כח

יהודה צבי

ב"ה

יום ה' לחודש **ש**מרם **ב**רכם **ט**הרם תשכ"ז תל-אביב

החיים השמחה והשלום ושפע ברכה והצלחה לכבוד חביב אדם מורינו הרב שרגא פייביל השם ישמרהו ויגטרהו.

אחר דרישת שלומו הטוב באהבה רבה, שלחתי לך מאמר שלם מודפס בשמי שבו מפורש היטב את כל הפרשיות והסדר של קבלת התורה, ומבואר בו הרבה פסוקים מפרשת יתרו כדאי להעמיק בו. אם כי הדברים הם פשוטים וחלקים אבל הם עמוקים מאד. ובפרט למי שרוצה לקיימם הלכה למעשה. כדאי להעתיקם כי אין לי העתק מהם.

כעת אני רוצה להזכירך בדבר החפצים שאני מבקש שתביא עמך אם תהי' לך האפשרות בלי טרחה יתרה, א) זכוכית מגדלת ממין הכי טוב, כמו כן חאלאט לכבוד שבת וכן מקל יפה, גם סרטים בשביל הטייפרקורט.

והנני מחכה לשמוע ממך בשורות טובות ברכות והצלחות ושנתראה בשובע שמחות אמן.

יום ה' א' לחודש שמרם ברכם טהרם תש"ג
תל-אביב

החיים השמחה והשלום ושפע ברכה והצלחה לכבוד ת"א הרה"ג מהרש"פ הי"ו
אחדשה"ט באה"ר, שלחתי לך מאמר שלם מודפס בשמו [?] מפרש היטב
את כל הפרשיות והסדר של קבלת התורה ומבואר בו הרבה פסוקים
מפורשות ויתרו כדאי להעמיק בו אם כי הדברים הם פשוטים וחלקים
אבל הם עמוקים מאד. ובפרט למי שרוצה לקיים הלכה למעשה.
כדאי להעתיקם כי אין לי העתק מהם.
בעת אני רוצה להזכירך בדבר החפצים שאני מבקש
שתביא עמך אם תהי' לך האפשרות בלי טרחה יתרה, א)
זכוכית מגדלת מאין הכי טוב, כמו כן חאלאט לכבוד שבת
ב) מקל יפה, גם סרטים בשביל הטייפרקורדר
והנני מחכה לשמוע ממך בשורות טובות ברכות והצלחות
ושנתראה בשובע שמחות אמן דודך יהודה פתיה

Letter Twenty-Nine

With help from the Creator
Tel Aviv, 25th day of the month of *Tamuz*, 5727
August 2, 1967

To the honorable and pleasant among men, the beloved of my soul, "a valiant man of life and many deeds," and honoring the Name of the *Torah*, our Teacher, Rav Shraga Feivel, may he live long and happily, Amen.

After having greeted you with great love, longevity, joy, peace, blessing and success...

I shall find the opportunity to send you words of *Torah* that I said upon the inauguration of the synagogue in Zichron Yaakov. I thought of explaining a question that is asked today by anyone who has even a modicum of intelligence: How is it possible that we have merited what all the other generations did not merit? Is this generation so worthy that all the holy righteous men of all the generations in exile since the destruction of the Temple until now did not merit what we have merited? [Why is it] that we are now the possessors of our entire Holy Land and that all the places are in our hands and they cannot stand what their eyes see yet they cannot do anything against us.

I said that the people of Israel have a secret weapon, and when they are given the opportunity to use it, they are successful. This secret is so simple and clear that because of its very simplicity, people do not comprehend it. We earned this weapon as far back as the first conflict between Ishmael and Isaac, our forefather (Genesis, 22:1).

מכתב כט

יהודה צבי.

ב"ה

יום כ"ה תמוז תשכ"ז תל-אביב

לכבוד חביב אדם וידיד נפשי איש חי רב פעלים כבוד שם
תורתו מורינו הרב שרגא פייביל שליט"א. אחר דרישת
שלומו הטוב באהבה רבה החיים והשמחה והשלום ברכה
והצלחה.

בהזדמנות אשלח לך דבר תורה שאמרתי בעת חנוכת
בית הכנסת בזכרון יעקב. אמרתי לתרץ שאלה הנשאלת
כהיום לכל מי שיש לו קצת שכל : היתכן שזכינו לזה שכל
הדורות לא זכו, וכי אכשיר דרי שבזמן שהיו הצדיקים
הקדושים של כל הדורות בגלות מעת החורבן עד היום,
לא זכו לזה שזכינו אנו, שכעת אנחנו הבעלי בתים על
כל ארצינו הקדושה וכל המקומות הם ברשותנו וכולם
מתפקעים מראות עיניהם ולא יכולים לעשות נגדינו
כלום.

ואמרתי שיש לעם ישראל נשק סודי, וכשניתנה לו
ההזדמנות להשתמש בו הוא מצליח, והסוד הוא כל כך
פשוט וברור שמרוב הפשטות לא תופסים אותו, וזכינו
לנשק זה עוד מהמחלוקת הראשונה שהיתה בין ישמעאל

Before [discussing this point,] I thought that I should explain a question in the Holy *Zohar* concerning the verse: "And it came to pass after these things, that the Creator did test Abraham" (Genesis 22:1). The *Zohar* raises the question: Why was this not written that the Creator "did test" Isaac, since at that time, Abraham was more than 130 years old and Isaac was 37 years old and strong enough to resist and to prevent Abraham from slaughtering him? So if he [Isaac] agreed and did not resist, then this would be the trial of Isaac more so than of Abraham. Look in the *Zohar* (Vayera, 489) where the Binding of Isaac is explained according to the secret (Kabbalah) meaning.

I said simply that the *Midrash*[1] comments upon the verse: "And it came to pass after these things..." What things were these? Ishmael used to say to Isaac, "I am greater than you are, as I was 13 years old when I was circumcised and had to suffer anguish. You were circumcised when you were eight days old and did not know suffering, and even if your father had slaughtered you, you would not have known. If you had been 13 years old, you would not have yielded to this suffering."

Isaac said to him, "That is nothing. If the Creator would have told my father, 'Slaughter Isaac, your son,' I would not have prevented it." That is when that thing chanced upon him, as it is said: "And it came to pass after these things, etc." Review what is written in the *Midrash Tanchuma*, portion of *Vayera*, which explains why the text does not say: "The Creator did test Isaac." It was because he [Isaac] had previously said that he was prepared to be slaughtered for the holiness of the Name. Hence, it is written that the Creator "did test Abraham."

---

1   Homiletic discourse

ליצחק אבינו.

ומקודם אמרתי לתרץ קושיא שבזהר הקדוש על הפסוק
ויהי אחר הדברים האלה והאלקים נסה את אברהם,
ומקשה הזהר למה לא כתוב והאלקים נסה את יצחק,
הלא אברהם היה אז זקן יותר ממאה ושלושים שנה
ויצחק היה בן ל"ז שנה והיה בידו ובכחו להתנגד ולא
לתת לאברהם לשחטו, ואם הסכים ולא התנגד הרי זה
נסיון של יצחק יותר מאברהם, תעיין בזהר בעקדת יצחק
שמתרץ לפי הסוד של הענין.

ואני אמרתי בפשטות, כי על הכתוב ויהי אחר הדברים
כתוב במדרש ומה דברים היה שם שהיה ישמעאל אומר
ליצחק אני גדול ממך שאני מלתי בן י"ג שנה וסבלתי
את הצער ואתה מלת בן ח' ימים ולא ידעת בצער, אפילו
אביך היה שוחטך לא היית יודע; אלו היית בן י"ג שנה
לא היית מקבל הצער.

אמר לו יצחק אין זה דבר. אילו היה אומר הקדוש ברוך
לאבי שחוט את יצחק בנך לא הייתי מעכב, מיד קפץ
עליו הדבר שנאמר ויהי אחר הדברים וגו' (עיין במדרש
תנחומא פרשת וירא). ולפי זה מתורץ פשוט למה לא
כתוב והאלקים נסה את יצחק מפני שיצחק כבר אמר
מקודם שהוא מוכן להשחט על קדושת השם, ולכן כתוב

After this, it is written: "And Abraham said to his young men, '…and I and the lad will go yonder (*koh*)'" (Genesis 22:5-8), followed by: "And Abraham said, 'The Creator will provide himself a lamb for a burnt offering, my son,' so they went both of them together" (Ibid.). There is an allusion here [to the fact] that as long as there is unity and self-sacrifice, we will be successful, as is explained by the words: "They went both of them together," meaning, with one purpose and one intent.

This [unity and self-sacrifice] is hinted at by the word "*koh*," which is numerically equivalent to the number of the letters in [the Hebrew verse]: "*Shema Yisrael…*" (Hear, O Israel). And the same is what Bilaam was told: "And thus (*koh*) you shall speak (and *koh* shall speak)"—that the unity and self-sacrifice that Israel would have will always speak well of us. Moreover, in the Splitting of the Red Sea, the Creator said to Moses, "Speak to the children of Israel, that they go forward" (Exodus 14:15), meaning that they should show self-sacrifice.

Similarly, today [during the Six Day War] when the young men of Israel went out together in complete unity to offer themselves for the sanctification of Israel with true self-sacrifice, they went into a sea of fire, into the camp of Egypt, and so on. Then the Creator performed a miracle for us, and we merited what no other generation has merited because the opportunity for true self-sacrifice was not given [in the past] as [it was] in the present [during this war].

Read carefully what was said and tell me if they [my words] are clear because I had to be brief.

נסה את אברהם.

ואחר כך כתוב ויאמר אברהם נעריו וגו' ואני והנער נלכה עד "כה" ואחר כך כתוב ויאמר אברהם אלקים יראה לו השה לעולה בני וילכו שניהם יחדיו. פה הרמז שבעת שיש אחדות ומסירות נפש אנו מצליחים, כפי שפירשו על מה שנאמר וילכו שניהם יחדיו ברצון אחד ובכונה אחת.

וזה מרומז במלת "כה" שעולה כמנין האותיות שיש ב"שמע ישראל הוי״ה אלקינו הוי״ה אחד", וכן נאמר לבלעם: "וכה תדבר", שהאחדות והמסירות נפש שיהיה לבני ישראל היא תדבר תמיד לנו טוב, וכן היה בקריעת ים סוף, שה' אמר למשה דבר אל בני ישראל ויסעו, כלומר, שיגלו מסירות נפש.

וכן כהיום שבחורי ישראל הלכו יחד באחדות גמורה למסור את עצמם על קדושתו של ישראל במסירות נפש של ממש, נכנסו לתוך ים של אש לתוך המחנה של מצרים וכדומה, אז הקדוש ברוך הוא עשה לנו הנס הזה וזכינו למה שלא זכו כל הדורות, כי לא ניתנה ההזדמנות לגלות מסירות נפש בפועל כמו היום.

עיין בהדברים ותאמר לי אם הם מובנים, כי קצרתי.

Expecting to hear and bear good news.

Yehuda Tzvi

P.S. By what was said above, you can also understand what was said of Pinchas: "Because he was jealous for his Creator, and made atonement for the children of Israel" (Numbers 25:13). This is because Pinchas did what he did with self-sacrifice expressed in true action, and one who actually sacrifices himself brings atonement upon all of Israel. That is why it is said that it is a good omen to go to a circumcision ceremony because Elijah, the Angel of the Covenant, is there and we can attain atonement for our sins.

המצפה לשמוע ולהשמיע בשורות טובות.

יהודה צבי

ובנזכר לעיל תבין גם כן מה שנאמר בפנחס תחת אשר
קנא לאלקיו ויכפר על בני ישראל, כי פנחס עשה מה
שעשה במסירות נפש בפועל, ומי שמוסר עצמו בפועל
ממש מביא כפרה לכל ישראל   . ולכן אומרים שסגולה
היא ללכת לברית מילה ששם אליהו מלאך הברית וזוכים
לכפרת עוונת.

ב"ה יום כ"ה תמוז תשכ"ב תל-אביב

החיים השמחה והשלום ברכה והצלחה לכבוד ח"א וידי"נ איש חי רב פעלים כ"ג מוהרש"פ שליט"א אחדשה"ט באה"ר

בהזדמנות אשלח לך דבר תורה שאמרתי בעת חנוכת בית-הכנסת בזכרון יעקב. אמרתי לתרץ שאלה הנשאלת כהיום לכל מי שיש לו קצת שכל היתכן שזכינו לזה שכל הדורות לא זכו וכי אכשור דרי שבזמן שהיו הצדיקים הקדושים שלכל הדורות בגלות מעת החורבן עד היום, ובעת אנחנו הבעלי בתים, לא זכו לזה שזכינו אנחנו על כל ארצינו הקדושה וכל המקומות הטמאים של הגוים הם ברשותנו וכולם מתפקעים מראות עיניהם ולא יכולים לעשות נגדינו כלום.

ואמרתי שיש לעם ישראל נשק סודי וכשניתנה לו ההזדמנות להשתמש בו הוא מצליח והסוד הוא כל כך פשוט וברור שמרוב הפשטות לא תופסים אותו, וזכינו לנשק זה עוד מהמחלוקת הראשונה שהיתה בין ישמעאל ליצחק אבינו, ומקודם אמרתי לתרץ קושיא שבאהר הקדוש על הפסוק ויהי אחר הדברים האלה והאלקים נסה את אברהם מקשה הזהר למה לא כתוב והאלקים נסה את יצחק, הלא אברהם הי' אז זקן יותר ממאה ושלושים שנה ויצחק הי' בן ל"ז שנה והי' בידו ובכחו להתנגד ולא לתת לאברהם לשחטו ואם הסכים ולא התנגד הרי זה נסיון של יצחק יותר מאברהם תעיין בזהר בעקדת יצחק שמתרץ לפי הסוד של הענין, ואני אמרתי בפשטות כי על הכתוב ויהי אחר הדברים כתוב במדרש ומה דברים היה שם שהיה ישמעאל אומר ליצחק אני גדול ממך שאני מלתי בן י"ג שנה וסבלתי את הצער ואתה מלת בן ח' ימים ולא ידעת בצער אפילו אביך היה שוחטך לא היית יודע. אלו היית בן י"ג שנה לא היית מקבל הצער. א"ל יצחק אין זה דבר אלוהיה אומר הקב"ה לאבי שחוט את יצחק בנך לא הייתי מעכב מיד קפץ עליו הדבר שנאמר

ויהי אחר הדברים וגו' (עיין במדרש תנחומא פרשת וירא) ולפי"ז מתורץ פשוט למה זה כתוב והאלקים נסה את יצחק מפני שיצחק כבר אמר מקודם שהוא מוכן להשחט על קדושת השם, ולכן כתוב נסה את אברהם, ואח"כ כתוב ויאמר אברהם אל נעריו וגו' ואני והנער נלכה עד "כה" ואח"כ כתוב ויאמר אברהם אלקים יראה לו השה לעולה בני וילכו שניהם יחדו, פה הרמז שבזמן שיש אחדות ומסירות נפש אנו מצליחים כפי שפירשו על מה שנאמר וילכו שניהם יחדיו ברצון אחד ובכונה אחת, וזה מרומז במלת "כה" שעולה כמנין האותיות שיש בשמע ישראל הוי"ה אלקינו הוי"ה אחד", וכן נאמר לבלע"ם וכה תדבר שהאחדות והמסירות נפש שיהי' לבני ישראל היא תדבר תמיד לטובה וכן הי' בקריעת ים סוף שה' אמר למשה דבר אל בני ישראל ויסעו כלומר שילכו במסירות נפש, וכן נהיה שבחורי ישראל הלכו יחד באחדות גמורה למסור את עצמם על קדושתו של ישראל במסירות נפש ממש נכנסו לתוך ים של אש לתוך המחנה של מצרים ובדומה אז הקב"ה עשה לנו הנס הזה וזכינו למה שלא זכו כל הדורות ר"ל לא ניתנה ההזדמנות לגלות מס"נ בפועל כמו היום עיין בהדברים ותאמר לו אם הם מובנים כי קצרתי.

המלפה לשמוע ולהשמיע בשורות טובות יהודה יעקב

והנ"ל תבין ג"כ מה בפנחס תחת אשר קנא לאלקיו ויכפר על בני ישראל, כי פנחס עשה מה שעשה במסירות נפש בפועל ומי שמוסר עצמו בפועל ממש מביא כפרה לכל ישראל ולכן אומרים שסגולה היא ללכת לברית מילה ששם אליהו מלאך הברית וזוכים לכפרת עוונות.

Letter Thirty

With help from the Creator
Tel Aviv, 12th day of the month of *Shevat*, 5728
Shevat— initials of 'protect, bless and cleanse them'
[*Shamrem, Varchem, Taharem*].
February 11, 1968

Many peaceful greetings, plentiful like dew and like a showering of rain, and a bounty of blessings and fullness of joy to my beloved, the pleasant among men, who cleaves to the walls of my heart, a man who is beloved Above and desired Below, a pleasant man of deep understanding in the *Torah* and of piety, our Teacher and Master, Rav Shraga Feivel, may you merit a long and good life, Amen.

After having greeted you with great and strong and faithful love, I am hereby telling you that I am well, thanks to the Creator.

I have heard that you are very worried that things are not working out properly. My opinion is that you should not worry so much about material issues, since they do not last forever. It would be better if all your concern be concentrated on matters of *Torah*, which is eternal, and you fulfill what we already said about the aspect of: "Behold, the Creator is my salvation; I will trust, and be not afraid" (Isaiah 12:2). The salvation of the Creator is in the secret of the verse: "Salvation belongs to the Creator" (Psalms 3:9). When? "Your blessing be upon Your people." Then you will attain the

מכתב ל

ב"ה

יום י"ב לחודש **שמרם ברכם ט**הרם שנת תשכ"ח

תל-אביב

שלומים מרובים כטל וכרביבים ושפע ברכות ושובע

שמחותלכבוד אהובי חביב אדם הנצמד בקירות לבבי,

אהוב למעלה ונחמד למטה, איש חמודות ורב תבונות

בתורה ובחסידות מורינו ורבינו הרב שרגא פייביל

שליט"א.

אחר דרישת שלומו הטוב באהבה עזה ונאמנה, הנני

להודיעך משלומי תודה לה' יתברך.

שמעתי שהנך מודאג מאד שהדברים לא הולכים. לדעתי

לא כדאי לדאוג כל כך על ענייני החומר שהרי אינם קיימים

לנצח, ויותר טוב שכל דאגתך יהיה בענייני התורה שהיא

עומדת לעד, ותקיים מה שאמרנו כבר בבחינת הנה א-ל

ישועתי אבטח ולא אפחד, וישועת ה' היא בסוד הכתוב

לה' הישועה, מתי - על עמך ברכתך סלה, ואז תזכה

blessings of the Creator even in your private affairs until the glory of the Creator fills the whole world.

Hoping to hear good news,
Yehuda Tzvi

לברכת ה׳ גם בפרטית, עד שימלא כבוד ה׳ את כל הארץ.

המצפה לשמוע בשורות טובות

יהודה צבי

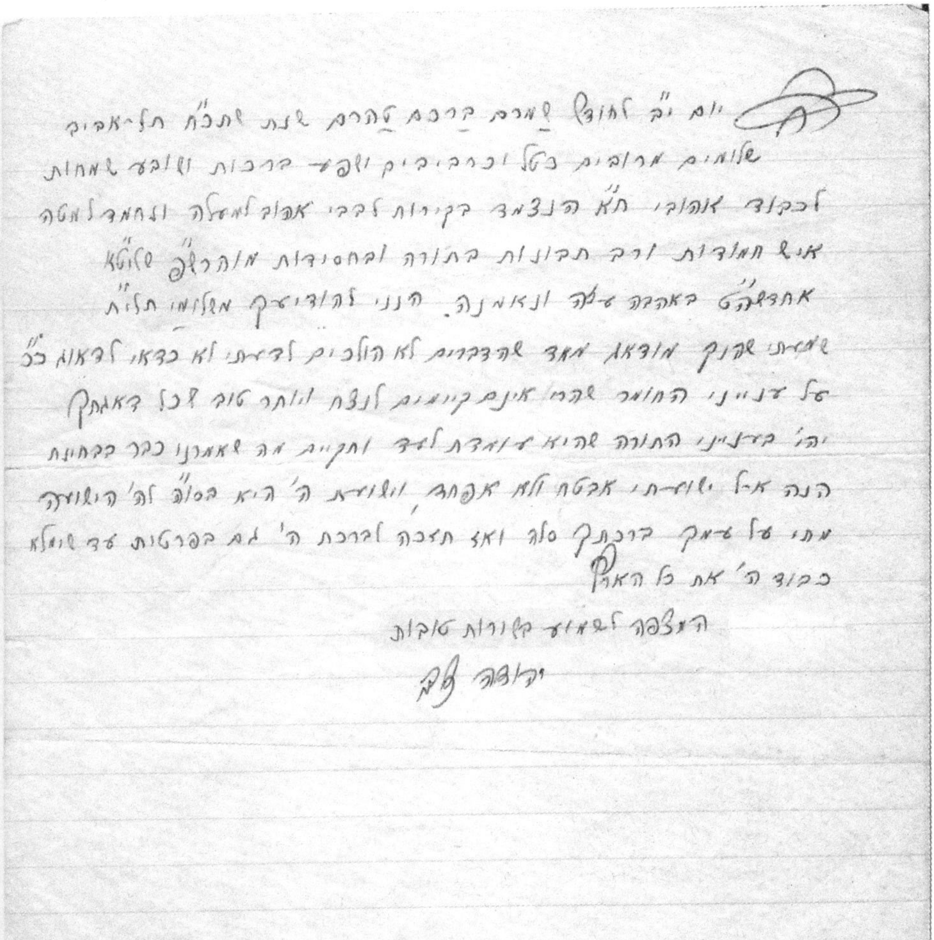

יום ה' ב' אלול שארית קרבת לקרבת שנת תהלת תניאופים

שלומם מרומים בסוד וכרביים ולפי קרבת ולפי שאות

לכבוד אדורי תא הלאב קרירות לכבי אצור לאצלה ותאל לפה

אלא תהודות ורב תבולות בתחלה ולחתודות אתהלל סימן

אתהללה בקבהב סלב ולאאוה. הנני לחודוראפ אמוזה תלין

שאות אבק מודאל אאג אהדבהם לא הולכים לדאות לא בכאו לדאון כל

של צוויני התחוד אמר איגם קויוגם לבן לותחד סוב לבל דאאקן

וגה זה בדוצים התוד אהוא אורות לאב ותקוים אב דאארגן ככד כדחות

הנה אלא יורד אבסת לא אבקת, ולאורא ה' היא סוב לב' הוגודו

אתו לך שאק ברכתך סלב ואן תבבה לברבת ה' גם הפרטות רפ סלבא

כפוב ה' את כל האקן

הצלצ לאור קיורות סוכל

ירוסף לכ

Letter Thirty-One

With help from the Creator
End of *Shabbat*, portion of *Shekalim*[1]
26th day of the month of *Shevat*, 5728
February 25, 1968

Abundance of blessings and many joys to the pleasant among men, "a valiant man of life and many deeds," beloved Above and cherished Below, an honor to his name, our Teacher, Rav Shraga Feivel, may the Creator's Light bring life upon him, Amen.

After having greeted you with faithful love…
I am surprised that you tell me nothing of what is happening with you. Seeing as I did not write anything to you about the portion of *Shekalim*, I shall write to you concerning the portion of *Zachor*[2].

It is written: "Remember what Amalek[3] did to you" (Deuteronomy 25:17). The words "to you" seem redundant because it would have been enough to say: "Remember what Amalek did." The words "to you" hint at the power of the *klipah* (negative consciousness) of Amalek, which is what drove the Desire to Receive for Oneself Alone—without any spark of sharing—into the body of the general public. This [selfish desire] is the opposite of holiness, which is particularly about sharing and giving pleasure to one's Maker.

---

1 Special Torah reading (*Maftir*) read three weeks before the holiday of *Purim*
2 Special *Torah* reading on the *Shabbat* before *Purim*
3 Biblical nation, hostile to the Israelites

מכתב לא

ב"ה

מוצאי שבת קודש פרשת שקלים תשכ"ח תל-אביב

שפע ברכות ורב שמחות לכבוד חביב אדם איש חי רב
פעלים אהוב למעלה ונחמד למטה כבוד שמו מורינו הרב
שרגא פייביל אור ה' עליו יחי'.

אחר דרישת שלומו הטוב באהבה נאמנה, אתפלא שאינך
מודיע לי שום דבר מהנשמע אצלך. ולהיות שלא כתבתי
לך שום חידוש לפרשת שקלים אכתוב לפרשת זכור.

כתוב זכור אשר עשה ''לך'' עמלק, לכאורה מלת לך
מיותר כי די אם היה כתוב זכור אשר עשה עמלק, אלא
במלת ''לך'' מרומז כל הכח של קליפת עמלק שהוא מזה
שהחדיר את הקבלה לעצמו בתוך גופו של הכלל בלי שום
ניצוצי השפעה, שזהו הלעומת וההיפך של הקדושה שהיא
דוקא להשפיע ולעשות נחת רוח ליוצרו.

This will help you understand *Rashi's* commentary (Exodus, 8:1) on the portion of *Yitro*[4]. *Rashi* says: "What did he (Jethro) hear and he came? He heard about the Splitting of the Red Sea and of the war with Amalek." Was it not enough for him to say what he had heard, as the text says: "And Jethro... heard?" Why did the *Torah* added "and came," and many other details?

This [question] will be understood from what the commentators have asked about the verse: "I am the Creator your God, Who has brought you out of the land of *Mitzraim* (Egypt)" (Exodus 20:2). [The commentators ask:] Why was it not written: "I, Who created the heavens and the Earth," which would indicate the exaltedness of the Creator better than [would] the miracle of the Exodus and leaving *Mitzraim* (Egypt)?

They [the commentators] explain that our knowledge of the Creator's exaltedness alone still does not connect Him with mankind. If, for example, I know someone has many millions, what do I get from this? I esteem him, but no more. But if this great man wants to be connected to me, to do business with me, to share his great wealth with me, then I am drawn to him and connect with him. Hence the verse: "I am the Creator your God, Who has brought you out of the land of Egypt" and am watching over you and want your welfare and pleasure. The verse goes on to state "out of the house of slavery" to Pharaoh and to Egypt, meaning that you were a slave of slaves. But now: "You shall have no other God, etc." (Ibid. 3).

---

4   The fifth portion of the Book of *Shemot* (Exodus)

ובזה תבין פירוש רש"י בפרשת יתרו. אומר רש"י, מה שמועה שמע ובא קריעת ים סוף ומלחמת עמלק, דלא הוה לו לומר רק מה שמועה שמע כלשון הכתוב וישמע יתרו, למה הוסיף "ובא" ועוד הרבה דיוקים.

אלא זה יובן במה שהקשו המפרשים בפסוק אנכי ה' אלקיך אשר הוצאתיך מארץ מצרים, למה לא כתוב אנכי אשר בראתי שמים וארץ שזה מורה על רוממות השם יתברך יותר מהנס של יציאת מצרים.

ומתרצים שמזה שנדע רוממות ה' לבד עוד אין זה מתקשר עם האדם אם למשל אני יודע באדם שיש לו הרבה מליונים, מה יש לי מזה, אני מעריך אותו ולא יותר. אבל אם האדם הגדול הזה רוצה להתחבר עמי ולהתעסק עמי ולהשפיע לי מרכושו הגדול אז אני נמשך אליו ומתחבר עמו, לכן אמר הכתוב אנכי ה' אלקיך אשר הוצאתיך מארץ מצרים, ומשגיח עליך ורוצה בטובתך והנאתך. מבית עבדים לפרעה ולמצרים דהיינו עבד לעבדים, לכן כעת לא יהיה לך אלקים וכו'.

This is the explanation here. Jethro heard about the Splitting of the Red Sea and the departure of the children of Israel from Egypt and still did not feel that he should come [and join them]. When he heard about the exaltedness of the Creator, that He can perform miracles, he could appreciate that greatness [while still dwelling] at his home. So why should he come?

But when he heard of the war with Amalek, which is "the Creator's war with Amalek from generation to generation" (Exodus 17:16), [he saw the opportunity] to uproot this aspect of "to you." This is a continuous war, which depends upon an Awakening from Below, as it is written: "When Moses held up his hands, Israel prevailed, and when he let down his hands, Amalek prevailed" (Ibid. 11), and not an Awakening from Above alone, as with the Splitting of the Red Sea and the Exodus from Egypt. He [Jethro] therefore "came" to study *Torah* from the mouth of Moses concerning how to subdue the *klipah* of Amalek.

Wishing you success,

Yehuda Tzvi

וזה הפירוש כאן יתרו שמע קריעת ים סוף ויציאת בני
ישראל ממצרים ובכל זאת לא היה צריך לבוא, שמע
את רוממות השם יתברך שיכול לעשות נסים היה יכול
להעריך הרוממות בביתו ולמה לו לבוא,

אבל כששמע גם מלחמת עמלק שהוא מלחמה לה׳ בעמלק
מדור דור   לעקור את בחינת "לך", וזו היא מלחמה
תמידית   התלויה באתערותא דלתתא כמו שכתוב והיה
כאשר ירים משה ידיו וגבר ישראל וכאשר יניח ידו וגבר
עמלק ולא אתערותא דלעילא לבד   כמו קריעת ים סוף
ויציאת מצרים, לכן "בא" ללמוד תורה מפי משה איך
להכניע את קליפת עמלק.

המאחל לך הצלחה

יהודה צבי

323

ב"ה מוצש"ק פרשת שקלים תשכ"ח

תל-אביב

שפע ברכות ורב שמחות לכבוד הח"א איש חי רב פעלים אהוב למעלה

ונחמד למטה כבוד שמו מוהר"ר שרגא פייוול אור ה' עליו יחי'

אחדשה"ט דאהבה נאמנה. אתפלא שאינך מודיע לי שום דבר מהנשמע אצלך ולפלאות שלא כתבתי לך שום חידוש לפרשת שקלים, אכתוב לפרשת זכור, כתוב זכור "אשר עשה לך" עמלק לכאורה מלת לך מותר כי די אם הי' כתוב זכור אשר עשה עמלק, אלא במלת "לך" מרומז כל הכח של קליפת עמלק שהוא מזה שמתגבר את הקבלה לעצמו בתוך גופו של הכלל בלי שום נצוצי השפעה לאחר הטומאות והיפך של הקדושה שהוא דוקא להשפיע ולעשות נחת רוח ליוצרו. ובזה תבין פירש"י בפרשת יתרו, אומר רש"י מה שמועה שמע ובא קריעת ים סוף ומלחמת עמלק. דלא הוה לי' לומר רק מה שמועה שמע כלשון הכתוב וישמע יתרו למה הוסיף "ובא" ועוד הרבה דוקים. אלא זה יובן במה שהקשו המפורשים בפסוק אנכי ה' אלקיך אשר הוצאתיך מארץ מצרים למה לא כתוב אנכי אשר בראתי שמים וארץ שזה מורה על רוממות השי"ת יותר מהנס של יציאת מצרים מתרצים שמזה שנדע רוממות ה' לבד עוד אין זה מתקשר עם האדם למשל אם אני יודע באדם שיש לו הרבה מליונים, מה יש לי מזה, אני מעריך אותו ולא יותר. אבל אם האדם הגדול הזה רוצה להתחבר עמו ולהתעסק עמו ולהשפיע לו מרכושו הגדול אז אני נמשך אליו ומתחבר עמו. לכן אמר הכתוב אנכי ה' אלקיך אשר הוצאתיך מארץ מצרים ומשגיח עליך ורוצה בטובתך והנאתך. מבית עבדים לפרעה ולמצרים דהיינו עבד לעבדים לכן בעת לא יהי' לך אלקים וגו' וזה הפירוש כאן יתרו שמע קריעת ים סוף ויציאת בנ"י ממצרים ובכל זאת לא הי' צריך לבוא לשמע את רוממות השי"ת שיכול לעשות נסים הי' יכול להעריך הרוממות בביתו ולמה לו לבוא. אבל כששמע גם מלחמת עמלק שהוא מלחמה לה' בעמלק מדור דור לעקור את בחינת "לך" וזו היא מלחמה תמידית התלוי' באתערותא דלתתא כמו שכתוב והיה כאשר ירים משה ידו וגבר ישראל וכאשר יניח ידו וגבר עמלק ולא אתערותא דלעילא לבד כמו קריעת ים סוף ויציאת מצרים לכן "ובא" ללמוד תורה מפי משה רע"ה להכניע את קליפת עמלק.

המאחל לך הצלחה

יהודה צבי

Letter Thirty-Two

With help from the Creator
12th day of the month of *Adar*, 5728
March 12, 1968

A happy *Purim*, joy and honor and all the best to him who
is dear Above and cherished Below, "a valiant man of life
and many deeds (II Samuel, 23:20)," our Teacher and Master,
Rav Shraga Feivel, may you merit a long and good life, Amen.

After having greeted you with faithful love, my regards and
the regards of my household, may they live, thanks to the
Creator, for life and peace.

I shall write to you about current spiritual matters as
I heard them quoted in the name of Rav Yisrael of Rozhin,
a righteous man of blessed memory. He explained a question
about what King Saul said to the prophet Samuel: "I have
fulfilled the words of the Creator" (I Samuel 15:13). How could
Saul, who was above other people, say a thing he knew was
not true? After all, he had kept Agag [king of Amalek] alive.
How could he say, "I have fulfilled the words of the Creator"?
The Creator's commandment was to leave not even a [single
remnant or] reminder of Amalek.

He [Rav Yisrael] explained that Saul was a prophet before he
became king, as was said: "Is Saul also one of the prophets?"
(I Samuel, 10:11, 19:24). In his prophecy, he [Saul] foresaw that
the miracle of *Purim* was destined to take place in the future
through Mordechai and Esther. He also saw the lineage of
the evil Haman who was a descendant of Agag. Of this he

מכתב לב

ב״ה

יום י״ב לחודש שבו נולד מושיען של ישראל תל-אביב (תשכ״ח)

פורים שמח וששון ויקר וכל טוב סלה לכבוד ב״א היקר אהוב למעלה ונחמד למטה איש חי רב פעלים מורינו ורבינו הרב שרגא פייביל שליט״א.

אחר דרישת שלומו הטוב באהבה נאמנה, משלומי ומשלום בני ביתי שיחיו תודה לה׳ יתברך החיים והשלום.

אכתוב לך בענינא דיומא, ושמעתי הדברים בשם הרוז׳ינר זכר צדיק לברכה, שהקשה על שאול המלך שאמר לשמואל הנביא הקימותי את דבר ה׳ איך אמר שאול שהיה גדול משכמו ומעלה, דבר שידע בעצמו שזה לא נכון כי הרי השאיר את אגג חי, ואיך אמר הקימותי את דבר ה׳ הלא דבר ה׳ היה לא להשאיר שום זכר מעמלק.

ותירץ, שהיות ששאול קודם שזכה למלוכה היה נביא כמו שנאמר הגם שאול בנביאים, ובנבואה ראה שעתיד להיות נס פורים על ידי מרדכי ואסתר וראה גם את השושילתא

said, "I have fulfilled the words of the Creator," meaning, "I have seen in my prophecy the miracle of *Purim*, and therefore, so that the Creator's word may be fulfilled and the Temple be built, I have kept Agag alive so that Haman will descend from him and everything I saw in my prophecy can be realized." If this is so, then why did Samuel tear Saul's kingdom from him?

Samuel said to him that matters of kingdom go all the way up to [the level of] *Keter* (Crown), while matters of prophecy go up only to [the levels of] *Netzach* (Victory) and *Hod* (Glory), as it is known that the prophets nourish from *Netzach* and *Hod*. Therefore, from the level of *Keter* (Crown), which is the Root, it is always possible through prayer to change the way of nature. This is why freedom of choice was given. Hence, as king, Saul should have carried out the Creator's word exactly as it was told to him.

There is a case to support this from the prophet Isaiah, who said to [King] Hezekiah, "You shall die." It is written: "Then Hezekiah turned his face toward the wall, and prayed to the Creator" (Isaiah 38:2), and 15 years were added to his life. Here we see that even though Isaiah, as a prophet, saw that he [the king] was going to die, nevertheless, Hezekiah, as king, achieved through his prayer the changing of the prophecy. Hence, it is written: "Then came the word of the Creator to Isaiah, saying, 'Go, and say to Hezekiah, 'Thus says the Creator, the God of David your father, "I have heard your prayer; I have seen your tears. Behold, I will add to your days 15 years"'" (Ibid. 4-5).

של המן הרשע שיצא מן אגג על זה אמר הקימותי את דבר ה׳ מה שראיתי בנבואה את נס פורים,

ולכן כדי שתקויים דבר ה׳ ובנין המקדש השארתי את אגג חי, שיצא ממנו המן ויקויים הכל כפי שראה בנבואתו. ואם כן קשה למה קרע לו שמואל את המלוכה.

אלא שמואל אמר לו שענין מלכות עולה עד הכתר, וענין הנבואה הוא רק עד נצח הוד כמו שידוע שיניקת הנביאים היא מנצח הוד, ולכן מבחינת הכתר שהיא השורש, אפשר תמיד על ידי תפלה לשנות את דרך הטבע ולכן ניתנה הבחירה. ולכן בתור מלך היה לו לקיים את דבר ה׳ כמו שאמר לו אז.

ויש ראיה לזה מישעיה הנביא שאמר לחזקיה בן מות אתה, כתוב ויסב חזקיה פניו אל הקיר ויתפלל אל ה׳ ונתוסף לו חמש עשרה שנה, הרי אנו רואים שהגם שישעיה בתור נביא ראה שהוא בן מות עם כל זה חזקיהו בתור מלך הגיע בתפילתו לשנות את הנבואה. כמו שנאמר ויהי דבר ה׳ אל ישעיהו לאמר הלוך ואמרת אל חזקיהו כה אמר ה׳ אלקי דוד אביך שמעתי את תפלתך ראיתי את דמעתך הנני יוסף על ימיך חמש עשרה שנה.

I hope to see you soon and to be happy together with love along with wealth and joy both physically and spiritually, till "the Earth shall be full of the knowledge of the Creator etc." (Ibid. 11:9), rapidly and in our days, Amen.

Yehuda Tzvi

המצפה לראותך בקרוב ולשמוח יחד באהבים מתוך
עושר ואושר ברוחניות ובגשמיות, עד שתמלא הארץ דעה
את ה' במהרה בימינו אמן.

יהודא צבי

ב"ה יום י"ב לחודש שבו נולד מושיען של ישראל

תל-אביב

פורים שמח ושׂשון ויקר וכט"ס לכבוד, ב"א היקר אהוב למעלה ונחמד למטה איש חי רב פעלים מוהר"ר [illegible] שליט"א

אחדשה"ט באהבה נאמנה, משלוחו ומשלוח בב"ב שיהיו תלוית החיים והשלום,

כעת אכתוב לך בענינא דיומא ושמעתי הדברים בשם הרוזינר זצ"ל, שהקשה על שאול המלך שאמר לשמואל הנביא הקימותי את דבר ה' איך אמר שאול שהי' גדול משכמו ולמעלה דבר שידע בעצמו שזה לא נכון כי הרי השאיר את אגג חי ואיך אמר הקימותי את דבר ה' הלא דבר ה' הי' לא להשאיר שום זכר מעמלק ותירץ שהוות שאול קודם שזכה למלוכה הי' נביא כמ"ש הגם שאול בנביאים ובנבואה ראה שעתיד להיות נס פורים ע"י מרדכי ואסתר וראה גם את [illegible] של המן הרשע שיצא מן אגג ע"כ אמר הקימותי את דבר ה' מה שראיתי בנבואה את נס פורים ולכן כדי שתקויים דבר ה' ובנין המקדש השארתי את אגג חי שיצא ממנו המן ויקויים הכל כמו שראה בנבואתו. וא"כ קשה ומה קרע לו שמואל את המלוכה, אלא שמואל אמר לו שענין מלכות עולה עד הכתר, וענין הנבואה הוא רק עד נצח הוד כמ"ש שיניקת הנביאים היא מנצח הוד ולכן מבחינת הכתר שהיא השורש אפשר תמיד ע"י תפלה לשנות את דרך הטבע ולכן נותנה הבחירה ולכן בתור מלך הי' לו לקיים את דבר ה' כמו שאמר לו אז, ויש ראי' לזה מישעי' הנביא שאמר

לחזקיה' בן מות אתה כתוב ויסב חזקיה פניו אל הקיר ויתפלל אל ה' ונתוסף לו חמש עשרה שנה הרי אנו רואים שהגם שישעי' בתור נביא ראה שהוא בן מות [illegible] לחזקיהו בתור מלך הגיע בתפילתו לשנות את הנבואה. כמ"ש ויהי דבר ה' אל ישעיהו לאמר הלוך ואמרת אל חזקיהו כה אמר ה' אלקי דוד אביך שמעתי את תפלתך ראיתי את דמעתך הנני יוסף על ימיך חמש עשרה שנה. המצפה לראותך בקרוב ולשמוח יחד באהבים ומתוך ענוג ואושר ברוחניות ובגשמיות עד שתמלא הארץ דעה את ה' בב"א [illegible]

Letter Thirty-Three

With help from the Creator
Tel Aviv, 13th day of the month of *Adar*, 5728
March 13, 1968

A happy *Purim*, blessings and success and all the best to
the pleasant among men, "a valiant man of life and many
deeds," our Teacher, Rav Shraga Feivel, may he live with the
Creator's Light, Amen.

After having greeted you with great love…
We shall now talk a little about current spiritual matters.
It is written in Scripture that *Yom Kippur* is called *Yom
Kippurim*, meaning "like (*ki*) *Purim*." One must understand
this allusion because on *Purim*, the miracle of obliterating
[the remembrance of] Amalek[1] occurred. Also, *Yom Kippur*
is a day of forgiving iniquities. It is written with reference to
Amalek: "Remember what Amalek did to you on the way"
(Deuteronomy 25:17). Hence, the Light of forgiveness and pardon
[on *Yom Kippur*] has the same effect as "you shall blot out of
the remembrance of Amalek" (Ibid. 19).

If so, what does the letter *Kaf*, which signifies likeness,
in the word *Kippurim* signify? And why is *Yom Kippur* a day
of judgment, while on *Purim*, we are required to be happy
and drunk beyond [all awareness and] knowledge[2]?

We must examine this matter deeply. The days of *Purim* are
days of joy because of the obliteration of Amalek, who raised

---

1 Amalek represents the destructive energy of doubt. On *Purim*, Haman, a
 descendent of Agag, king of Amalek was eliminated.
2 According to the Tractate, *Megilah*, 7b, one should drink on *Purim* until he cannot
 tell the difference between "cursed be Haman" and "blessed be Mordechai."

מכתב לג

ב״ה

י״ג אדר תשכ״ח תל-אביב

פורים שמח ברכה והצלחה וכל טוב לכבוד חביב אדם איש חי רב פעלים מורינו הרב שרגא פייביל אור ה׳ עליו יחי׳.

אחר דרישת שלומו הטוב באהבה רבה, כעת נשוחח קצת בעניני דיומא. כתוב בספרים שיום כפור נקרא יום כפורים שהוא כמו פורים, ויש להבין הרמז הזה היות שבפורים הוא הנס של מחיית עמלק, וכן ביום כפורים הוא הזמן של מחילת עונות, ובעמלק כתוב זכור אשר עשה לך עמלק אשר קרך ולכן אור של סליחה ומחילה יש לו אותה הפעולה של תמחה זכר עמלק.

אם כן השאלה מהי כ׳ הדמיון כפורים ולמה ביום כפור הוא יום הדין, ובפורים מצוה להיות שמח ולבסומי עד דלא ידע.

אלא יש להעמיק קצת, כי ימי פורים הם ימי שמחה משום מחיית עמלק שהטיל ספקות באמונת ה׳, כמו

doubts about trust in the Creator, as was said in Scripture concerning the verse: "The serpent beguiled me (*hishiani*)" (Genesis 3:13). The word *hishiani* is made up of *haiesh* plus *ain*, and in Exodus 17:7-8, we read that the Israelites said, "Is (*haiesh*) the Creator among us, or not (*ain*)?" which is immediately followed by "Then came Amalek."

It is written in Scripture that there is no joy such as that of the dispersing of doubts, which is why we make a feast on *Purim* because the doubts have been erased by obliterating Amalek. "And they ordained, and took upon themselves" (Esther 9:27), meaning, they kept [the precepts of the *Torah*] with love what they had already taken upon themselves [when the *Torah* was revealed on Mt. Sinai].

This happens through the miracle of *Purim*. On *Yom Kippur*, on the other hand, we earn the Lights of pardon, forgiveness, and atonement by means of the five restraints[3] and the five prayers. We are then inscribed in [the Book of] Life, which is the secret of the revelation of the Light of *Chochmah* (Wisdom) as well as the secret of the Light [that comes through] Mordechai, which shines on *Purim*. Yet on *Yom Kippur*, although we are sealed to life at the time of *Ne'ilah*[4] (sealing), yet the matter has not been fully concluded because the Light of *Chochmah* (Wisdom) does not shine without *Chassadim* (Mercy) and the time of drawing *Chassadim* is during the seven days of [the holiday of] *Sukkot*.

---

3   The five restraints of *Yom Kippur* are: not eating and drinking, not wearing leather shoes, no sex, not washing or showering, not anointing the body with oils or perfumes

4   The last prayer on *Yom Kippur*, just before sundown

שנאמר בספרים על הפסוק הנחש השיאני שהשיאני יש בו אותיות היש אין, כמו שכתוב שאמרו ישראל היש ה׳ בקרבנו אם אין ומיד ויבא עמלק.

והנה כתוב בספרים שאין שמחה כהתרת הספקות לכן עושים שמחה בפורים מפני שהותרו הספקות על ידי מחיית עמלק וקימו וקבלו, קימו מאהבה מה שקבלו כבר.

וזה נעשה בנס פורים, אבל ביום כפור אנו זוכים לאורות של סליחה ומחילה וכפרה על ידי החמשה עינויים וחמש התפלות ואנו נחתמים לחיים שהוא סוד גילוי אור החכמה והוא סוד הארת מרדכי שמאירה בפורים, אלא שביום כפורים הגם שאנו נחתמים לחיים בעת נעילה אמנם עוד לא נגמר הדבר בשלימות כי אור החכמה אינו מאיר בלי חסדים, וזמן המשכת החסדים הוא בז׳ ימי הסוכות;

On the day of *Hoshanah Rabah*[5], the final encasement of the illumination of *Chochmah* in *Chassadim* takes place, and then the sealing to life of *Yom Kippur* is finalized. That is why *Hoshanah Rabbah* is considered the day of completion of the delivery of the verdicts [of life or death] to the angels for execution. Therefore, the time of our joy, which should have been on *Yom Kippur*, is set for *Sukkot*. It is therefore written about *Sukkot* that the [spiritual shield of the] Clouds of Glory protected the Israelites. And whoever was not rejected by the Clouds was not affected by Amalek (*Rashi*, Deuteronomy 25:18).

It is now very clear why *Yom Kippur* is *Kippurim* (lit. like *Purim*), since on *Purim*, the miracle of revelation of the Lights of *Chochmah* (Wisdom) took place and caused the obliteration of Amalek, since they [the Lights of *Chochmah*] were encased in *Chassadim* (Mercies)on that very day, as was said: "And Mordechai went out from the presence of the king...and with a great crown of gold" (Esther 8:15). "Crown of gold" is the secret of *Chochmah*, and "great" signifies *Chassadim*, since "great" is *chesed*. This, however, is not the case with *Yom Kippur*, where the sealing for the best [in the Book of Life] is not fully concluded until the holiday of *Sukkot*.

Study the topic well because I do not have the strength to go into further detail. Wishing you success in everything, and expecting to hear good news,

Yehuda Tzvi

---

5   *Hoshanah Rabah* literally means "the great salvation" and is the seventh day of *Sukkot*

וביום הושענא רבה נגמרה התלבשות הארת החכמה בחסדים, ואז נשלם החתימה לחיים של יום כפור, ועל כן נבחן יום הושענא רבה לגמר של מסירת פסקי הדין למלאכים להוציאם לפועל, ולכן זמן שמחתנו שצריך להיות ביום כפור נקבע לסוכות ולכן כתוב בסוכות שעננֵי כבוד הגינו על ישראל ומי שלא פלטו הענן לא שלט בו עמלק.

ובזה מובן היטב למה יום כפור הוא כפורים, כי בפורים נעשה הנס של התגלות אורות החכמה וגרמו למחיית עמלק על ידי שנתלבשו בחסדים באותו היום ממש כמו שנאמר ומרדכי יצא מלפני המלך וגו׳ ועטרת זהב גדולה אשר עטרת זהב היא סוד חכמה, וגדולה היא סוד חסד הנקרא גדול, מה שאין כן ביום כפור אינו נגמר החתימה לטובה לגמרי עד חג הסוכות.

דוק בדברים כי אין לי כח להאריך יותר.
המאחל לך הצלחה בכל.

המצפה לשמוע בשורות טובות.

יהודא צבי

ב"ה

י"ג אדר תשכ"ח תל-אביב

פורים שמח ברכה והצלחה וכל טוב לכבוד חו"א אי"ש חי רב פעלים וכו'
מוהר"ר שרגא פייביל אור ה' עליו יחי'.

אחדשה"ט באהה"ר.

בעת נגעתי קצת בענייני דיומא, כתוב בספרים שיום כפור נקרא יום כפורים שהוא כמו פורים ויש להבין הדמיון הזה היות שבפורים הוא הנס של מחיית עמלק וכן ביום כפורים הוא הזמן של מחילת עונות ובעמלק כתוב זכור אשר עשה לך עמלק אשר קרך ולכן אור של סליחה ומחילה יש לו אותה הסגולה של תמחה זכר עמלק. אך השאלה מהו כ' הדמיון בפורים ולמה ביום כפור הוא יום הדין ובפורים מצוה להיות שמח ולבסומי עד דלא ידע אלא יש לדחוק קצת כי ימי פורים היו ימי שמחה מגוף מחיית עמלק שבטול ספקות באמונת ה' כמ"ש בספרים על הפסוק המלהטיאני שרגואני בו אותיות הג אין, כמו שכתוב שאמרו ישראל היש ה' בקרבנו אם אין ומיד ויבא עמלק, והנה כתוב בספרים שאין שמחה כהתרת הספקות ולכן עושים שמחה בפורים מפני שהותרו הספקות ע"י מחיית עמלק וקימו וקבלו קיימו וקבלו באהבה מה שקיבלו כבר. ומה נעשה בנס פורים אבל ביום כפור אנו מבקשים של סליחה מחילה וכפרה ע"י המחלה עונותיהם והם החפלות ואנו מתאימים לחיים שה"ס גילוי אור החכמה וה"ס הארת מרדכי שהאירה בפורים אלא שביום כפורים הגם שאנו מתאימים לחיים בעת נעילה אמנם עוד לא נגמר הדבר בשלימות כי אור החכמה אינו מאיר בלי חסדים וזמן המשכת החסדים הוא בד' ימי הסוכות וביום הושענא רבה נגמרה התלבשות הארת החכמה בחסדים, ואז נגמר החתימה לחיים של יום כפור וע"כ נבחן יום הושענא רבה לגמר של אסירת פסקי הדין למלאכים להוציאם לפועל, ולכן זמן שמחתנו שבריק להיות ביום כפור נקבע לסוכות ולכן בחג הסוכות שעננו בכבוד גאונו של ישראל ומי שלא פלטו העגן לא שלט בו עמלק ובזה מובן הטעם למה יום כפור הוא כפורים כי בפורים נעשה הנס של התגלות אורות החכמה וגרמו למחיית עמלק ע"י שנתלבשו בחסדים באותו היום ממש כמ"ש ומרדכי יצא מלפני המלך וגו' ועטרת זהב גדולה אשר עטרת זהב ה"ס חכמה וגדולה ה"ס חסד הנקרא גדול, משא"כ ביום כפור אינו נגמר החתימה לטובה לגמרי עד חג הסוכות. דרך דברים כי אין לי כח להאריך ויתר המאחל לך הצלחה בכל

המצפה לישועה קרובות טובות יהודא צבי

Letter Thirty-Four

With help from the Creator
Tel Aviv, 25th day of the month of *Tamuz*, 5728
July 21, 1968

May you be as a river of peace, flowing with the Creator's blessings over all its banks, to the pleasant among men, very compassionate and generous in heart and spirit, a man of wisdom, our Teacher, Rav Shraga Feivel, may you merit a long and good life, Amen.

After having greeted you [with great love]…
Seeing that you have taken upon yourself the burden of the presidency of the *Yeshivah* of *Kol Yehuda*[1], whose purpose is to spread the concealed teachings, both through regular students in the *Yeshivah* hall and through publishing and distributing the holy books pertaining to this wisdom, I have found it necessary to write to you of the purpose of the *Yeshivah* and its foundation in holiness for more than 40 years.

The *Yeshivah* was founded[2] by a group of five or six people headed by our Master, the author of *HaSulam*[3], Rav Yehuda Ashlag, a righteous man of blessed memory. We had seen at that time that the teachings of our Sacred *Torah*, which is the *Torah* of Truth and the *Torah* of Life, were being misused to create dissension. We also saw that the words of our sages, of blessed memory, were coming true: "If they

---

1 The Kabbalah Centre was initially established as a spiritual academy named *Kol Yehuda*

2 In 1922 in Jerusalem

3 "The Ladder," the translation and commentary on the *Zohar*

מכתב לד

ב"ה

יום כ"ה תמוז תשכ"ח תל-אביב

יהי כנהר שלומותיו מלא ברכת ה' על כל גדותיו לכבוד חביב אדם רב רחומאי נדיב לב ורוח איש תבונות מורינו הרב שרגא פייביל שליט"א.

אחר דרישת שלומו הטוב, היות שקבלת עליך עול הנשיאות של ישיבת קול יהודה שמטרתה להפצת תורת הנסתר הן ע"י לומדים קבועים בהיכל הישיבה והן ע"י הוצאה לאור עולם הספרים הקדושים השייכים לחכמה זו והפצתם, מצאתי נחוץ לכתוב לך מטרת הישיבה ויסודתה בקודש זה המשך יותר מארבעים שנה.

הישיבה נוסדה אז על ידי קומץ של חמשה או ששה אנשים שבראשם עמד מרן בעל הסולם האר"י אשלג זכר צדיק לברכה. בראותינו אז איך שמנצלים את לימוד תורתינו הקדושה שהיא תורת אמת ותורת חיים למחלוקת, וראינו שמתקיים מאמר חכמינו זכרונם לברכה: לא זכו תורתם נעשה להם לסם המות (יומא עב, ע"ב), אמרנו

343

are not worthy, their *Torah* becomes to them a potion of death" *(Yoma, 72b)*, so we decided that: "It is time for action for the Creator because they have desecrated (voided) His *Torah*" (Psalms 119:126). So we established a *Yeshivah* by the name of *Beit Ulpena LeRabbanim* (Academy for Ravs), with the consent of the greatest Ravs of the previous generation: Rav Kook, a righteous man of blessed memory, and Rav Chaim Sonenfeld, a righteous man of blessed memory, along with the approval of the greatest Ravs in Poland.

Our only objective was to educate the youth in the Holy City of Jerusalem, may it be rebuilt and reestablished, according to what is written in the New[4] *Zohar* (Song of Songs, 482) about three things, which I hereby copy for you:

"The wisdom that a man needs to know is one [the first thing]: to know and examine the secret of his Master. One is the wisdom [second thing]: to know himself, to know who he is, how he was created, whence he came and where he is going, and to know how the body is corrected and how it is to stand in judgment before the King of all.

One it is [third thing]: to know and to search into the secrets of the soul, what it is that [is the] *Nefesh* within [a person], whence it came and why it came into this body that is here today and in the grave the following day. And one is [the wisdom, fourth thing]: to examine this world and to know the world in which one lives, and how this world would be corrected. [And then one should look into the supernal secretes of the supernal world to know his Creator. One should learn all that from the secretes of the *Torah*]."

---

4   Thirty years after discovering and printing the *Zohar* additional parts were discovered. They were called "New *Zohar*"

שהוא עת לעשות לה׳ משום שהפרו תורתו, וקמנו ויסדנו ישיבה בשם בית אולפנא לרבנים, עם הסכמות מגדולי הרבנים של דור הקודם: הרב קוק זכר צדיק לברכה, והרב רבי חיים זאנענפלד זכר צדיק לברכה, וכן קבלנו הסכמות מגדולי האדמור״ים שבפולין.

ומטרתינו היחידה היתה לחנך צעירים בעיר הקודשה ירושלים תבנה ותכונן על פי מה שכתוב בזהר חדש שיר השירים ג׳ דברים וזה לשונו (באות תפ״ב):

״חכמתא דאצטריך ליה לבר נש למנדע חד וכו׳ אכתוב לך לפי העברית החכמה שהאדם צריך לדעת אחת היא לדעת ולהסתכל בסוד אדונו. ואחת היא לדעת את עצמו, שידע מי הוא ואיך נברא ומאין הוא בא ולאן ילך, ותקון הגוף איך מתתקן ואיך הוא עתיד לבא בדין לפני מלך הכל.

ואחד הוא לדעת ולהסתכל בסודות הנשמה מה היא נפש שבו ומאין באה ועל מה היא באה בגוף הזה שהיום כאן ומחר בקבר. ואחד הוא להסתכל בעולם הזה ולדעת העולם שהוא נמצא בו, ועל מה יתתקן העולם וכו׳.״

With all this information, when starting to study seriously, the student does not have any space in his mind to look beyond his immediate surroundings and to care about others. He has no time for it, and he constantly thinks how to correct and heal himself first.

We barely managed to sustain the household of Rav Ashlag and his family. We first published the book *Etz Chaim* (The Tree of Life) [by the *Ari*] with the commentary *Panim Me'irot Umasbirot* ("Shining and Kind Face") [by Rav Ashlag] in four volumes. When we saw that this book did not give us what we wanted—that is, a pathway and order [of study] for those who want to enter the *Pardes*[5] (Orchard)—we published "Ten Luminous Emanations" in 16 volumes[6]. The sequence of study for those who truly want to know this Wisdom can be found in the latter book.

Since we had limited funds, however, we [could not afford] to print "Ten Luminous Emanations," but only to Mimeograph copy it. Now, with the help of the Creator, the sixth volume is being published, which makes all the 16 parts of "Ten Luminous Emanations" properly printed and bound. We also succeeded in publishing the *Zohar* with the *Sulam* commentary, which elucidates the teachings of the *Zohar* in their true nature, so that nothing shall be missing and they [the readers] simply need to sit and study profoundly to understand it.

---

5   *Pardes* refers to the four levels of understanding the *Torah*: *Peshat* (plain), *Remez* (hint), *Derash* (seek) and *Sod* (secret). The acronym of these four words create the Hebrew word: *PaRDeS* (orchard)

6   Rav Ashlag's 16 books, containing a detailed explanation of the *Ari*'s description of Creation

וכל אלו הידיעות אחר שמתחילים ללמדם ברצינות כבר אין ללומד זה מקום במוחו להסתכל מחוץ לד' אמותיו ולחשוב על אחרים כי אין לו זמן לזה וחושב תמיד איך לתקן ולרפאות את עצמו קודם.

ככה הצלחנו בקושי ובמסירות נפש להחזיק את בית הרב ואת משפחתו, והדפסנו בראשונה את ספר עץ החיים עם פנים מאירות ופנים מסבירות, ד' חלקים. ואחר שראינו שספר זה לא נותן לנו מה שרצינו, היינו שלמתחילים הרוצים ליכנס לפרדס יהיה להם דרך וסדר, הוצאנו לאור ספר תלמוד עשר הספירות טז חלקים, ובו יש כבר מסודר סדר לימוד לאלה הרוצים באמת לדעת החכמה הזאת.

ומחמת שהיינו מצומצמים בכסף, לא היה בידינו האפשרות להדפיס את התלמוד עשר הספירות בדפוס, רק בסטנסיל. כעת תהלה ליתברך שמו יוצא לאור כרך הששי בדפוס שבזה יהיו כל הט״ז חלקים של תלמוד עשר הספירות מודפסים וכרוכים כראוי. גם הצלחנו להוציא לאור את ספר הזהר עם פירוש הסולם המבאר את דברי הזהר בצביונם ומתארם, שלא חסר רק שישבו לעמק בו יש מקום להבינו.

I am also continuing with the book of *Tikkunei Zohar* (the *Zohar* book of corrections), the first part of which you have had for a long time. We have also succeeded, with help from the Creator, in publishing all 18 volumes of the *Writings of the Ari*, of blessed memory, with footnotes and references. Now we have to try with all our might to finish publishing the books we need to form holy groups and to raise the banner of the *Torah* to hold on to this sacred learning as unifying study against fragmentation.

The *Torah* must infuse the love of Israel and be a unifying elixir, a life elixir, as was said: "Her (the *Torah*'s) ways are the ways of pleasantness, and all Her paths are of peace" (Proverbs, 3:17). We will then see with our own eyes the Creator returning to Zion and the building of the canopy, and He will reign over us speedily as our Supernal King.

Wishing you success in both the physical and the spiritual [realms],

Yehuda Tzvi

כמו כן אני ממשיך בספר התקונים, אשר, החלק הראשון יש אצלך מזמן. וכן הצלחנו בעזרת השם להוציא לאור כמעט את כל כתבי רבינו האר״י ז״ל עם הגהות ומראה מקומות, וכעת צריכים להשתדל בכל עוז לגמור הדפסת הספרים ולעשות חברות קדושות להרים דגל התורה להחזיק בלימוד הקדוש הזה בתור לימוד מאחד נגד הפילוג.

התורה צריכה להחדיר אהבת ישראל ולהיות סם מלכד, סם חיים, כמו שנאמר דרכיה דרכי נועם וכל נתיבותיה שלום. ואז נראה עין בעין בשוב ה׳ את שיבת ציון, ובנין אפריון, וימלוך עלינו במהרה מלך עליון.

המאחל להצלחתך ברוחניות וגשמיות,

יהודה צבי.

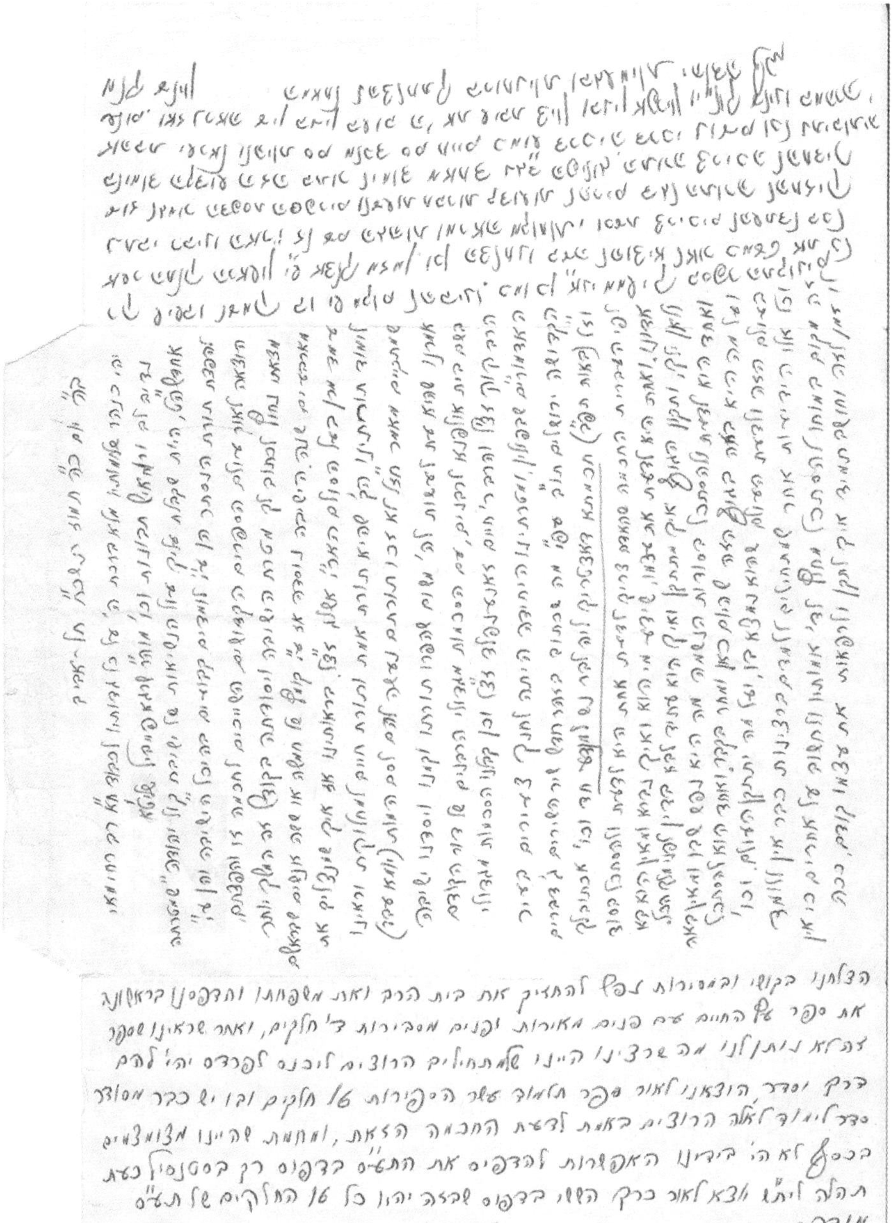

Letter Thirty-Five

With help from the Creator
Tel Aviv, Friday, eve of *Shabbat*,
15th day of the month of *Menachem-Av*, 5728
August 9, 1968

Many greetings like dew and like a shower of rain, to the honorable beloved among men, a man of wisdom, whose hands are filled with *Torah* and piety, our Teacher, Rav Shraga Feivel, may his candle shine as the bright Light.

After having greeted you with eternal love…
Following our telephone conversation this morning, I want to fill in some gaps concerning the appeal[1]. It would be well to wait for another week; I may then have some news concerning the transfer of the *Yeshivah* to the Old City [of Jerusalem]. People are sensitive [open] to this and, with help from the Creator, would donate handsomely. [A representative of] The Library of Congress, who is next to the American Embassy, bought the book *HaShmatot HaZohar* ("Omissions of the *Zohar*") from me as well as the third and fourth volumes of the "Writings of the *Ari*", of blessed memory, and also "Ten Luminous Emanations, Part 5." They wanted the English version of "Ten Luminous Emanations," so I gave them your address in Brooklyn. They said that the library in Washington buys 25 copies of every new book. It appears that the library has the rest of the books [that we have published] and therefore they ask only for these books.

---

1   A letter that Rav Brabwein wrote, urging everyone to study the *Zohar* and the
    wisdom of Kabbalah

מכתב לה

ב״ה

יום ו׳ ערב שבת קודש ט״ו אב תשכ״ח תל-אביב

שלומים מרובים כטל וכרביבים אל כבוד חביב אדם איש תבונות, ידיו רב לו בתורה ובחסידות, מורינו הרב שרגא פייביל נרו יאיר כאור הבהיר.

אחר דרישת שלומו הטוב באהבת נצח הנה אחר השיחה הטלפונית של הבוקר הנני בא למלאות קצת בענין הקול קורא, כדאי לחכות עוד שבוע אולי תהיה לי משהו חדשות בענין העברת הישיבה לעיר העתיקה ולזה אנשים הם רגישים וינדבו בעין יפה בעזרת השם. מספריות קונגרס ליד השגרירות האמריקאית קנה אצלי ספר ההשמטות על הזהר וכרך ג׳ וד׳ מכתבי האר״י ז״ל ותלמוד עשר הספירות חלק ה, רצה גם תלמוד עשר הספירות באנגלית, נתתי לו את הכתבת שלך בברוקלין ואמר שהספריה שלהם בוואשינגטון קונה עשרים וחמשה ספרים מכל ספר חדש ואמר שכנראה שיתר הספרים נמצאים אצלם ולכן איננו דורש רק הספרים הנ״ל.

I would like to write words of *Torah* to you now concerning the weekly portion of *Va'etchanan*[2] about the Ten Commandments as well as [words of *Torah*] concerning the portion of *Re'eh*[3]. With reference to the verse: "See, I am setting before you this day a blessing" (Deuteronomy 11:26), *Baal Haturim*[4] says: "Behold, I am – [is the same 'I am'] of the Ten Commandments." We must understand what is hinted at here.

It must be said that there are questions that the commentators raise about what is written (Tractate *Kidushin*, 39b): "The reward of a precept is in the Next World." Why so? Is it not written: "At his day, you shall give him his money" (Deuteronomy 24:15)? And if [one does] not, then one is transgressing the precept of: "It [his money] shall not abide with you all night" (Leviticus 19:13). They explain that the transgression of "not abide with you all night" is only relevant when the employer himself does the hiring.

But if the hiring is done through an emissary, then the prohibition is not relevant. Now, the *Torah* was given through an emissary who is Moses. That being so, then the prohibition of "not abide with you all night" does not apply. Yet concerning "I am..." and "You shall have no other God," the *Gemara*[5] claims that we heard them from the mouth of the Creator. Therefore, in "I am" of the Ten Commandments, the Creator is giving the blessing today [that is, "at his day"] because He is fulfilling [the precept] of: "At his day, you shall give him his money."

2   The second portion of the Book of *Devarim* (Deuteronomy)
3   The fourth portion of the Book of *Devarim* (Deuteronomy)
4   A commentary on the *Torah* written by Rav Jacob ben Asher, Spain, 14th century
5   Interpretations of the *Mishnah*, the major work of spiritual laws, that was written between 200 and 700 AD

כעת אכתוב לך דבר תורה בפרשת השבוע עשרת הדברות,

ובפרשת ראה. כתוב בבעל הטורים, ראה אנכי נותן לכם

היום ברכה, כותב הבעל הטורים - ראה אנכי של עשרת

הדברות . ויש להבין מה הרמז בזה.

ויש לומר שהמפרשים מקשים על מה שכתוב שכר מצוה

בהאי עלמא ליכא, למה, הלא כתוב ביומו תתן שכרו, ואם

לא, עוברים על לא תלין, ומתרצים, דזה שעוברים על לא

תלין הוא רק בעת שבעל הבית בעצמו שכר את הפועל.

אבל אם שכר על ידי שליח לא שייך האיסור של לא תלין,

והתורה ניתנה על ידי שליח שהוא משה רבינו, אם כן

לא חל האיסור של לא תלין ; אבל על אנכי ולא יהיה לך

כתוב בגמרא שמפי הגבורה שמענו, ולכן באנכי של עשרת

הדברות הקדוש ברוך הוא נותן הברכה היום משום שהוא

מקיים ביומו תתן שכרו.

I explained in last week's portion of *Devarim*[6] [that in] what is written: "Behold, you are this day like the stars of Heaven for multitude" (Deuteronomy 1:10), the words "for multitude" seem to be redundant, as it would have been enough to say: "You are this day like the stars of Heaven," according to the next verse that says: "The Creator, the God of your fathers, will add upon you a thousand times so many more as you are, and bless you, as He has promised you" (Ibid. 11).

This must be understood. If the Creator had said that He would bless them [the Israelites], then why does Moses need to bless them, too? *Rashi* says that the Israelites said to Moses, "You are limiting our blessing," to which Moses said, "This is from me, and the Creator will bless you as He has spoken to you, [that is,] without limit." Yet still, the essence of the matter is difficult because if there is the blessing from the Creator, then who needs a blessing from Moses?

The explanation is that the blessing of the Creator exists only when there is unity and when there is a Vessel that can contain this blessing. Our sages, of blessed memory, said that the Creator did not find a Vessel that contains blessings for Israel other than peace. Hence, Moses said to them, "I bless from my side according to your present state, even though there is no peace and unity among you. The Creator will bless you as He has spoken to you." It is written about the stars that there is peace among them and that they respect each other. That is why the verse says: "You are this day like the stars of Heaven for multitude," [meaning that] you are similar to the stars only in your multitude, yet unity and peace is still lacking; therefore it is not correct to just say "like the stars."

6   The first portion of the Book of *Devarim* (Deuteronomy)

בשבוע שעבר, פרשת דברים, אמרתי לפרש מה שכתוב
והנכם היום ככוכבי השמים לרוב, שלכאורה מלת לרוב
מיותרת ומספיק לומר והנכם היום ככוכבי השמים, על
פי הפסוק השני שכתוב ה׳ אלקי אבותיכם יוסף עליכם
ככם אלף פעמים ויברך אתכם כאשר דבר לכם.

יש להבין: אם אמר שהקדוש ברוך הוא יברך אותם למה
היה צריך שהוא יברכם, רש״י אומר שישראל אמרו
למשה קצבה אתה נותן בברכתינו ומשה אמר להם זה
משלי וה׳ יברך אתכם כאשר דבר לכם בלי קצבה. אבל
אעיקר הענין קשה, אם יש ברכת ה׳ למה צריכים לברכתו
של משה.

התירוץ הוא כי ברכת השם יתברך אינה חלה רק כשיש
אחדות ויש הכלי המחזיק את הברכה, כמו שאמרו חז״ל
לא מצא הקדוש ברוך הוא כלי מחזיק ברכה לישראל אלא
השלום, זה שאמר להם משה אני מברך אתכם מצידי כפי
המצב שהנכם היום אפילו כשאין שלום ואחדות ביניכם
והקדוש ברוך הוא יברך אתכם כאשר דבר לכם. ואצל
הכוכבים כתוב שיש שלום ביניהם וחולקים כבוד זה לזה,
לזה כתוב והנכם היום ככוכבי השמים לרוב, רק ריבוי
יש לכם ככוכבים, אבל אחדות ושלום חסר עוד ולכן אי
אפשר לכתוב ככוכבי השמים סתם.

The sixth volume of "Ten Luminous Emanations" is already being bound, and the printer has already begun to typeset the second part of *Tikkunei Zohar* with *Ma'alot HaSulam*[7]. I have begun writing the third part.

I pray to the Creator to allow me to complete the commentary for the entire *Tikkunei Zohar* because the revelations are awesome and [keeping] silence is good for them. I hereby send you 10 sets of the *Zohar*.

Waiting for the Creator's imminent general salvation and for your own salvation, as it is written: "Salvation comes from the Creator" (Psalms 3:9). When? When "Your blessing be upon Your people" (Ibid.).

Yehuda Tzvi

---

7   "The Rungs of the Ladder," the commentary on the *Zohar* by Rav Brandwein

ספר תלמוד עשר הספירות כרך ששי כבר נמצא אצל הכורך, וכבר התחיל המדפיס לסדר חלק ב מספר התקונים עם פירוש מעלות הסולם, והתחלתי לכתוב את החלק השלישי.

והנני תפילה שהשם יתברך יתן לי גם לגמור את הפירוש על כל התיקונים, כי הגילויים הם נוראים והשתיקה יפה להם. הנני שולח לך עשר סטים זהר.

המצפה לישועת ה׳ הקרובה ולישועתך הפרטית וכמו שכתוב לה׳ הישועה, מתי - כשעל עמך ברכתך סלה.

יהודה צבי

יום ועש"ק ט"ו אב תשכ"ח תל-אביב

שלומים מרובים כטל וכרביבים אל כבוד ח"א איש תבונות
ודעו רב לו בתורה ובחסידות מוה"ר גרגא פייבל
נרו יאיר כאור הבהיר.

אחדשה"ט באהבה. הנה אחר השיחה הטלפונית של הבוקר הנני
בא למלאות קצת מדבון הקול קורא כדאי לחבות עוד שבוע אולי תהי' לו מצהרות
בענין הצדרת הטיבקה לעיר העתיקה ווזה אנשים המדגישים
ונדבו במין יפה ביותר, מספריות הקונגרס ליד הספריות האמריקאית
נה אצלו ספר ההשמטות על הזהר ופרק ג' וד' מכתבי האריז"ל ותע"ס חלק ה'
זה גם תע"ס באנגלית, נתתי לו את הכתבת שלך בברוקלין ואמר שהספריה
שלהם בוואשינגטון קונה 25 ספרים אבל ספר חדש ואמר שכנראה שיתר הספרים
נמצאים אצלם ולכן אינני דורש רק הספרים הנ"ל. כעת אכתוב לך דבר תורה
בפרשת השבוע עשרת הדברות, ובפרשת ראה כתוב בבעל הטורים ראה אנכי
נותן לכם היום ברכה בותב הבעל הטורים ראה אנכי של עשרת הדברות
ויש להבין מה הרמז בזה, ויש לומר שהמפרשים מקשים על מה שכתוב שכר
מצוה בהאי עלמא ליכא, למה, הלא כתוב ביומו תתן שכרו, ואם לא עוברים על לא
תלין ומתרצים בזה שעוברים על לא תלין הוא רק בזמן שבעל הבית בעצמו
שכר את הפועל אבל אם שכר ע"י שליח לא שייך האיסור של לא תלין, והתורה
ניתנה ע"י שליח שהוא משה רבינו א"כ לא חל האיסור של לא תלין אבל על אנכי
ולא יהיה לך כתוב בגמרא שמפי הגבורה שמענו ולכן באנכי של
עשרת הדברות הקב"ה נותן הברכה היום משום שהוא מקיים ביומו תתן
שכרו. ובשבוע שעבר פרשת דברים אמרתי לפרש מה שכתוב והנכם היום ככוכבי
השמים לרוב, שלכאורה מלת לרוב מותרת ומספיק לומר והנכם היום ככוכבי השמים
ע"פי הפסוק השני שכתוב ה' אלקי אבותיכם יוסף עליכם ככם אלף פעמים ויברך
אתכם כאשר דבר לכם, שיש להבין אם אמר שהקב"ה יברך אותם למה היה צריך
שהוא יברכם רש"י אומר וישראל אמרו למשה קצבה אתה נותן בברכתינו ומשה
אמר להם זה משלי וה' יברך אתכם כאשר דבר לכם בלי קצבה. אבל אעיקר
הענין קשה אם יש ברכת ה' למה צריכים לברכתו של משה. התירוץ
הוא כי ברכת השי"ת אינה חלה רק כשיש אחדות ויש הכלי המחזיק
את הברכה כמו שאמרו חז"ל לא מצא הקב"ה כלי מחזיק ברכה לישראל
אלא השלום, זה שאמר להם משה אני מברך אתכם מדי יכפי המצב שהנכם
היום אפילו כשאין שלום ואחדות ביניכם והקב"ה יברך אתכם כאשר
דבר לכם. ואצל הכוכבים כתוב שיש שלום ביניהם וחולקים כבוד זה
לזה, לזה כתוב והנכם היום ככוכבי השמים לרוב, רק ריבוי יש לכם
ככוכבים, אבל אחדות ושלום חסר עוד ולכן אי אפשר לכתוב
ככוכבי השמים סתם. ספר תע"ס כרך שני כבר נמצא אצל הכורך
וכבר התחיל המדפיס לסדר חלק ב' מספר התקונים עם פירוש מעלות הסולם
והתחלתי לכתוב את החוק הגלוי, והנני תפלה שהשי"ת יתן לי גם לגמור את הפירוש על
כל התקונים כי הגליונות הם נוראים והשתיקה יפה להם הנני שולח לך סידור זוהר
[illegible]

Letter Thirty-Six

With help from the Creator
Tel Aviv, 3rd day of the month of *Elul*, 5728
August 27, 1968

Greetings and many blessings from the God of hosts to the honorable friend of the Creator and the lover of His *Torah*, the height and depth of his endeavors is concealed from the eyes of everybody, an honor to the Name of the *Torah*, our Teacher, Rav Shraga Feivel, may you merit a long and good life, Amen.

After having greeted you with great love and with eternal love...
I have received two letters dated the 24th and 27th of *Av*. We are grateful to the Creator, life and peace. I wish a hearty greeting to you and [always like] to hear good news of success and blessing, life, and peace from you.

You would do well to study in depth the "Prologue of the *Zohar*" from paragraph 199 to paragraph 202, and to truthfully take it upon yourself to carry out what is written there. Then you shall reach a state of peace and tranquility. I am sending you a few papers in which the ways of the *Baal Shem Tov* is well clarified. It is worth studying the issues intensively and deeply.

Yehoshua Levi[1] gave me paper [to cover the printing of] two books namely, *HaShmatot HaZohar* ("Omissions of the *Zohar*") and the *Tikkunei Zohar*, Part 1. The [printing] cost

---

1   Secretary of the *Histadrut* (the Israeli workers union)

מכתב לו

ב״ה

יום ג׳ אלול תשכ״ח תל-אביב

שלום ורב ברכות מאלקי המערכות אל כבוד ידיד ה׳ ואוהב תורתו מעין כל חי נעלמה רום ועומק נקודת פעילותו כבוד שם תורתו מורינו הרב שרגא פייביל שליט״א.

אחר דרישת שלומו הטוב באהבה רבה ואהבת נצח קבלתי ב׳ המכתבים מיום כ״ד אב וכ״ז אב, אתנו תודה לאל החיים והשלום כה לחי לשמוע ממך בשורת ההצלחה והברכה והחיים והשלום.

וכדאי מאד שתלמוד ותעמק בהקדמת ספר הזהר מן אות קצ״ט עד אות ר״ב, ותקבל עליך באמת לקיים מה שכתוב שם, ואז תזכה להיות במצב אחד של שלום ושלוה. והנני שולח לך גם כן כמה דפים שבהם מפורש דרך הבעל שם טוב הקדוש באר היטב וכדאי שתעיין היטב ותעמק בהדברים.

יהושע לוי כבר נתן לי נייר על שני ספרים, היינו על ספר ההשמטות ותיקוני זהר חלק ראשון זה גם כן עולה אלף

is $1000. I did not ask for paper for the second part of the *Tikkunei Zohar* because I saw that he thinks I have asked too much of him.

Concerning the apartment and the *Yeshivah* in the Old City [of Jerusalem], the matter is progressing, although with difficulties. When you arrive in the Holy Land, we shall discuss this because there are issues that are difficult to resolve immediately, and people worry about the state of homeland security.

I shall now write to you about what I have said about the portion of *Ekev*[2]. "Wherefore it shall come to pass, if you listen" (Deuteronomy 7:12) relates to what is written: "What follows (*ekev*) humility is the awe of the Creator" (Proverbs 22:4) because humility is the foundation and the heel (*ekev*) of the whole building. Therefore, one who attains humility can hear every precept of the Creator. This is based upon what is written in the *Zohar Chadash* ("New *Zohar*") about a verse in the Bible: "Go your way forth, following (*ekev*) the footsteps of the flock" (Song of Songs 1:8). I shall copy the *Zohar Chadash* word for word, and read paragraph 484.

Come and see, everyone who goes to that world[3] without knowledge of the secrets of the *Torah*, even if he has many good deeds, he is still rejected out of all the gates of that world. Go out and see what is written: "Tell me." The soul says to the Creator, "Tell me the secrets of the exalted wisdom of how You shepherd and lead in that supernal world. Teach me the secrets of that

---

2 The third portion of the Book of *Devarim* (Deuteronomy); *ekev* means "following" or "as a result of, but it also means "heel"
3 The World to Come, life after life

דולר, וויתרתי לו על הנייר של תיקוני זהר חלק שני
מחמת שראיתי שתפשתי מרובה לפי דעתו.

בנידון הדירה והישיבה בעיר העתיקה, מתנהלים הדברים
ומתקדמים וישנם הרבה קושיים כשתבוא לארץ הקודש
נדבר על זה כי יש כמה דברים שקשה להחליט עליהם
מיד ויש גם חששות מבחינה בטחונית.

כעת אכתוב לך מה שאמרתי בפרשת עקב. והיה עקב
תשמעון שרומז למה שכתוב עקב ענוה יראת ה', שענוה
היא היסוד והעקב של כל הבנין ולכן מי שזכה לענוה יש
לו שמיעה לכל מצות ה', והוא על פי מה שכתוב בזהר
חדש שיר השירים על הכתוב צאי לך בעקבי הצאן (שיר
השירים א, ח) ואעתיק מלה במלה עיין שם באות תפד :

בוא וראה כל מי שהולך לעולם ההוא בלא ידיעת סודות
התורה, אפילו יש בו הרבה מעשים טובים מוציאים אותו
מכל השערים של העולם ההוא. צא וראה מה כתוב כאן
הגידה לי, הנשמה אומרת להקדוש ברוך הוא אמור לי
סודות החכמה העליונה, איך אתה רועה ומנהיג בעולם
ההוא העליון, למד אותי סודות החכמה שלא ידעתי ולא
למדתי עד הנה כדי שלא אהיה בבושה בין אלו המדרגות
שאני באה ביניהן כי עד כאן לא הסתכלתי בהן.

wisdom that I did not know nor learned so far, so that I will not be embarrassed among those levels that I come to be with because I have not observed it so far!"

Come and see what is written: "If you know not, O you fairest among women (Song of Songs 1:8)." The Creator replies to the soul, "If you have come here and have not examined the wisdom before you came here and do not know the secrets of the supernal world, then 'go your way'—you are not fit to come into here without knowledge."

"Go your way forth, following the footsteps of the flock." This means that you have to be reincarnated for a second time in the world and you should familiarize yourself with those footsteps of the flock, who are people who are trodden upon by the heel, namely, those whom others consider as lowly, yet who know the supernal secrets of their Master, and from them you shall learn. Upon this, the verse states: *VeHaya* (wherefore it shall come to pass). It [*ekev* (following)] is an expression of joy, meaning to go out and follow the footsteps (*ekev*) of the flock joyfully. Then you shall attain: "You shall listen, etc."

I also explained two essays of our sages, of blessed memory, [that appear in] two places in the *Mishnah* and that seem to contradict each other. One is in Tractate *Nedarim* (Vows) 38a, and the other from Tractate *Shabbat*, 92a. And the author of *Masoret HaShas*[4] always writes in the margins; see there. It is important to settle it [this contradiction], and I took it upon myself [to do so]. However, according to

---

4   Book of references in the *Mishnah* and *Talmud*

בוא וראה מה כתוב אם לא תדעי לך היפה בנשים, הקדוש ברוך הוא משיב לנשמה אם את באה ולא הסתכלת בחכמה מטרם שבאת לכאן, ואינך יודעת את סודות העולם העליון, צאי לך אין את ראויה לכנוס לכאן בלי ידיעה.

צאי לך בעקבי הצאן היינו שתתגלגלי פעם שניה לעולם ותהיי יודעת בעקבי הצאן האלו שהם בני אדם שהאנשים דשים אותם בעקב, דהיינו שמחזיקים אותם לשפלים והם יודעים הסודות העליונים של אדונם ומהם תלמדי, ועל זה נאמר והיה, שהוא לשון שמחה. עקב, לצאת בעקבי הצאן בשמחה. - אז זוכים לתשמעון וגו'.

וכן תירצתי שני מאמרי חכמינו זכרונם לברכה שנראים כסותרים זה את זה משני מקומות בש"ס, א' במסכת נדרים דף ל"ח ע"א וא' במסכת שבת דף צ"ב ע"א. ובעל מסורת הש"ס כותב בצד בכל מקום עיין שם ומצוה ליישב ולקחתי המצוה לי, ועל פי דברי הזהר הקדוש בפרשת חיי שרה ובפרשת שלח הדברים מיושבים ואין סתירה ואלו ואלו דברי אלקים חיים.

words of the Holy *Zohar* in the portion of *Chayei Sarah*[5] and the portion of *Shlach Lecha*[6], there is no contradiction, and the matters are reconciled and "these (words) as well as the others are the words of the Living Creator" (Tractate *Eruvin*, 13b).

In the *Gemara* (Talmud), Tractate *Nedarim* 38, it is written: "Rav Yochanan said, 'The Creator only sets His Shechinah upon one who is mighty, wise, rich, and humble, and all those [traits] befit Moses.'" Yet in Tractate *Shabbat*, it is written: "Why Moses? It is different from what *Mar*[7] has said that the Holy Shechinah only settles upon one who is mighty, wise, and rich, and of high stature" Now, 'one who is humble' and 'one who is of a high stature' are two contradictory things, so it appears that the two sayings contradict each other.

It is written in the *Zohar*: "He who is least, is great" (*Chayei Sarah*, 21). This is proved by the verse: "And Sarah lived a hundred year and twenty years and seven years" (Genesis 23:1). When a hundred, which is the most numerous is mentioned, it [the time] is written "year," [that is,] in the singular. But when it comes to seven, which is the smallest number, it is written "years," in the plural (reviw *Zohar*, *Shlach Lecha*, paragraph 210). So we see from this that there is no contradiction because "great" also means one with a high stature; similarly, "least" means humble, and it [humble and high stature] is all the same. Therefore, one who has a high standing is humble.

I conclude with a blessing and hope to see you soon. "May there be desire before You that You dwell (*Tishrei*[8])" and that you shall be blessed with all good fortunes.

Yehuda Tzvi

---

5 The fifth portion of the Book of *Beresheet* (Genesis)
6 The fourth portion of the Book of Bamidbar (Numbers)
7 *Mar*, a title like Sir
8 Rav Brandwein alludes to the month before *Tishrei*, which is the month of *Elul*

בגמרא נדרים ל״ח כתוב אמר רבי יוחנן אין הקדוש ברוך
הוא משרה שכינתו אלא על גבור חכם ועשיר ועניו וכולם
במשה. ובמסכת שבת כתוב דילמא משה שאני דאמר מר
אין השכינה שורה אלא על חכם גבור ועשיר ובעל קומה,
ולפום ריהטא עניו ובעל קומה הם שני דברים הפוכים,
ונראה שני המאמרים כסותרים זה את זה. ובזהר כתוב
מאן דאיהו זעיר איהו רב, ומביא ראיה מהפסוק ויהיו
חיי שרה מאה שנה ועשרים שנה ושבע שנים, שאצל מאה
שהוא רב כתוב שנה לשון יחיד. ואצל שבע שהוא זעיר
כתוב שנים לשון רבים (עיין זהר שלח לך אות ר״י) ולפי
זה אין סתירה כי רב פירושו בעל קומה. וזעיר פירושו
עניו והיינו הך. מאן דאיהו בעל קומה איהו עניו.

החותם בברכה ומצפה לראותך בקרוב ויהא רעוא קמא
דתשרי שתתברך בכל מלי דמיטב.

 יהודה צבי

בגמרא נדרים לח. כתוב אמר ר' יוחנן אין הקב"ה משרה שכינתו אלא על גבור חכם ועשיר ועניו וכולם באלה. ובמסכת שבת כתוב דילמא משה שאני דאמר מר אין השכינה שורה אלא על חכם גבור ועשיר ובעל קומה ולפום ריהטא עניו ובעל קומה הם שני דברים הפוכים, ונראה שני המאמרים כסותרים זא"ז. ובזוהר כתוב מאן דאיהו זעיר איהו רב ומביא ראיה מהפסוק ויהיו חיי שרה מאה שנה ועשרים שנה ושבע שנים, שאצל מאה שהוא רב כתוב שנה לשון יחיד. ואצל שבע שהוא זעיר כתוב שנים לשון רבים (עיין זהר פ' חלק אות ר"י) ולפי זה אין סתירה כי רב פירושו בעל קומה. וזעיר פירושו עניו והיינו הך. מאן דאיהו בעל קומה איהו עניו

החותם בברכה ומצפה לראותך בקרוב והאריכות קצת כדי שתתברך בכל אלו דמיטב
יהודה צבי

[illegible]

הקב"ה משיב לנשמה, את זאת ראה ולא הסתכלת בחכמה מטרם שבאת לכאן ואינך יודעת את סודות העולם העליון, צאי לך אין את ראויה לכנוס לכאן בלי ידיעה. צאי לך בעקבי הצאן היינו שתתגלגלי פעם שניה לעולם ותהיי יודעת בעקבי הצאן האלו שהם בני אדם שהאנשים דשים אותם בעקב, דהיינו שמחזיקים אותם לשפלים והם יודעים הסודות העליונים של אדונם ומהם תלמדי. ועל זה נאמר והיה שהוא לשון שמחה עקב לצאת בעקבי הצאן בשמחה אז זוכים לתשמעון וגו'. וכן תירצתי שני מאמרי חז"ל שנראים כסותרים זה את זה משני מקומות בש"ס א' במסכת נדרים דף לח ע"א וא' במסכת שבת דף צב ע"א ובעל מסורת הש"ס כותב בכל מקום עיי"ש ומצוה ליישב ולקחתי המצוה לי, ועפ"י דברי הזוהר הק' בפרשת חיי שרה ובפרשת שלח הדברים מיושבים ואין סתירה ואלו ואלו דברי אלקים חיים.

Letter Thirty-Seven

With help from the Creator
12th day of the month of *Adar*, 5729
March 2, 1969

Here in the Holy City of Jerusalem, may it be constructed and established speedily in our days, Amen.

A happy *Purim*, Light, gladness, joy, and honor to the pleasant among men, wondrous and tremendous, our honorable Teacher, Rav Shraga Feivel, may you merit a long and good life, Amen.

Ever since the 7th of *Adar*[1], I have been inside the Holy City. We had a large *minyan*[2] this *Shabbat*, and for the Third Meal[3], we had two *minyans*. May the Creator allow His purpose to prosper in our hands so that we will magnify the *Torah* and make it glorious.

I will now quote to you what I said at the Third Meal. It is written in the *Mishnah* that the *Megilah* (Scroll of Esther) is to be read on the 11th, 12th, 13th, 14th, and 15th [days of the month of *Adar*], no less and no more. This expression, "no less and no more," needs clarification because it would have been more appropriate to say "not before and not later."

According to what I shall explain, it [this expression] should simply be said as written—"no less and no more"—because

---

1   The *hilulah* (death anniversary) of Moses
2   Quorum of at least ten men, representing the Ten Sefirot
3   Spiritual connection on *Shabbat* (Saturday) before sundown, Central Column for world peace and health

מכתב לז

ב״ה

אור לי״ב אדר תשכ״ט פה עיר הקודש ירושלים תבנה ותכונן במהרה בימינו אמן.

פורים שמח אורה ושמחה וששון ויקר, לכבוד חביב אדם מופלא ומופלג כבוד מורינו הרב שרגא פייביל שליט״א.

הנני נמצא מיום ז׳ אדר בתוככי עיר הקודש. בשבת זו היה מנין גדול, בשלש סעודות היו שני מנינים. - יתן ה׳ שחפצו בידינו יצליח ונזכה להגדיל תורה ולהאדירה.

כעת אעתיק לך מה שאמרתי בסעודה השלישית. כתוב במשנה מגילה נקראת בי״א בי״ב בי״ג בי״ד בט״ו לא פחות ולא יותר. הלשון לא פחות ולא יותר צריך ביאור, כי היה צריך לומר לא קודם ולא אחר כך.

ולפי שאבאר הוא פשוט שצריך לומר כמו שכתוב לא פחות ולא יותר, כי נודע שאסתר המלכה היא סוד השכינה הקדושה שיש לה ב׳ זמנים זמן של הסתרה היא נקראת אסתר, וזמן של אתגליא היא סוד מגילת אסתר. ונודע

it is known that Queen Esther is the secret of the Holy *Shechinah*, who goes through two phases. At the time of concealment, she is called Esther (lit. concealment), but at the time of her revelation, she is the secret of *Megilat* ("scroll" and also "revelation" of) Esther. It is also known that the sun and the moon are the secret of the Creator and His *Shechinah*, [the *Sefira* of] *Zeir Anpin* (Small Face) and [the *Sefira* of] *Malchut* (Kingdom). And just as the moon does not have any Light other than what it receives from the sun, so *Malchut* has nothing of her own except what she receives from *Zeir Anpin*, her Husband.

The 30 days of the lunar month are [equivalent to] three times 10 [days] that it (the moon) receives [energy] from the three Columns[4] of *Zeir Anpin*, where each Column comprises the Ten *Sefirot*. The first 10 days of the month are the secret of the Right Column: *Chesed* (Mercy) and *Netzach* (Victory). The last 10 days of the month are the secret of the Left Column: *Gevurah* (Judgment) and *Hod* (Glory). And the middle 10 days are the secret of the Central Column: *Tiferet* (Splendor) and *Yesod* (Foundation).

During the first 10 days, it [the moon] starts to wax after its renewal [as the new moon], and it keeps on growing until the 15th day when it is full, having received [Light] from the Ten *Sefirot* of the Right Column plus [the first] five *Sefirot* of the Central Column. Since the Externals (negative forces) also receive their sustenance from the *Shechinah*, as in the secret of the verse, "and His kingdom rules over all" (Psalms 103:19), when they see that it [the moon] has reached its full

---

4   Three spiritual channels of energy: Right Column like the positive pole; Left
     Column like the negative pole; Central Column like the filament

ששמש ולבנה הוא סוד קודשא בריך הוא ושכינתיה, זעיר
אנפין ומלכות. וכשם שהלבנה אין לה שום אור רק מה
שהיא מקבלת מן השמש, כך המלכות לית לה מגרמה ולא
מידי רק ממה שזעיר אנפין בעלה נותן לה.

ושלושים ימי החודש של הלבנה הם ג' פעמים עשר שהיא
מקבלת מג' קוים של זעיר אנפין שבכל קו יש עשר ספירות,
ועשרה ימים ראשונים של החודש הם סוד קו ימין חסד
נצח, ועשרה ימים האחרונים הם סוד קו השמאל גבורה
הוד. ועשרה ימים האמצעים הם סוד קו האמצעי תפארת
יסוד.

והנה בעשרה ימים הראשונים היא מתחילה להתגדל
לאחר חידושה, והולכת וגדלה עד יום ט"ו שאז הלבנה
במילואה מחמת שקיבלה מעשר ספירות דימין ומחמש
ספירות של הקו האמצעי. ולהיות שגם החצונים יש להם
יניקה מן השכינה בסוד הכתוב ומלכותו בכל משלה,
כשהם רואים שהיא במלוא הארתה מיד הם נאחזים בה
לקחת שפעה.

radiance, they immediately hold on to it to take away its abundance.

To prevent them from taking more than they need for their survival, the moon terminates its mating with *Zeir Anpin* [on the 15th of the month when it starts to wane], and it goes on waning until the end of the month when it is completely covered. When the Externals see that there is nothing to be taken from it (the moon), they leave it, and when they leave it, it starts renewing itself. This is the secret of the lunar cycle, which has 30 days. This will go on until the end of Correction [and the Final Redemption] when "the night will shine like the day" (Psalms 139:12)" and "the Light of the moon will be like the Light of the sun" (Isaiah 30:26).

This explains in simple terms why it is written: "no less and no more"—because the reading of the *Megilah* (Book of Esther) signifies that the moon, which is the secret of Esther, emerges from her concealment and starts to shine openly, as in the secret of the verses: "They shall see eye to eye" (Ibid. 52:8) and "Yet your teacher shall not withdraw himself anymore" (Ibid. 30:20). This is possible when the moon contains the Ten *Sefirot* of the Right Column, which are the first 10 days of the month, as well as the illumination of the *Sefirah* of *Keter* (Crown) of the Central Column. This is the secret of the 11th [day of the month]. The *Megilah* cannot be read with less than that, since the Right (Column) alone is all of sharing from below upwards without any revelation to us.

This is the idea of the Concealment, as was told by the sage, Rav Elimelech[5], may his merit protect us, who said

---

5   Kabbalist, Rav Elimelech of Lizhensk, Poland, 18th century;

וכדי שלא יקבלו ממנה יותר מכדי קיומם, הלבנה מפסיקה הזווג עם זעיר אנפין והולכת ומתמעטת עד סוף החודש שהיא מתכסה לגמרי, וכשהחצונים רואים שאין להם מה לינוק ממנה הם עוזבים אותה, וכשהחצונים עוזבים אותה היא הולכת ומתחדשת. - זהו סוד גלגל הלבנה שלושים יום, עד גמר התיקון שלילה כיום יאיר ואור הלבנה יאיר כאור החמה.

ובזה מובן בפשטות שלכן כתוב לא פחות ולא יותר, כי מגילה נקראת היא ענין שהלבנה שהיא סוד אסתר תצא מן ההסתר שלה ותתחיל להאיר בגלוי לעין כל בסוד הכתוב כי עין בעין יראו, ולא יכנף עוד מוריך, זה אפשר להיות כשיש בה העשר ספירות שהם העשרה ימים הראשונים מן קו הימין והארה של ספירת הכתר של הקו האמצעי שזה סוד י"א, ואז נקראת המגילה לא פחות מזה כי ימין לבד הוא כולו להשפיע ממטה למעלה בלי שום גילוי לנו.

וזה ענין של ההסתר, כפי שמסופר מזקננו הרבי רבי אלימלך זכותו יגן עלינו אמן שאמר להצעיר שרצה ללמוד בלתי לה' לבדו, שאמרו לו מן השמים מוחלים טובות, ומתי יש אפשרות להתגלות רק מי"א שתאיר בה לכל הפחות ספירה אחת גם מן הקו האמצעי, ולא יותר מט"ו

to the young man who wanted to study for the sake of the Creator alone that Heaven told him that they do not need his favors etc[6]. And revealing is only possible from the 11th [of the month], when at least one *Sefirah* from the Central Column also shines in her, to the 15th [of the month], lest the Externals come to rob her of her abundance and receive more than they need for their subsistence. Therefore, what is written: "no less [than the 11th] and no more [than the 15th]" is precise because this is the sum of Lights that need to be in the *Shechinah* [the moon] so that it [the *Megilah*] can be read and can shine openly from the 11th to the 15th [of the month].

I hereby conclude with a blessing that we will merit the hearing and telling of good tidings, and that we may meet soon face to face within our Holy City and see the goodness of Jerusalem with the returning of the Creator to Zion, Amen.

If you can please bring with you a black robe for the summer that I can wear during the week, then that would be good.

From me, hoping for your success in both the spiritual and the physical [worlds],

Yehuda Tzvi

---

6   See the full story in Letter Thirteen

מחמת החצונים שבאים לגזול את שפעה ולקבל יותר
ממה שמגיע להם לכדי קיומם, לכן כתוב לא פחות מי"א
ולא יותר מט"ו במדוייק, שכך סכום הארות שצריכים
להיות בהשכינה שתוכל להיות נקראת ולהאיר בגילוי מן
י"א עד ט"ו.

הנני חותם בברכה שנזכה לשמוע ולהשמיע בשורות
טובות, ושנתראה בקרוב פנים אל פנים בתוך עיר קודשנו
ולראות בטוב ירושלים בשוב ה׳ ציון, אמן.

אם אתה יכול להביא חאלאט שחור לימי הקיץ שאלבישו
בימות החול מה טוב.

מנאי המצפה להצלחתך ברוחניות ובגשמיות.

יהודה צבי

MORE BOOKS THAT CAN HELP YOU BRING THE WISDOM OF KABBALAH INTO YOUR LIFE

Secrets of the Zohar: Stories and Meditations to Awaken the Heart
By Michael Berg

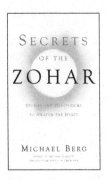

The *Zohar*'s secrets are the secrets of the Bible, passed on as oral tradition and then recorded as a sacred text that remained hidden for thousands of years. They have never been revealed quite as they are here in these pages, which decipher the codes behind the best stories of the ancient sages and offer a special meditation for each one. Entire portions of the *Zohar* are presented, with the Aramaic and its English translation in side-by-side columns. This allows you to scan and to read aloud so that you can draw on the *Zohar*'s full energy and achieve spiritual transformation. Open this book and open your heart to the Light of the *Zohar*!

The Wisdom of Truth: 12 Essays by the Holy Kabbalist Rav Yehuda Ashlag
Edited by Michael Berg

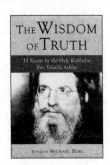

All of the essential truths of Kabbalah are encapsulated in these thought-provoking essays by arguably the most profound mystic of the 20th century. Originally published in 1984 as Kabbalah: A Gift of the Bible, and long out of print, this is a new translation from the Hebrew, edited and with an introduction by noted Kabbalah scholar Michael Berg.

Education of a Kabbalist
By Rav Berg

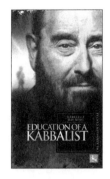

This deeply felt memoir illuminates Rav Berg's relationship with his master, the great Kabbalist Rabbi Yehuda Brandwein, as well as the growth of The Kabbalah Centre, the world's largest organization dedicated to spreading the wisdom of Kabbalah. This is simply the most honest, accurate, and emotionally moving book ever written about a man who truly lives by the principles of Kabbalah in the contemporary world. No aspect of Kabbalah is more important than the relationship between master and student. In *Education of a Kabbalist*, this essential element is unforgettably brought to life.

Nano: Technology of Mind over Matter
By Rav Berg

Kabbalah is all about attaining control over the physical world, including our personal lives, at the most fundamental level of reality. It's about achieving and extending mind over matter and developing the ability to create fulfillment, joy, and happiness by controlling everything at the most basic level of existence. In this way, Kabbalah predates and presages the most exciting trend in recent scientific and technological development, the application of nanotechnology to all areas of life in order to create better, stronger, and more efficient results.

God Wears Lipstick: Kabbalah for Women
By Karen Berg

For thousands of years, women were banned from studying Kabbalah, the ancient source of wisdom that explains who we are and what our purpose is in this Universe. Karen Berg changed that. She opened the doors of The Kabbalah Centre to all who would seek to learn.

In *God Wears Lipstick*, Karen Berg shares the wisdom of Kabbalah, especially as it affects you and your relationships. She reveals a woman's special place in the Universe and why women have a spiritual advantage over men. She explains how to find your soul mate and your purpose in life, and empowers you to become a better human being.

The Power of Kabbalah
By Yehuda Berg

Imagine your life filled with unending joy, purpose, and contentment. Imagine your days infused with pure insight and energy. This is *The Power of Kabbalah*. It is the path from the momentary pleasure that most of us settle for, to the lasting fulfillment that is yours to claim. Your deepest desires are waiting to be realized. Find out how, in this basic introduction to the ancient wisdom of Kabbalah.

The Zohar

Composed more than 2,000 years ago, the *Zohar* is a set of 23 books, a commentary on biblical and spiritual matters in the form of conversations among spiritual masters. But to describe the *Zohar* only in physical terms is greatly misleading. In truth, the *Zohar* is nothing less than a powerful tool for achieving the most important purposes of our lives. It was given to all humankind by the Creator to bring us protection, to connect us with the Creator's Light, and ultimately to fulfill our birthright of true spiritual transformation.

More than eighty years ago, when The Kabbalah Centre was founded, the *Zohar* had virtually disappeared from the world. Few people in the general population had ever heard of it. Whoever sought to read it—in any country, in any language, at any price— faced a long and futile search.

Today all this has changed. Through the work of The Kabbalah Centre and the editorial efforts of Michael Berg, the *Zohar* is now being brought to the world, not only in the original Aramaic language but also in English. The new English *Zohar* provides everything for connecting to this sacred text on all levels: the original Aramaic text for scanning; an English translation; and clear, concise commentary for study and learning.

KABBALAH
UNIVERSITY
FOUNDED UPON THE TEACHINGS OF RAV BERG

Be in the center of Kabbalah activities anytime and anywhere through ukabbalah.com

Kabbalah University (www.ukabbalah.com) is an online resource center and community offering a vault of wisdom spanning 30 years, and rapidly growing. Removing any time-space limitation, this virtual Kabbalah Centre presents the same courses and spiritual connections as the physical centers, with an added benefit of live streaming videos from worldwide travels. As close as a click of your finger, for a low monthly access fee, it's open 24/7.

Stay current with historic lessons from Rav Berg and inspiring talks with Karen. Delve deeper into Michael Berg's teachings, and journey with Yehuda Berg to holy sites. Connect with world-renowned Kabbalah instructors sharing weekly *Zohar* and consciousness classes that awaken insights into essential life matters such as: relationships, health, prosperity, reincarnation, parenting, and astrology. Check out the library, including hundreds of spiritual topics going back more than four decades. A richer world awaits your presence at ukabbalah.com.

I humbly thank the Creator
for everything in life
for giving me my dear wife, Michal bat Chava

May we all strengthen our spiritual connections
and follow Rav Brandwein's teachings
and the teachings of his students:
Rav, Karen, Yehuda, and Michael

Love Others (Zulat) Unconditionally
and Human Dignity

Hillel ben Avraham